U0905732

湖北省人文社会科学重点研究基地资助项目成果

思想政治教育超越论

邓纯余 著

中国社会科学出版社

图书在版编目(CIP)数据

思想政治教育超越论/邓纯余著.—北京：中国社会科学出版社，2018.6
ISBN 978-7-5161-8736-4

Ⅰ.①思… Ⅱ.①邓… Ⅲ.①思想政治教育—研究—中国 Ⅳ.①D64

中国版本图书馆CIP数据核字(2016)第189753号

出 版 人 赵剑英
责任编辑 田 文
特约编辑 陈 琳
责任校对 张爱华
责任印制 王 超

出 版 中国社会科学出版社
社 址 北京鼓楼西大街甲158号
邮 编 100720
网 址 http://www.csspw.cn
发 行 部 010-84083685
门 市 部 010-84029450
经 销 新华书店及其他书店

印 刷 北京君升印刷有限公司
装 订 廊坊市广阳区广增装订厂
版 次 2018年6月第1版
印 次 2018年6月第1次印刷

开 本 710×1000 1/16
印 张 14.25
插 页 2
字 数 252千字
定 价 55.00元

自序　前言后语

哲学家海德格尔说道："所谓遇上这个问题，并不仅仅意味着这个问题作为句号被说出来让人听见或读到，而且是说，对此问题提问，也即：使问题得以成立，使问题得以提出，迫使自己进入这一发问状态中。"① 当青春年少，玄思不断，作为一名普通的思想政治理论课教师，不时地面对着学生们发自内心的追问，为什么要接受思想政治教育，为什么要学习思想政治理论课？当岁月加增，人至而立，成长为一名思想政治教育专业的博士研究生时，这一应试教育背景之下的课程合法性问题仍然居于思想政治教育元追问的状态。如何把握现代思想政治教育的目标体系，如何彰显思想政治教育"无用之大用"的理论品质，如何增进思想政治教育实践活动的社会认同，最终凝结成思想政治教育超越论的研究对象。

具体而言，思想政治教育超越论研究包含着思想政治教育目的论的追问，也包含着思想政治教育价值论的叩问。它力图审视思想政治教育学科的历史与现状，洞悉思想政治教育的存在之基和未来发展。在这一海德格尔式的发问状态中，我发觉，理论先行，思想先导，实践变革，这一切实际上都源出于人与社会的超越性存在方式。促进受教育者的超越发展，从人与社会发展相互统一的层面确立思想政治教育活动最为切近而又高远的实践目标，这就是思想政治教育的超越性本质，这就是思想政治教育研究的特殊对象。开展思想政治教育，既要适应人与社会的现实需要，又要超越人与社会的现存状况，引领人与社会面向未来的超越发展。由此，思想政治教育过程中，促进受教育者的超越发展奠立了思想政治教育的存在之基。它与思想政治教育者的超越发展、思想政治教育学科的超越发展，共

---

① ［德］海德格尔：《形而上学导论》，熊伟等译，商务印书馆 1996 年版，第 3 页。

同形成了思想政治教育超越论研究的学术架构。

超越不是否定和重构，而是延续、转化、创造和发展。德国社会学家曼海姆指出，“词语可以作一个工具使用，来探测产生于文化历史过程中原有的和新增加的成分，从而把以前不可觉察的价值增添到人类的经验尺度上。”① 美国学者沃拉认为，“一门学问往往和一个关键性的术语有关，它能帮助研究者重新组合材料，发现新大陆。同时还能够启发人们反省过去视角的遗漏。”② 基于这一理解，本书中，超越作为哲学发问状态中的一个主词，成为了探测思想政治教育原理的一个工具。何为超越！超越什么！谁之超越！如何超越！紧扣这样的问题逻辑，拙著从三个方面借鉴超越一词，在理论加工和思想蒸馏的基础上提出了“思想政治教育超越”这一特定的学术概念和学科话语。

第一，思想政治教育始终是一种为了人的活动，是一种基于政治发展需要的特殊的教育实践活动。服务人、解放人、发展人，永远是思想政治教育的最终目的和最高境界。而实现这一目的的最为切近的实践根基在于人的超越性存在，在于人与社会面向未来发展的现实性、可能性。

第二，思想政治教育是一种复杂的社会实践活动。以教育为手段，以政治为目的，以思想为媒介，促成人的政治社会化发展，培养一定的阶级、集团及其社会发展未来需要的人才，形成了思想政治教育的超越性要求。调谐思想政治教育系统中个人与社会、教育与政治、现实与理想、理论与实践之间的张力，促进人与社会发展的有机统一，形成了思想政治教育的超越性本质。

第三，思想政治教育作为一种社会活动永不停止，但它的发展需要顺应个体生命的超越性成长与社会跨越式发展的节律，在面对未来的实践性思维、超越性思维中形成自身不断否定、超越和发展的环节。在这一意义上，思想批判、精神建构、理论争鸣、思想超越、实践创新，既是受教育者超越发展的重要途径，也是思想政治教育者与思想政治教育学科超越发展的过程环节。

思想政治教育超越论不是要消解现存的思想政治教育，更不可能脱胎

① ［德］曼海姆：《意识形态与乌托邦》，黎鸣、李书崇译，商务印馆 2002 年版，第 84—85 页。

② ［美］兰比尔·沃拉：《中国：前现代化的阵痛——1800 年至今的历史回顾》，廖七一等译，辽宁人民出版社 1989 年版，第 7 页。

换骨地再造思想政治教育理论和实践系统。立足受教育者的超越发展，拙著区隔了思想政治教育超越的内涵与外延，探讨了思想政治教育的目的论、价值论问题，具体地把握了思想政治教育实践活动的本源性、层级性，分析了思想政治教育价值实现的过程及其矛盾体系。研究认为，受教育者的超越发展是思想政治教育的实践本体和价值依托。东西方文化中关于超越性人格的相关论断，从不同层面阐释和揭示了思想政治教育活动的超越性本质，在人类思想文化的历史承继中反映出现代思想政治教育对传统思想政治教育的超越。在这样的一种知识背景和理论立场之下，拙著加强了对思想政治教育超越性问题的基础性论证，从思想政治教育如何形成和不断巩固自身的价值链角度分析了受教育者、思想政治教育者及其学科超越发展的目标要求。

"学术是一场鲁莽的冒险。"正如韦伯指出的，"不是'事物'的'实在'联系，而是问题的思想联系，构成了各门科学的工作领域的基础；在用新的方法探索一个新的问题并由此发现开辟新的重要观点的真理的地方，就会出现一门新的'科学'。"① 在陷入思想政治教育超越性本质的沉思并初步地得以解蔽之后，那个"开辟新的重要观点的真理的地方"也随之显露出来。结合著者本人多年的理论研究和实践体悟，我认为，将人的超越发展的精神之根作为思想政治教育活动的本源，将人文价值关怀与意识形态建设作为思想政治教育实践活动的价值坐标。这是在个体与社会、教育与政治、现实与理想之间构造思想政治教育的理论与实践系统，创造性地开展思想政治教育所必要的理论思维和实践方略。

拙著是在本人博士论文的基础上修改完成的。博士论文是一个学者学术生涯的垫基石，它需要有引领思想的火光，有解剖麻雀的手术刀，有引以为豪的发现……记得在美国康奈尔大学任职长达 18 年之久的罗德斯校长说过，"博士学位论文代表了大学中最高的学问与最人格化的指导的结果。如果大学没有对建立更好的博士生课程给予关注、监督和组织，那将是大学的悲剧。"② 面对本书，我首先心怀忐忑并充满敬意地恭请读者诸

① ［德］韦伯：《社会科学方法论》，李秋零等译，中国人民大学出版社 1999 年版，第 14 页。

② ［美］弗兰克·H. T. 罗德斯：《创造未来：美国大学的作用》，王晓阳等译，清华大学出版社 2007 年版，第 164 页。另见：Estelle M. Philips & Derek S. Pugh.《如何获得博士学位》，王玉等译，上海交通大学出版社 2012 年版，第 162 页。

君谅解，对于这个貌似“玄乎悬乎”实则充满“恢宏要旨”的难题，本书显得名不副实，但拙著中所有的孤陋浅薄之处，只能归咎于本人才疏学浅。因为在攻读博士学位期间，我一次次感受着导师组每一位老师的人格魅力和学术风范，时有醍醐灌顶，常沐三月春风……遥望珞珈山水，铭记师长恩典，已然成为我生命超越的实践精神向度！作为思想政治教育领域的一名后学者，我庆幸自己能够成为武汉大学的一名学生，时时入得思想政治教育的学术堂奥，与各位前辈、专家和同仁共同探求思想政治教育的微言大义。

还想说的是，本书当算是一本原理式的著作。尽管它不能直接地提供思想政治教育过程中解决实际问题的“招与式”，但它愿意向阅读者输入思想政治教育的实践智慧和精神力量。不管本书的学术价值和学术评价如何，还想移用诗人泰戈尔的话大胆地说上一句，思想政治教育的天空无限高远，但我已留下痕迹！

目 录

导 论

促进人与社会的超越发展是思想政治教育切近而又高远的实践主题。思想政治教育是指“一定的阶级、政党、社会群体遵循人们思想品德形成发展规律，用一定的思想观念、政治观点、道德规范，对其成员施加有目的、有计划、有组织的影响，使他们形成符合一定社会、一定阶级所需要的思想品德的社会实践活动”①。作为集“社会事业、教育活动和学科建设”于一体的综合系统，思想政治教育“以政治为目的、以教育为路径、以学科为依托”，在逐级展开的过程中形成了超越发展的内在机理和实践要求。在社会转型期带来的新情况、新问题、新挑战、新机遇面前，进一步尊重历史、贴近现实、前瞻未来，系统研究思想政治教育的超越与发展问题，既是丰厚学科理论基础，深化学科实践运行的需要，更是深度开发思想政治教育价值，促进人的全面发展的时代要求。

一 研究缘起

坚持思想政治教育学科开放发展的理论旨趣。思想政治教育以促进人的思想政治素质的提升为实践目标，以实现人与社会的全面发展为价值追求。思想政治教育过程中，思想政治教育对人与社会发展的目标指引、价值主导，形成了思想政治教育面向人与社会未来发展的超越性特征，构成了思想政治教育超越的理论和实践意蕴。认识和把握思想政治教育过程中理论与实践、教育与政治、现实与理想之间的相互关系，实现思想政治教育的超越性功能，促进受教育者的超越发展，既是思想政治教育学科需要

① 张耀灿、郑永廷等：《现代思想政治教育学》，人民出版社2006年版，第50页。

加以关注和思考的前沿问题，也是促进思想政治教育学科开放发展的时代要求。正如马克思曾经指出的，“任何对象，只要它的重要性头一次被人们所充分认识从而成为思考的对象，那它就是最重要的思考对象。”① 结合专业发展和工作实践的实际情况，持之以恒地探寻思想政治教育学科的理论和实践生长点，形成了思想政治教育超越研究的理论旨趣。

坚持社会科学研究中问题意识的现实要求。“问题就是公开的、无畏的、左右一切个人的时代声音。问题就是时代的口号，是它表现自己精神状态的最实际的呼声。”② 当前，在社会转型的时代背景下，在逐利性高扬的市场经济境遇中，社会发展的现代性不断消解着人的超越性生存，“功利的至上、思想的淡出、精神的飘摇和无根的生活”已成为现代人精神迷失的社会表征，一些人缺乏价值感、意义感和充实感，呈现出诸多的“超越性病态”③。正如经济学家汪丁丁在指正当前的教育问题时认为，市场经济条件下我国的教育虽然实现了跨越式发展，但这一进程已将教育充分发展人的内在禀赋的本质目标蜕变为赋予个人最适合于社会竞争的外在特征。④ 这些情形表明，塑造人们超越性生存的实践精神，培育社会跨越式发展的精神动力，构成了思想政治教育超越研究的问题情境。

坚持不断清理和夯实“学科地基”的理论诉求。自思想政治教育学界提出“适应超越律”以来，思想政治教育超越的研究日渐受到关注，但总体上还局限于思想政治教育目标要求的超越性的认识上，对于“为什么要实现人的超越、怎样实现人的超越”的本体论、实践论和方法论研究都还不够充分。综观学科的理论图景和实践形貌，恰如研究者指出的，“思想政治教育的适应性功能被发挥到极致，而它的指向德性生成和改善社会精神状况的超越性却被忽视了。”⑤ 由于缺乏对思想政治教育超越问题的深入研究，不能具体地把握思想政治教育过程中适应与超越之间的关系，加剧了思想政治教育“理论研究对社会实践亦步亦趋”的现象，导致了思想政治教育过程中工具理性对价值理性的不断僭越。于此，叩问

---

① 《马克思恩格斯文集》（第1卷），人民出版社2009年版，第268页。

② 《马克思恩格斯全集》（第40卷），人民出版社1982年版，第289页。

③ ［美］马斯洛：《动机与人格》，许金声等译，华夏出版社1987年版，第207页。

④ 汪丁丁：《教育的问题》，《读书》2007年第11期。

⑤ 冯凡彦：《人心价值秩序：思想政治教育的本体之维》，《思想教育研究》2008年第9期。

思想政治教育超越的内在机理，廓清“思想政治教育超越何以可能和如何实现”的基本问题，成为增强思想政治教育科学性的理论诉求。

二 核心概念界定

“超越”一词，意义纷呈。在字面上，超越即“超出”、“超过”、“越过”。超越是事物发展过程的渐进性的中断，是事物存在和发展状态的飞跃和质变，是人类对自身存在的限制、现状的不断超出和克服。主体的超越性存在既是人的实践存在方式的基本特征，也是实现个体和社会可持续发展的根本保障。正如德国哲学家伽达默尔指出的，“生活就是理论和实践的统一，就是每一个人的可能性和任务。……一切实践的最终含义就是超越实践本身”①。人与社会的发展总是在“实然”与“应然”、“现实”与“理想”的不断转化中实现着对现存状态的超越。一部人类社会的历史就是人类超越现存状况、现有水平，突破现实限制，实现理想目标的发展史。

思想政治教育是在思想领域展开的以教育为主要形式的特殊的政治实践，是按照社会发展的要求和人自身发展的需要，依据社会发展和个人思想观念变化的规律，由特定的阶级、集团及其组织开展的，提高人的思想政治道德素质和社会文明程度的教育实践活动。在本体论的价值意义上，思想政治教育超越是指受教育者的思想行为通过思想政治教育实现的质变和飞跃。正如马克思指出的，“人不是在某一种规定性上再生产自己，而是生产出他的全面性；不是力求停留在某种已经变成的东西上，而是处在变易的绝对运动之中”②。促进人的超越发展，丰富人的主体性，实现社会的跨越式发展，形成了思想政治教育“面向未来的发展性，对社会实践活动和人的行为的先导性”③。开展思想政治教育活动，就是要引导受教育者以适应现实为基础，以实现理想为目标，不断超越自身现实的状况，打破现实的限制，实现面向未来的发展。由于人们的思想行为状况与思想政治教育的目标要求总会存在着一定的差距，思想政治教育成为引导

① ［德］伽达默尔：《赞美理论》，夏正平译，生活·读书·新知三联书店1988年版，第45—46页。

② 《马克思恩格斯文集》（第8卷），人民出版社2009年版，第137页。

③ 张耀灿、郑永廷等：《现代思想政治教育学》，人民出版社2001年版，第63页。

受教育者不断超越现有水平、现存状态的特殊实践活动。思想政治教育过程中，受教育者的知识、情感、信念、意志、能力、人格、行为等主体性因素通过量的不断积累，逐渐产生和增加新质的因素，最终实现了思想行为能力的质变和飞跃。增强受教育者的主体性力量，实现他们从现实状态到理想目标、从自在自发向自由自觉、从较低阶段到较高水平的超越发展，体现了思想政治教育超越的实践本质。

当然，将受教育者的超越发展界定为思想政治教育超越的本质，并不能否认思想政治教育系统要素的超越性存在，不能否认思想政治教育学科超越发展的时代要求。思想政治教育作为“引导人们形成合乎特定社会和时代要求的思想政治观点的教育工程”①，既同人的思想、行为和人的发展有着直接的关系，又同社会的政治、经济、文化及其整体有着广泛而深刻的关联。人与社会的现实状况、发展水平决定着受教育者超越发展的目标限度，形成了受教育者超越发展的社会规定性。虽然思想政治教育的价值实现是受教育者自我教育、自我改造的“内在超越”过程，但受教育者超越发展的实现过程绝不能简单地归结为受教育者的自我超越。正如法兰克福学派的代表人物马尔库塞指出的，“超越和超越性”始终是在经验性和批判性的意义上使用的，它们表明了理论和实践的倾向，即在既定的社会中超出已确立的思想和行动的范围，而趋向于它的历史的替代性选择（现实的可能性）②，开展思想政治教育活动，促进受教育者的超越发展，必须顺应人的生存方式和社会发展的变化，自觉革新思想政治教育学科的组织结构，推动自身的理论体系、学科体系和实践体系的超越发展。

思想政治教育超越不是“思想政治教育”和“超越”的简单叠加。思想政治教育系统要素中，思想政治教育主客体的超越发展、思想政治教育的超越功能、思想政治教育学科的超越发展，共同形成了思想政治教育的超越性本质。思想政治教育超越集中反映了这些特性和要求，聚合了受教育者的超越发展、思想政治教育的超越功能、思想政治教育学科的超越发展等丰富的意涵和语境。但在这一具有鲜明超越性的思想政治教育实践系统中，思想政治教育首先是一种教育人、培养人的特殊实践活动。受教

① 王礼湛：《思想政治教育学》，浙江大学出版社 1989 年版，第 71 页。

② ［美］马尔库塞：《单向度的人：发达社会工业意识形态研究》，刘继译，上海译文出版社 1989 年版，第 3 页。

育者始终是思想政治教育超越的价值本体和实践主体。受教育者的超越发展始终是思想政治教育超越的存在之基和实践本质。望文生义地将思想政治教育超越理解为学科及其实践活动的超越，混淆了受教育者的超越发展与事物发展中递进、上升的超越性要求，混淆了思想政治教育的超越性特征与超越性本质。思想政治教育过程中，思想政治教育的地位作用、目标任务、内容要求、方针原则、方法途径和领导管理的发展变化，不是思想政治教育超越指称的对象，而是思想政治教育学科超越发展的内涵和要求。

三　相关研究综述

相关研究主要包括人的超越性存在、教育（德育）的超越性、思想政治教育的超越性及其学科的超越发展等内容，集中于哲学、教育学、德育学等学科。

（一）关于人的超越性存在的研究

人的超越性存在作为哲学研究的内容，形成了丰富的思想体系。汤一介、郑家栋、任剑涛比较了东西方传统文化体系中的超越思想。① 高清海、张世英、孙正聿阐释了哲学的超越品质，指出哲学以理论方式表征着人类存在的理想性、超越性和创造性。超越意识是人类最重要的特质，形塑着人的生活世界，应在人的超越的生命中建构哲学思想。② 张曙光、霍桂恒运用马克思主义的实践观，分析了人生超越的内在张力和实践生成过程。③ 陈志尚、赵敦华、李中华在人学理论的研究中阐述了人类从宗教

① 汤一介：《论老庄哲学的内在性与超越性问题》，《中国哲学史》1992 年第 1 期；郑家栋：《超越与内在超越》，《中国社会科学》2001 年第 4 期；任剑涛：《内在超越与外在超越：宗教信仰、道德信念与秩序问题》，《中国社会科学》2012 年第 7 期。

② 参见张世英《天人之际——中西哲学的困惑与选择》，人民出版社 2007 年版；孙正聿：《超越意识》，吉林教育出版社 2001 年版；孙正聿：《属人的世界》，吉林人民出版社 2007 年版；高清海：《人就是人》，辽宁人民出版社 2001 年版；高清海：《哲学与主体自我意识》，中国人民大学出版社 2010 年版。

③ 参见张曙光《生存哲学——走向本真的存在》，云南人民出版社 2002 年版；霍桂恒：《论实践的主体超越性——社会个体生成论的实践哲学观概要》，《哲学研究》2005 年第 1 期。

人、文化人到心理人、存在人的发展过程。[①] 韩民青、郑广永、陈立旭、袁祖社在文化学与人类学研究中指出，人是超越的动物。超越是人的意识的本质。文化是人类超越自然物的重要力量，文化的超越性源于人的本质的生成性。[②]

（二）关于教育（德育）超越的研究

研究主要分析了教育（德育）超越的内涵、本质、原因和要求。鲁洁提出了教育超越论，认为，超越是德育的本质。引导人的自我超越是教育的根本使命。德育是按照某种超越于现实的道德理想去塑造与培养人，促使人去追求一种理想的精神境界与行为方式的特殊实践活动。[③] 肖川认为，自主性、能动性和超越性是个体主体性的内在规定性，形成了主体性道德人格教育的鲜明特征。[④] 张澍军指出，德育目标不仅蕴含着社会思想道德要求的已有规定，也包含着人自身主体性的尺度与对社会超越的尺度。[⑤] 竭长光认为，受教育者是德育发展的本体。德育发展是受教育者“自我觉解”、自我提升的“内在超越”过程。[⑥] 薛晓阳、刘卓红、钟明华认为，寻求超越是教育的内在价值。开放的德育既要适应时代的需要，又要具有提升社会成员道德水平的超越功能。[⑦]

张楚廷分析了高等教育中保守与创新、传承与超越的关系，指出，教育的人文特性是“大学之根”，高等教育既具有满足社会需求的特性和功能，也应秉承人类超越发展的天性。[⑧] 冯建军、刘慧分析了人的生命的超

---

① 参见赵敦华《人学理论与历史》（西方人学观念史卷），北京大学出版社 2004 年版；李中华：《人学理论与历史》（中国人学思想史卷），北京大学出版社 2004 年版。

② 参见韩民青《当代哲学人类学》（第 1 卷），广西人民出版社 1998 年版；郑广永：《文化的超越性研究》，黑龙江人民出版社 2006 年版；陈立旭：《论文化的超越性功能》，《中国社会科学》2000 年第 2 期；袁祖社：《意义世界的创生及其自为拥有——人的超越性与自由本质探究》，《陕西师范大学学报》2001 年第 1 期。

③ 参见鲁洁《超越与创新》，人民教育出版社 2001 年版；《道德教育的当代论域》，人民教育出版社 2001 年版。

④ 肖川：《主体性道德人格教育》，北京师范大学出版社 2002 年版。

⑤ 张澍军：《德育哲学引论》，中国社会科学出版社 2008 年版，第 191 页。

⑥ 竭长光：《德育辩证论》，中国社会科学出版社 2010 年版，第 181 页。

⑦ 参见王东莉《德育人文关怀论》，中国社会科学出版社 2005 年版；薛晓阳：《希望德育论》，人民教育出版社 2011 年版；刘卓红、钟明华：《开放德育论》，人民出版社 2008 年版，第 80 页。

⑧ 张楚廷：《高等教育哲学》，湖南教育出版社 2004 年版。

越性与教育的超越性的联系，指出教育就是要向着生命的未来前进，实现受教育者由种生命向类生命的超越①，孙元涛、许建美、刘庆昌论述了教育理想的超越性，认为教育富含着理想和人文情怀。教育理想包括具有实践品格的现实关切之理想，以及作为教育精神寄所的终极眷注之理想。②付英华、郭刚军在创新型人才与素质教育的研究中提出了培养超越意识和超越能力的超越性课程的构想，分析了超越常态模式、常态容量、超越学习阶段等超越性教学的方法和意义。③ 上官剑、王守纪以教育的超越性为博士论文选题，分析了大学与教育的超越性之间的关系。④

（三）关于思想政治教育超越的研究

随着马克思主义人学、教育超越论、思想政治教育人学研究的深入，思想政治教育超越的研究不断丰富。主要包括：思想政治教育超越性的内涵研究、思想政治教育超越的人学理论基础研究、适应与超越的过程规律研究、思想政治教育学科的超越发展研究，等等。

1. 思想政治教育超越性的内涵研究

研究分析了思想政治教育超越性的内涵、成因、特征和要求。研究认为，思想政治教育的超越性在于实现对自身和当下社会的超越。思想政治教育的生命线地位、先导性作用“应当被合理地理解和作为超越功能进行发展、发挥”⑤。研究指出，超越性是思想政治教育的属性范畴，既包括生成新的德性自我即个体的超越，还包括对现实社会的批判超越。⑥ 刘书林、陈立思将思想政治教育过程中最基本的关系概括为五对范畴，即“超越性和现实性、规范性和个性、理性和非理性、认识和价值、思想和行为”⑦。郑永廷认为，思想政治教育的超越性就是发展性，就是在原有

---

① 冯建军：《生命与教育》，教育科学出版社 2004 年版；刘慧：《生命德育论》，人民教育出版社 2005 年版。

② 孙元涛、许建美：《论教育理想》，《教育理论与实践》2001 年第 11 期；刘庆昌：《关于教育理想的几个基本理论问题》，《山西大学学报》（哲学社会科学版）2011 年第 4 期。

③ 付英华：《超越性课程理论构想》，《高教研究与实验》2010 年第 3 期；郭刚军：《超越性课程：当代大学课程的应然选择》，《高教研究与实验》2010 年第 3 期。

④ 上官剑：《大学超越论》，湖南师范大学博士学位论文，2008 年；王守纪：《论教育的超越性》，东北师范大学博士学位论文，2010 年。

⑤ 张耀灿、郑永廷等：《现代思想政治教育学》，人民出版社 2001 年版，第 134 页。

⑥ 张耀灿等：《思想政治教育学前沿》，人民出版社 2006 年版，第 212 页。

⑦ 刘书林、陈立思：《青年思想政治教育学原理》，中国青年出版社 1999 年版，第 56 页。

基础上的提高，对原有水平的超出。思想道德教育的要求应当具有超越性。[①] 骆郁廷分析了精神动力的超越性特征，指出精神创造力是一种内在地驱动实践主体进行创造性实践活动以不断实现超越的力量。[②] 蓝江认为，思想政治教育的超越性是指受教育者反思现实状态，实现欠缺的生命存在向未来圆满可能性的不断复归。[③] 金明华强调，人的全面发展形成了思想政治教育的超越性，培养“能够改变、超越现实生产力和现实社会规定性的人”需要实现思想政治教育的自我超越。[④]

更多的文章分析了思想政治教育的超越性要求。高登辉、张宏伟指出，思想政治教育应立足生活世界而又超越现实生活世界。超越现实生活世界即保持对现实生活世界的反思与批判。[⑤] 李图仁、李玉洁、徐雯娟、陈淑庄认为，改善思想政治教育的实际效果，必须坚持现实性与超越性的统一，关心人们的未来利益和未来可能遇到的问题，实现对现实社会和现实人的超越。[⑥] 张亚丹认为，受教育者自我需要的满足和超越是思想政治教育价值的基本内涵，形成了实然向应然的思想政治教育目标要求。[⑦] 一些学者分析了人在虚拟世界中的超越性及其思想政治教育要求。[⑧] 李合亮对思想政治教育的超越性本质提出了商榷，认为，超越是一切事物存在与发展的特征，不能被理解为思想政治教育的本质特征。[⑨]

2．思想政治教育超越的人学基础研究

思想政治教育人学研究更多地触及思想政治教育超越问题。林伯海、万光侠、刘芳、雷骥、王智慧、宋德勇、段建斌分析了马克思主义人学与

---

① 郑永廷：《现代思想道德教育理论与方法》，广东高等教育出版社2000年版，第142页。

② 骆郁廷：《精神动力论》，武汉大学出版社2002年版，第181页。

③ 蓝江：《论以问题为中心的思想政治教育理路》，《思想理论教育》2007年第9期。

④ 金明华：《思想政治教育的超越性与人的全面发展》，《黑龙江高教研究》2006年第2期。

⑤ 高登辉等：《立足与超越：思想政治教育于生活世界展开的价值追求》，《黑龙江高教研究》2011年第12期。

⑥ 参见李图仁《论思想政治教育的现实性和超越性》，《广西社会科学》2002年第3期；李玉洁：《论思想政治教育的三大基本特性》，《广西教育学院学报》2009年第5期；徐雯娟：《试论思想政治教育的现实性与超越性》，《大庆社会科学》2010年第6期；陈淑庄：《从自由必然关系来把握当代高校思想政治教育的超越性》，《成都教育学院学报》2005年第6期。

⑦ 张亚丹、黄永宜：《从满足到超越：思想政治教育价值的内涵》，《求实》2013年第6期。

⑧ 张再兴：《网络思想政治教育研究》，经济科学出版社2009年版，第34页。

⑨ 李合亮：《思想政治教育探本——关于其源起及本质的研究》，人民出版社2007年版，第17页。

思想政治教育之间的关系，认为应从马克思主义人学、人的存在方式、人的价值以及人的需要和全面发展建构思想政治教育理论体系。① 赖雄麟认为，思想政治教育必须引导受教育者在理解各种现实规定性的基础上，超越形而下的经验世界，超出眼前的功利和感性的具相，在更高层次上生成新的价值意识，实现经验世界向超验世界的飞跃，产生新的思想道德文化需要和新的理想追求。② 伍揆祁认为，思想政治教育工作要突出人的精神的能动性，促进人们超越自然本性，提升人的德性修养的境界。③ 曹清燕分析了受教育者超越"单子式"的生存、"物化"的占有生存的人文意蕴。④ 柳礼泉、韩小谦提出了加强生命教育、开发生命价值、建构精神家园的思想政治教育任务。⑤

3. 适应与超越的过程规律研究

在思想政治教育的规律研究中，先后形成了双向互动律、内化外化律和协调控制律、适应超越律、转化提升律等不同的观点。邱伟光、张耀灿、陈成文认为，"适应超越律"是思想政治教育过程的基本规律，教育者的教育活动既要适应受教育者的思想政治品德基础和发展需求，又要超越受教育者的原有基础，体现社会的思想政治品德要求。⑥ 此后，适应超越律作为思想政治教育过程的基本规律被学界普遍认同。陈秉公、罗红铁、陈万柏通过分析教育者与受教育者、教育与自我教育、主体需求与社会要求之间的矛盾，提出了适应与超越过程的具体规律。刘烨、付瑶在思

---

① 参见林伯海《马克思主义人学与思想政治教育学》，《理论纵横》1995 年第 3 期；林伯海：《思想政治教育人学研究微思》，《思想政治教育研究》2010 年第 3 期；万光侠等：《思想政治教育的人学基础》，人民出版社 2006 年版；刘芳：《思想政治教育人本论》，军事科学出版社 2009 年版；雷骥：《思想政治教育的人性基础》，人民出版社 2008 年版；王智慧：《思想政治教育的人学基础》，山东师范大学博士学位论文，2011 年；宋德勇：《现代思想政治教育的人学解读》，北京交通大学博士学位论文，2011 年；段建斌：《人的存在与发展：思想政治教育的本体维度研究》，江西师范大学博士学位论文，2011 年。

② 赖雄麟：《马克思主义思想政治教育理论时代化研究》，人民出版社 2012 年版，第 114—115 页。

③ 伍揆祁：《思想政治教育人文关怀论》，中国社会出版社 2007 年版，第 81 页。

④ 曹清燕：《思想政治教育目的研究：基于马克思主义人学视角》，中国社会科学出版社 2011 年版。

⑤ 参见张红明、柳礼泉《生命伦理观视阈中的思想政治教育探析》，《求实》2009 年第 6 期；韩小谦：《高校思想政治理论课改革的难点与突破——以生命教育为视角》，《教学与研究》2010 年第 8 期；陈飞：《论思想政治教育与生命教育的契合》，《思想教育研究》2011 年第 11 期。

⑥ 参见邱伟光、张耀灿《思想政治教育学原理》，高等教育出版社 1999 年版，第 114 页；陈成文：《思想政治教育过程的基本规律：适应超越律》，《高等师范教育研究》1999 年第 4 期。

想政治教育的过程研究中指出，超越就是通过实施超前性的教育，引导受教育者不断提升思想道德素质和水平。① 黄永宜、王新刚在综述思想政治教育过程规律的研究基础上，认为适应超越律应表达为转化提升律。② 林晶、张澍军认为，社会期待与个人选择之间的矛盾是思想政治教育的基本矛盾。思想政治教育过程是促使人们超越现有思想觉悟水平的矛盾运动。③

4. 思想政治教育学科超越发展的研究

研究结合学科建设分析了学科超越发展的表现、趋势与要求。骆郁廷认为，学科的创新发展是思想政治教育学科建设获得质变和飞跃的必然选择。完善性创新、集成性创新、原创性创新是思想政治教育创新发展的主要形式。④ 张耀灿认为，思想政治教育研究范式的人学转换，进一步回归和贴近了生活世界，是继承基础上的创新与全面深化中的超越。⑤ 王智慧认为，思想政治教育研究范式的转型需要催生元理论的研究自觉，运用社会科学与人文科学中的不同方法。⑥ 王忠桥认为，主体间性思想政治教育是对主体性思想政治教育的超越。⑦ 廖志诚认为，思想政治教育创新是思想政治教育由传统向现代不断超越和深化的过程。⑧

在肯定思想政治教育“渐成体系、科学发展、价值彰显”的同时，更多的研究坚持了反思与超越的理路，分析了学科发展中存在的问题。邱柏生、孙其昂认为，思想政治教育的形势迫切要求推进自身的现代转型。⑨ 张世欣认为，思想政治教育的效果迥异于功能期待是一种异化现

---

① 参见刘烨《现代思想政治教育过程研究》，中国社会科学出版社 2009 年版；付瑶：《关于运用思想政治教育“适应超越规律”的几点思考》，《前沿》2012 年第 19 期。

② 黄永宜、王新刚：《思想政治教育过程基本规律的再探讨》，《思想理论教育导刊》2010 年第 4 期。

③ 林晶、张澍军：《刍议思想政治教育的基本矛盾》，《东北师范大学学报》2010 年第 4 期。

④ 骆郁廷：《思想政治教育学科发展的新趋势》，《思想理论教育导刊》2009 年第 3 期。

⑤ 张耀灿：《推进思想政治教育研究范式的人学转换》，《思想教育研究》2010 年第 7 期。

⑥ 王智慧：《范式转换视域中思想政治教育原理的创生》，《山西师范大学学报》2010 年第 5 期。

⑦ 王忠桥、张宏：《主体性思想政治教育的现代超越》，《思想政治教育研究》2008 年第 6 期。

⑧ 廖志诚：《思想政治教育创新动力论》，社会科学文献出版社 2012 年版，第 12 页。

⑨ 邱柏生：《试论思想政治教育工作的历史转型》，《理论探讨》2009 年第 3 期；孙其昂：《论思想政治教育的现代转型——基于社会、历史、系统视野的考察》，《思想教育研究》2007 年第 8 期。

象。思想政治教育异化是思想政治教育发展的契机。① 姚明、黎万和指出，进行学科清理、明确学科定位、确定学科边界是“超越”学科异化的重要任务。② 一些文章分析了思想政治教育被“弱化”、“工具化”、“中性化”的现象，揭示了思想政治教育发展中存在的“精神空场”、“生态断裂”、“自信危机”等困境，提出了将思想政治教育融入家庭、学校、单位、大众传媒、日常生活等社会化场域之中的对策。③ 一些文章分析了网络思想政治教育面临的困境，提出了加强网络思想政治教育的超越路径。④

（四）国外的相关研究

国外的相关研究论域广阔。超越性人格的培养是公民教育、政治教育的重要内容，哲学、心理学、教育学、文化学、人类学、历史学都触及了人的超越发展的主题，但尚未系统地探讨受教育者超越发展的价值及其实现问题。

哲学家萨特、卡西尔、雅斯贝尔斯、海德格尔、伽达默尔、奥伊肯、赫舍尔、列斐伏尔、布洛赫分析了人类生存发展的超越意识，形成了西方人学理论中丰富的超越思想。如，萨特指出，人是“人为性”和“超越性”的综合，这是存在主义的第一原理。人有超越自己、谋划未来、改变现状的一面，他总有一个未定的未来，而这对个体自身来讲更具有本质意义。⑤ 再如，海德格尔认为，人的存在的超越性就是此在的超越性，“此

① 张世欣：《思想政治教育规律论》，浙江大学出版社 2008 年版，第 203 页。

② 姚明、黎万和：《论思想政治教育学科的“异化”与“超越”》，《河南师范大学学报》2010 年第 5 期。

③ 参见鄢本凤《思想政治教育面临的现代困境及超越》，《思想教育研究》2006 年第 10 期；李合亮：《思想政治教育探本——关于其源起及本质的研究》，人民出版社 2007 年版；邱柏生：《高校思想政治教育的生态分析》，上海人民出版社 2008 年版；卢岚：《断裂处的光缆：现代思想政治教育社会生态论》，湖北人民出版社 2010 年版；杨增岽：《思想政治教育生态论》，清华大学博士学位论文，2011 年；叶方兴：《认同危机与思想政治教育自觉》，《学术论坛》2013 年第 1 期；李堂、熊茜：《困境与超越：思想政治教育研究新视角展望》，《江西师范大学学报》2013 年第 1 期。

④ 参见谢玉进、胡树祥《网络思想政治教育研究的现状与新走向》，《思想理论教育导刊》2010 年第 1 期；赵惜群、瞿中杰：《思想政治教育的超越：从传统到网络》，《华南师范大学学报》2011 年第 2 期；任小艳、傅佩缮：《网络时代思想政治教育的困境、归因与超越》，《求实》2013 年第 3 期。

⑤ ［法］萨特：《存在主义是一种人道主义》，汤永宽译，上海译文出版社 1988 年版，第 8 页。

在总是从它的生存来领会自己本身，总是从它本身的可能性——是它自身或不是它自身——来领会自己本身”①。还如，日常生活批判理论之父，法国思想家列斐伏尔认为，日常生活人道化的核心正是使日常生活的主体同类本质建立起自觉的关系，通过主体自身的改变而改造日常生活，使个体再生产由“自在存在”变为“自为存在”和“为我存在”，使个人的存在由自在自发的状态进入自由自觉的状态。②

心理学家弗洛伊德、阿德勒、荣格、马斯洛、罗杰斯、弗洛姆、皮亚杰、埃里克森、布根塔尔、柯尔伯格、班杜拉分析了人的心理超越意识，提出了潜意识、自卑情结与超越意识、心理的超越功能、超越性需要与超越性人格、自我实现倾向、生产性社会性格等理论。如，心理分析学的创始人荣格认为，人的个性是由一群次级人格共同组成的。人性中具有一种与分裂性力量相抗衡的“凝聚性”力量，这种能量具有使患病的机体趋于自救、自愈和自我发展的作用。这种把个体内具有的、协调统一各种人格结构的天赋功能即超越功能，“自性化”的过程就是自我实现超越功能的过程。③ 再如，奥地利心理学家阿德勒认为，自卑感是人的精神生活中长久潜伏的暗流，人类的所有行为都是出于自卑感以及自卑感的克服和超越。④ 还如，美国心理治疗学家，人本主义心理学的主要创立者，美国心理学家布根塔尔认为，心理治疗是一个流动的逐步开放的生命历程，它包括成长、解放和超越三个层次。其中，超越是人的全面本真存在的一个假设理想状态，指人能够超越好坏、对错、真假、生死、神人的二分法，从更包容的范围看待一切，进入一个无法描绘的新世界。⑤

教育家杜威、苏霍姆林斯基、博克、克尔、费尼克斯、托夫勒、巴尼斯、纳什、巴尼特等提出了许多关于教育超越的理论。如，美国的托夫勒、巴尼斯等未来主义教育家认为，“人类的意识是植根于超越的”，“所有的教育都来源于某种未来的形象一样，所有的教育也都要产生某种未来的形象”。超越意识在教学中起着决定性的作用，与超越意识相关的希

① ［德］海德格尔：《存在与时间》，陈嘉映、王庆节译，生活·读书·新知三联书店 2006 年版，第 44 页。

② 参见吴宁《日常生活批判：列斐伏尔哲学思想研究》，人民出版社 2007 年版。

③ 参见叶浩生《西方心理学的历史与体系》，人民教育出版社 1998 年版，第 324 页。

④ ［奥］阿德勒：《超越自卑》，黄光国译，国际文化出版公司 2005 年版，第 50 页。

⑤ 参见车文博《人本主义心理学》，浙江教育出版社 2003 年版，第 306—308 页。

望、创造性、觉悟等心态的培育是超越性课程的价值指向。为了使人们能够适应未来，必须在教育中渗透一些未来的思想，增加有关未来的课程，从以过去的定向为课程走向转变到以过去—现在—未来为定向的课程上来。再如，英国高等教育的理论权威，巴尼特指出，高等教育是一项批判性事业，培育受教育者“更高层面的心智状态”，开展批判性的自我反思、学科交叉和开放式学习，是超越教与学，回归自由高等教育理念的基本策略。①

此外，政治学家罗斯金、亨廷顿等分析了一国政治发展超越的本质和要求，提出了以社会心态与社会管理、社会动员与社会超越为研究对象的政治学理论；社会学家吉登斯、哈贝马斯运用社会建构理论、社会批判理论分析了自我与社会的超越发展特性；管理学家圣吉在学习型组织的研究中指出，组织成员个体修炼的第一项任务即自我超越的过程。②

（五）现有研究的简要评析

现有研究揭示了思想政治教育活动的超越性本质，阐释了受教育者的超越发展与人的全面发展、社会的未来发展之间的关联性，形成了由学科发展的超越性要求、学科的超越性功能与受教育者的超越发展构成的分析框架。但现有研究总体上还缺少对受教育者超越发展过程的具体把握，忽视了对马克思主义理论和实践的超越性研究的承接，在一定程度上隔离了人的发展、社会的发展以及学科发展之间的关系，影响了对思想政治教育超越功能研究的深化。

诚如我国学者段文灵指出的，马克思主义的人学思维方式在促进现代思想政治教育创新发展的同时，缺乏对马克思主义人学的哲学基础和内蕴的思维方式的把握③。思想政治教育超越的研究尚未进入概念化和方法论

---

① ［英］巴尼特：《高等教育理念》，蓝劲松译，北京大学出版社 2012 年版，第 9 页。

② 参见［美］罗斯金等《政治科学》，林震等译，中国人民大学出版社 2009 年版；［美］亨廷顿：《变化社会中的政治秩序》，王冠华等译，上海人民出版社 2008 年版；［英］吉登斯：《现代性与自我认同：现代晚期的自我与社会》，赵旭东、方文译，生活·读书·新知三联书店 1998 年版；［德］哈贝马斯：《交往行为理论：行为合理性与社会合理化》（第 1 卷），曹卫东译，上海人民出版社 2004 年版；［英］圣吉：《第五项修炼：学习型组织的艺术与实践》，张成林译，中信出版社 2009 年版。

③ 段文灵：《现代思想政治教育创新发展与马克思人学思维方式的确立》，参见高翔主编《中国社会科学学术前沿（2008—2009）》，社会科学文献出版社 2009 年版，第 353 页。

的分析层面，由于忽略了思想政治教育超越内蕴的哲学基础和思维方式，缺少对思想政治教育超越过程的精微分析和理论洞察，存在着混淆超越与超越性，混同学科的超越发展、学科的超越性功能与受教育者超越发展的问题，导致了研究的平面化、表层化和钟摆现象。针对现有研究中存在的理论错位、概念模糊的情形，需要转换问题研究的视角与方法，通过透辟地反思思想政治教育超越的实践本质，回归到人的超越发展的理论基点明晰思想政治教育超越的概念所指，赋予思想政治教育超越研究的完整性、彻底性、逻辑性，达致清理学科地基、正本清源、深化研究的目的。在这一意义上，深化思想政治教育的相关研究，需要区隔思想政治教育超越的系统，从受教育者超越发展的层面把握思想政治教育超越的“真理全体”。

四　研究意义

超越反映了人类对于事物发展的目标、价值、意义的理解和追求。思想政治教育过程中，受教育者的超越发展及其与学科发展、社会发展之间的价值关系，形成了探研思想政治教育超越问题的理论和实践意义。

（一）理论意义

有助于拓展学术视野，完善思想政治教育的理论体系。思想政治教育的超越功能与学科的超越发展反映了人们对于思想政治教育价值实现的期待。受教育者是思想政治教育的实践主体和价值本体。如何促进受教育者的超越发展是思想政治教育的元问题。正如法国社会学家迪尔凯姆指出的，“一门学科只有形成自己独特的个性，才能让人视为达到了最后的独立，因为只有其他科学没有研究的那类事实成为它的研究对象时，它才有理由独立存在”①。基于受教育者超越发展的原点研究，作为学术视野下移的一种体现，能够从本体上认识思想政治教育超越的过程及其本质，从不同层面探讨受教育者超越发展的内容与要求，由此把握思想政治教育的超越功能与学科的超越发展。

有助于丰富思想政治教育的人文价值，深化马克思主义人学研究。教

① ［法］迪尔凯姆：《社会学方法的准则》，狄玉明译，商务印书馆1995年版，第153页。

育的对象是人。在主体向度上，“现实的人”是思想政治教育的对象，思想政治教育的使命是帮助主体实现自身的超越。这也正是思想政治教育的价值所在。只有顺应受教育者的接受机制和内在需求，践行以人为本的教育理念，才能实现思想政治教育促进人与社会发展的目标。针对思想政治教育的现有研究很少涉及“人的缺憾性的超越”，研究有助于进一步深化思想政治教育人学研究，丰富思想政治教育的实践人学意蕴。

有助于拓展思想政治教育的理论空间，形成思想政治教育研究的超越性思维方式。思想政治教育不是思想教育与政治教育的简单相加，它有着培养学科专业人才、培养社会合格人才以及服务中国特色社会主义建设等不同层次的实践目标。它既要研究社会意识形态体系对社会政治运作产生的各种影响和作用，又要研究社会公众对意识形态的信任和接纳状况，还要研究思想政治教育在人的生存发展中的地位和作用。这些都要求以创新和超越的实践精神，超越旧有思维和观念的影响和束缚，自觉拓展思想政治教育的理论空间，形成一种由理论到实践，由实践到理论不断跃迁的超越性思维。

（二）实践意义

有助于更新思想政治教育理念，促进人的自由而全面地发展。德国哲学家奥伊肯在阐释生活的意义和价值时指出，“人是否能够在心中超越世界，并在这样做时根本地改变他与实在的关系。……唯一可能的补救法是彻底改变人自身的概念，在他内部区分狭隘的生活与宽广的生活，一种从有限的、从不可能超越其自身的生活，与一种从无限中可以接触到宇宙的广袤和真理的生活。……我们为生活提供意义与价值的一切希望都建立在他能做到这一点上。”① 从人的超越发展解读思想政治教育的价值及其实现，契合了思想政治教育以人为本、科学发展的时代精神，能够从“现实的人”出发，确立受教育者超越发展的过程和方位，形成对人的超越发展的具体把握，使思想政治教育真正成为“属人”的教育。

有助于弘扬超越自我的实践精神，凸显思想政治教育的时代价值。“现代性”的凸显引致“超越性”的不足是现代社会发展面临的现实问题。思想政治教育具有超越物质主义的时代特性，能够通过培养人的思想

---

① ［德］奥伊肯：《生活的意义与价值》，万以译，上海译文出版社1997年版，第54页。

政治道德品质创造“一种驾驭物质与经济发展的力量”①，消解功利主义至上、传统价值失落、消费主义盛行、粗鄙文化泛滥等精神病灶。思想政治教育超越研究承扬了马克思主义的超越性品格，对于实现思想政治教育的超越性功能，弘扬超越精神，加强人的主体性建设，促进人们精神家园的建构，加强社会理想信念教育，促进经济社会的健康持续发展，都有着重要的实践指导意义。

有助于拓展思想政治教育的实践空间，提高思想政治教育的社会效益。思想政治教育不是一种单纯的思想说教，而是一项社会性事业。当前，我国市场经济、网络社会、民主政治的迅猛发展，客观上要求拓展思想政治教育的空间，寻求思想政治教育活动所必要的社会支持，改善和优化思想政治教育的社会生态，增强思想政治教育的公共性、实效性。关于受教育者超越发展的过程研究有助于推进思想政治教育的开放性、创新性和实践性发展，提高思想政治教育的社会效益。

五 基本架构与分析方法

（一）研究的基本思路与主要内容

研究采用概念预设—理论建构—实践应用的基本理路，依从现有的三维框架，在分析思想政治教育与人的超越发展、社会的超越发展之间相互关系的基础上，揭示思想政治教育超越的实践本质，建立以教育者的超越发展为立论基础和逻辑起点的分析框架。同时，结合思想政治教育发生、发展的历史与现实，分析受教育者超越发展的理论基础与思想资源，多维度地阐释受教育者超越发展的理论和实践内涵。通过分析受教育者超越发展的矛盾体系、过程机理、基本规律，最后再一次回到思想政治教育的超越功能以及学科的超越发展的轨道中，探寻和建构思想政治教育超越与发展的方法路径。

研究的具体内容和基本观点包括：

导论重在梳理思想政治教育超越的相关研究，在厘清基本概念与研究现状的同时，阐释研究的目的、意义、思路、方法、重难点与创新点。

第一章通过超越的词源和语境分析，阐释思想政治教育超越的内涵、

① 鲁洁：《当代德育基本理论问题探讨》，江苏教育出版社2010年版，第25—26页。

本质与特征。思想政治教育过程中，受教育者是思想政治教育的实践本体和价值主体。思想政治教育超越本质上是指思想政治教育活动中受教育者思想行为的质变和飞跃。实现“理想目标”、完善“社会之我”、趋近“自由自觉”构成了受教育者超越发展的基本维度，形成了受教育者超越发展的主体自觉性、实践参与性、社会历史性、思维批判性。

第二章运用马克思主义原理分析了受教育者超越发展的理论基础。马克思主义思想理论体系中，人的全面发展理论、主观能动性理论、社会跨越理论、人的实践生成理论、矛盾转化与质量互变规律，建立了分析和把握受教育者超越发展的理论基础。

第三章从东西方文化关于人的超越性存在的思想资源的梳理与比较，确证思想政治教育与人的超越发展的有机联系。东西方文化中关于人的超越发展的价值取向、肯定人类之外异己力量的意识、对现实不满所产生的对人的否定意识、在苦难生活中萌生的寻求出路的意识，显现出人的超越性存在的思想方法，丰富了受教育者超越发展的思想文化资源。

第四章从现实与理想、自我与社会、自发与自觉、时间与空间、他育与自育、思想与行为等维度廓清受教育者超越发展的基本理论认识。受教育者的超越发展有着特定的内在结构和表现形式。理想自我和理想目标的实现、政治自觉意识的养成、自我教育的实现及其思想行为能力的增强，都是受教育者超越发展的重要体现。

第五章通过分析受教育者超越发展的过程及矛盾，探求受教育者超越发展的规律要求。受教育者超越发展的预期目标与受教育者现实状态之间的矛盾，是受教育者超越发展过程的基本矛盾。现实性与理想性、个性化与社会化、有限性与无限性、先进性与广泛性、主体性与客体性构成的矛盾体系，形成了受教育者超越发展的社会主导、内在驱动和互动共进规律。

第六章结合思想政治教育系统及其社会运行的现状，在发现问题、解决问题的基础上提出促进受教育者超越发展的思想政治教育方法路径。具体包括：激发受教育者超越发展的精神动力、培养受教育者的批判性思维能力、把握受教育者超越发展的社会限度、实施受教育者超越发展的时空观照、构建受教育者超越发展的社会支持系统，等等。

第七章通过审视思想政治教育者的生存和发展状态，基于思想政治教育专业发展分析了思想政治教育者的超越发展。思想政治教育者的超越发展关系学科建设与发展，也关系到受教育者的超越发展。促进思想政治教育者的超越发展，需要坚持“职业化、专业化、专家化”的实践取向，关注教育者专业发展过程中存在的问题，增强思想政治教育者的“公共性”。

第八章着重从优化目标体系、明晰学科发展方向、深化学科理论研究、推进学科公共转型等方面探研思想政治教育学科的发展问题。实现思想政治教育学科的超越发展，应建构“政治化、人文化、生活化”的目标体系，坚持“社会化、科学化、制度化”的发展取向，加强元理论、思想行为预测、跨学科研究与理论争鸣，拓展思想政治教育的社会空间与实践路径。

结语部分总结了思想政治教育超越研究的主要启示。强调运用一种必要的超越性思维，对待思想政治教育的范式、本质、主客体方面的理论争鸣，坚持思想政治教育是一种政治之学、人本之学、未来之学，并由此把握思想政治教育的超越功能与学科发展。

（二）研究的基本方法

从事理论研究，方法至关重要。黑格尔曾经指出，“当精神一走上思想的道路……它可以立即发现，只有‘正确的’方法才能够规范思想，指导思想去把握实质，并保持于实质中。”① 思想政治教育超越论研究源于生动活泼的思想政治教育实践，只有从静态的理论推演上升到动态的过程分析，才能对思想政治教育超越问题作出深刻的洞见，形成具有指导性、针对性的研究成果。研究坚持以马克思主义方法论为指导，注重从理论研究的实践意义上把握研究的创新性和前沿性，在发现问题中寻找理论体系的生长点。

探研思想政治教育超越的实践向度、时代价值和方法原则，需要坚持历史与逻辑相一致、宏观研究与微观研究相结合的方法论原则。研究坚持具体的历史的统一的思维逻辑，在历史回溯中寻找理论和实践支撑，在现存的理论架构和实践运行中发现、提出和解决问题，力求体现批判与建构、求实与创新的统一。思想政治教育超越在本质上是受教育者知识、情感、意识、信念、行为等要素的积聚重组和质变飞跃。受教育者从现实到

---

① ［德］黑格尔：《小逻辑》，贺麟译，商务印书馆 1980 年版，第 5 页。

理想、从自我到社会、从自发到自觉的超越发展，表现为受教育者的人格特征、认知风格、内在动机、知识结构、自我效能和角色认同的显著变化。这些内容的研究必须保证理论与实践上的逻辑自洽，坚持宏观与微观的相互补充、相互支撑，既要有抽象宏阔的理论阐释，又应有具体精微的实践考察。在具体方法上，研究坚持“经验研究与规范研究相统一，定量分析与定性分析相结合”，通过充分地开展文献梳理，整理现有的相关成果，在学科交叉、理论借鉴和聚类分析的基础上，最大可能地集中相关研究方法的优点及其形成的丰富理论成果，结合思想政治教育超越的概念预设与理论架构，进一步展开理论演绎、经验归纳和问题分析。

需要说明的是，理论研究的目的不只在于提供阐释和认知的向度，还在于提供一种理论检视和实践行动的思维方法和思想指导。长期以来，思想政治教育研究中存在着思维方法的不足，过多地依赖于主体需要的价值思维，附着于历史经验的确证和现实社会发展的需求。而这些历史回溯的“线性思维”、时代要求的“高蹈思维”、经验证明的“定格思维”、文本解读的“定式思维”以及实践至上的“实践理性思维”在一定程度上影响了理论的彻底性，导致了思想政治教育研究在思维机制与思维品质的发展上不够充分，甚或因理论的解释力不强而被一些人视为“没有思想的学问”。因此，关于思想政治教育超越的研究不是纯粹的理性思辨，它不能作为抽象普遍性的观照而居于玄思妙想的理论天堂，而要努力贴近人与社会发展的实际情况，充分把握思想政治教育发生发展的实际，以一种开放、包容、吸纳的超越性思维克服现有理论阐释力的不足，在回归人与社会发展的矛盾体系中进行理论前瞻并求取超越之道。

（三）研究的重难点、创新点

“思想意味着超越”、“实践也意味着超越”，个体生命发展的未完成性、社会发展的不确定性、教育者的学科情怀与超越情结、学科的发展成熟等无不需要超越思想的熏染、超越思维的透析。因此，关于思想政治教育超越的内涵和特征的分析是全文研究的理论元点，在概念预设上具有“元理论”的知识品性。作为立论基础，是思想政治教育超越论研究的重点和难点。

研究的难点是廓清“何为思想政治教育超越与何以思想政治教育超越”这一基本问题。一方面，从现实与理想、自我与社会、自发与自觉、他育与自育、思想与行为等不同维度建立受教育者超越发展的理论架构，从哲学、政治学、社会学、心理学、教育学、管理学等学科中汲取理论养分，赋予受教育者的超越发展过程以精致的细微分析，存在一定的理论难度；另一方面，受教育者超越发展的过程包含着现实性与理想性、个性化与社会化、有限性与无限性、广泛性与先进性、主体性与客体性等多层次、多样态的矛盾，在理论的演绎、归纳和准确表达上也具有一定的难度。

研究围绕思想政治教育的理论现状和实践目标，系统分析了思想政治教育超越的理论基础、思想资源和实践要求，形成了一定的理论创新空间。通过梳理相关的研究成果，在比较与反思的基础上分析了思想政治教育超越的社会实践本质，尝试性地建构了思想政治教育超越研究的分析框架。关于受教育者超越发展的多维透析与规律演绎具有思想集成的特点，转换和拓展了思想政治教育超越问题研究的视角和论域，丰富了思想政治教育的原理与方法研究，提供了新时期我国思想政治教育创新的思维与方法指导。

第一章　思想政治教育超越的内涵分析

思想政治教育超越有着丰富的理论意蕴和实践指向。正如黑格尔曾经指出的，“真正的思想和科学的洞见，只有通过概念的劳动才能获得，在那里是深刻的灵感和创见以及严谨思想的火花……”①，本章通过对超越一词的考察辨识，进一步解读思想政治教育超越的完整内涵，并阐释思想政治教育超越的本质特征与基本维度。

一　超越的内涵解读

超越是一个在日常生活中被经常言说的词汇。而追问超越的内涵究竟是什么，超越又成为一个只为少数人言说的词汇。在学术研究过程中，尽管以“超越”为主题的相关研究包罗万象，涉及文、史、哲等不同的学科，但对超越本身的概念很少进行清晰的界定，采取的多是约定俗成、未加考量的做法。这种简单做法的通行，既表明超越的一般含义为人所通晓，也表明有必要对超越一词加以考察辨识。

（一）词源考察

在词语的运用上，超越首先作为动词被使用，其基本含义指超出或超过某种限制或障碍。在《朗文现代英汉双解词典》、《牛津英语词典》等具有代表性的英语词典中，超越中的前缀 trans 的含义主要有“across；beyond；over；on the far side of”，包括“横越；横贯；跨越；超越；在彼方的”等义项。作为动词的超越（transcend）有两种含义，即“走出、

---

① ［德］黑格尔：《精神现象学》，段远鸿编译，中国华侨出版社2012年版，第16页。

超出或超过一种限制，走出、超出或超过在某一限制内的某种事物”和“在大小、强弱、好坏、性质上优于、胜过、凌驾……之上”。超越（transcendence）还具有名词的特性，指事物达到超越并或趋近卓越的状态或品质。汉语中，“超”和“越”在字源上都是形声字。在《汉字源流字典》、《辞海》、《辞源》、《古汉语常用字词典》等汉语词典中，超越包括“走”、“跳”、“跳跃”、“越过”等意思。有研究者指出，超越包括三方面的本义：“最基本的含义是超出或超过某种限制，这种限制可以是物质上的也可以是非物质上的，或者说是精神上的；第二个含义是在某方面超出、超过或胜出；第三个含义是攀登，上升，升起，向上或向前通过。”①

（二）哲学辨识

在哲学的思想体系中，“超越性”问题是认识论中的一个基本问题。在哲学的理论语境中，超越并不是指超越的行为、动作或过程，而是指人类对逻辑上在先的事物及其价值意义的思索，是人类自我意识对人与世界展开逻辑思维的思想方法。作为哲学追问的思维产物，超越指涉一种终极的本源或超验的存在。

在哲学研究中，超越不仅指时空的未来性，还强调通过“逻辑与时间的在先”探寻世界的始基，也即一种超验的存在物。我国学者张世英概括了哲学上超越的三类含义：指超越感觉的、无形的东西，与感觉、有形、个体相对；指无限的东西，与有限相对；指在先。② 相对于世界的终极存在物，人们在生活中感觉到的经验性事物都只是有限的东西。这种有限之物的存在必须有“逻辑上在先”的事物赋予价值和意义的支撑。通过对彼岸世界的第一存在物的探寻，哲学家形成了不同的思想方法。将此时此地的事物和彼时彼地的事物、今天的现实和过往的历史以至未来的期待融为“共时的”一体，形成了人类追求超越的“先验的想象力”。理念、上帝、理性、绝对精神、“天道”、“人道”都是这种“逻辑上在先”的超越物。学者张曙光指出，哲学和宗教通常在超验的意义上使用超越。超越是人的活动及其精神的一个“向度”，超验则是与经验完全二分的另

① 王守纪：《论教育的超越性》，东北师范大学博士学位论文，2010 年。

② 张世英：《天人之际——中西哲学的困惑与选择》，人民出版社 2007 年版，第 220 页。

一个“领域”。超验是超越的最终完成，它只能在人的观念和精神世界里存在；而人类现实的超越性活动却是不可能最终完成的，它永远在当下和未来之间展开。① 随着近代哲学的发展，指向“先在”的先验超越逐渐与人们的日常语系会通，超越一词具有了更多的价值论层面上的意义。

人类对超感觉的、无限的、在先的事物的思索，是人类自我意识觉醒的内在要求和必然产物。人作为“有意识的类”，不仅意识到他与外在对象的区别，意识到人与物、人与外在世界的分离，而且意识到生命存在的时间性限制。生命的有限使人在心灵中时刻涌动着超越有限的渴望，并希冀在有限的生命存在中寻求无限性的发展空间。黄玉顺指出，个体意识到生命存在的有限性并试图超越是“超越性”问题的出发点。超越问题必须从“超越经验”谈起，“超越”的最初含义就是超出经验范围。超越总是指向某种终极性存在者，它是一个处于个体经验之外的、绝对的、纯粹的“所与”。超越经验、超越理性、超越自我意识、超越物质世界、超越任何实在构成了一个“超越谱带”②。

马克思主义哲学以改造世界的实践观科学地说明了人的超越性存在问题。在马克思主义实践观的视域中，人的超越性存在是内在超越与外在超越的统一。作为主体对自我所蕴含的内在尺度的自觉，内在超越集中体现为主体在自身的主观、意识和精神范围内实现超越。但是，人的主体性、超越性不是臆想和超验的存在。人类不能仅靠这种主观的理想和需要而生活，人类必须突破客体存在的表象，形成外在客体的规律性认识，在认识和改造客体中实现对对象的超越，使客观对象成为属人世界的一部分。作为人类实践活动的表征，超越是人的生命存在的重要原则，是人类对自身存在的限制、现状的不断超出和克服，是人们打破现实限制，实现理想目标和飞跃发展的实践活动。

二　思想政治教育超越的多重意涵

思想政治教育是一定的阶级、政党和社会群体通过有目的、有计划、

① 张曙光：《马克思主义哲学研究应有的现实性与超越性——一种基于人的存在及其历史境遇的思考与批评》，《中国社会科学》2006 年第 4 期。

② 黄玉顺：《关于佛道儒的“宗教超越性”问题》，《北京理工大学学报》2002 年第 2 期。

有组织地培养人的思想政治素质，促进人与社会全面发展的实践活动。思想政治教育对人与社会发展的目标指引和价值主导，体现了思想政治教育对人的思想行为的先导性，以及思想政治教育活动面向未来的发展性。思想政治教育超越集中反映了这些特性和要求，聚合了受教育者的超越发展、思想政治教育的超越功能、思想政治教育学科的超越发展等丰富的意涵和语境。

（一）受教育者的超越发展

人的发展过程是适应与超越的相互统一。思想政治教育过程中，教育者不仅要遵循人的思想政治品德形成和发展的规律，根据受教育者的思想认知水平及其内在的情感、意志等个体素质提出相应的目标要求，还要结合受教育者及其社会环境的状况提出人与社会超越发展的未来目标，培养"能够改变、超越现实生产力和现实社会规定性的人"。适应与超越揭示了教育者、受教育者、教育内容、教育目标等思想政治教育要素的内在联系及其矛盾运动的趋势。从强调适应到突出超越，深化了对思想政治教育过程规律的基本认识，有利于结合受教育者的现实境遇和社会发展的未来要求，凸现思想政治教育的人文关怀和社会关切。

（二）思想政治教育的超越功能

思想政治教育与现存的社会秩序之间既存在着肯定和适应的关系，也存在着否定和超越的关系。是固守特定的文化价值，复制旧有的社会秩序，还是超越旧有的社会秩序，促进文化价值的创新和社会组织的重构，形成了思想政治教育的复制与超越功能。复制功能即思想政治教育活动具有传递和维护旧有的文化价值与现存的社会秩序的职能。社会发展过程中，尽管现存的社会秩序居于持续的嬗变之中，但传承是延续和发展的基础条件。为了维系社会力量的平衡，一定的阶级、政党或社会集团总是要按照社会发展的需要，传递和维护旧有的文化价值或现存的社会秩序。思想政治教育的复制功能作为社会稳定发展的条件，必须与超越现实，引领人与社会的未来发展的目标要求相互统一。由此，培育社会主体的创造性人格，实现人与社会发展的理想目标，不断确立和形成受教育者及其社会未来发展要求的文化价值和社会关系，形成了思想政治教育的超越功能。随着当代社会的迅猛发展，思想政治教育的超越功能显得更为重要，思想政治教育的先导性作用必须“被合理地理解和作为超越功能进行发展和发挥”①。思想政治教育超越功能深化了对人与社会发展之间关系的认识，拓展了思想政治教育活动的理论视野和实践空间。

（三）思想政治教育学科的超越发展

当代社会，随着经济全球化、政治民主化、文化多元化、信息网络化的不断发展，思想政治教育在促进人与社会的超越发展中显得更加重要、紧迫和复杂。提升人的思想政治道德素质，促进社会团结，维护国家的文化安全，培育社会主义核心价值观，构成了新时期思想政治教育学科超越发展的新任务、新要求、新期待。而与此同时，思想政治教育的实效性和公信力面临着人们的质疑和时代的考验。国家层面的思想政治教育疏离了日常生活，学科队伍缺乏足够的稳定性和专业性，思想政治教育仍然处于“想起来重要，做起来不要”的边缘化境遇。在思想政治教育学科转型发展的问题情境之下，明确学科定位，确定学科边界，进行学科清理，提高学科效益，形成了诠释思想政治教育超越的学科视角。关注思想政治教育的社会生态，把握不同利益主体的思想政治教育需要，强化思想政治教育的传播功能，促进思想政治教育的话语转换，完善国家意识形态建设的领导管理，谋划思想政治教育的“社会化、制度化、科学化”发展，成为思想政治教育学科超越发展的必由之路。

三 思想政治教育超越的本质

本质是“事物本身所具有的、决定事物性质、面貌和发展的根本属性”，是“事物成为它自身的根本规定性或占统治地位的质，是事物存在和发展的内在根据”②。上述三重意涵凝结着思想政治教育超越研究的学术理性、价值取向和社会期待，建立了思想政治教育超越研究的学术架构。然而，由于每一个视角作为解释社会现象的“立足点、聚焦点、切入点”都是有限的、不完全的。准确把握思想政治教育超越的本质，需要把握思想政治教育超越的本体，理解思想政治教育超越的内涵与外延之

① 张耀灿、郑永廷等：《现代思想政治教育学》，人民出版社2006年版，第91页。

② 杨世宏、任厚升：《“本质”新探》，《湖北大学学报》2008年第3期。

间的关系。

（一）本质求取的本体论视角

在哲学的视域中，本体指万物产生的根源和存在的依据，是“超越一切存在者或现象、具有创造各种事物或现象能力”的根本实体。这种“多中求一”、“变中求恒”的理论思维形成了哲学的本性。思想政治教育超越是一个复杂的有机系统，思想政治教育的目标“不仅蕴含着社会实践中思想道德方面要求的已有规定，而且还包含着人自身主体性的尺度与对社会超越的尺度，包含着自身发展的尺度。”① 思想政治教育超越的本体定位，归根结底，就是追寻思想政治教育超越的根本目的，从“为什么、是什么和怎么样”的追问中说明思想政治教育超越的存在之基。

正如哲学思想史表明的，本体论并不必然去探寻某种实体性的、决定论意义上的本原或本体，而是去开辟基于人之超越性的创建活动而不断生成的和开放性的“本体”。在思想政治教育超越的诸多尺度和规定中，受教育者是思想政治教育超越的价值本体和实践主体，思想政治教育的超越功能、思想政治教育学科的超越发展只有通过教育实践系统的育人功能得以最终实现和完成。在这一意义上，受教育者的超越发展构成了思想政治教育超越的实践本体和存在之基。正是受教育者的超越发展建立了个人与社会、教育与政治的本体性关联，不断地确证、传导和实现着思想政治教育的价值与功能，并“以其本体功能所发挥的内在价值”带动着“其他社会功能所表现的外在价值”②。离开了受教育者的超越发展，思想政治教育的超越功能无从实现，学科的超越发展也无从谈起。

（二）思想政治教育超越的本质即受教育者的超越发展

思想政治教育的有效过程是受教育者的思想政治素质从“实有”水平向“应有”标准的转变和提升过程。增强受教育者的主体性力量，实现他们从低层次的思想行为到高水平的思想行为的超越发展，构成了思想政治教育超越的社会实践本质。思想政治教育过程中，随着受教育者的知

---

① 张澍军：《德育哲学引论》，中国社会科学出版社2008年版，第191页。

② 金明华：《思想政治教育的超越性与人的全面发展》，《黑龙江高教研究》2008年第2期。

识、情感、信念、意志、能力、人格、行为等主体性因素在量上的不断积累，逐渐产生和增加新质的因素，通过不断的自我否定、自我超越实现了思想政治道德素质的质变。在这一意义上，思想政治教育超越是指受教育者思想政治素质结构及其思想行为能力的质变和飞跃，是受教育者在思想政治教育的影响下，通过顺应、同化和改造特定的社会环境，在现实自我与理想自我、现实状况与理想目标的平衡与不平衡的交替中，逐步改变原有的认识图式、思想观念和行为目标，不断否定自我、超越自我并实现理想目标的关键环节。

受教育者的超越发展反映了思想政治教育的实践本质。社会实践是思想政治教育产生、存在和发展的根源。开展思想政治教育，就是要通过有效的教育活动提升受教育者的思想政治素质，使先进更先进，落后变先进。尽管思想政治教育的目标在于按照一定阶级或集团的意识形态影响和改变人们的思想行为，但由于受教育者的超越发展是思想政治教育超越的本体，思想政治教育的效果通过受教育者的超越发展来实现。思想政治教育实践作用于受教育者的主观世界，引导和规范受教育者的发展，促进了受教育者理想自我和理想目标的建构，实现了人与社会的超越发展。受教育者的超越发展是思想政治教育活动的价值追求和实践本体，构成了思想政治教育超越的内在本质。

受教育者的超越发展决定了思想政治教育过程的基本矛盾的运动。思想政治教育过程中，一定社会的思想政治素质要求与受教育者现有的思想政治素质现状之间的矛盾构成了思想政治教育过程的基本矛盾。由于人们的思想行为选择与思想政治教育的目标要求总会存在着一定的差距，思想政治教育成为一种“差距教育”，成为运用各种教育内容、方式方法来促使人们超越于现有思想觉悟水平的矛盾运动。① 通过开展思想政治教育，调动和发挥受教育者的主观能动性，最大限度地发掘受教育者超越发展的内在潜能，实现受教育者的超越发展，正是解决思想政治教育过程中各种矛盾的必然要求。随着受教育者超越发展的实现，思想政治教育过程中的基本矛盾转化为新的社会要求，形成了受教育者新的合理的需要和利益，在更高的起点上促成受教育者及其社会的跨越发展。

---

① 林晶、张澍军：《刍议思想政治教育的基本矛盾》，《东北师范大学学报》2010 年第 4 期。

受教育者超越发展的状况决定了思想政治教育的目标内容、方法手段。追求美好生活的主观愿望，形成了人们对理想生活和未来社会的追求。思想政治教育不能停留在适应受教育者的现实状况以及社会的现实需要上，而是要着力引导受教育者把握自我和社会的未来发展需要。实现受教育者的超越发展，培养适应未来社会发展要求的社会人。受教育者超越发展的价值目标的实现对思想政治教育的实践系统要素提出了超越性的要求。如，在内容上，思想政治教育要反映意识形态建设、思想道德教育的未来指向，运用超前于受教育者现有思想觉悟水平的先进思想要求引导受教育者提高思想政治素质。在方法上，思想政治教育要重视思想行为预测，根据社会发展形势与受教育者发展的特点，开展对受教育者的先导教育、预防教育、超前教育。

四 思想政治教育超越的本体维度及特征

思想政治教育过程中，受教育者的思想行为不断实现量的积累和质的飞跃，逐步“超出现有的水平和状况”，“打破现实的束缚和限制”。受教育者在认知风格、行为动机、知识结构、自我效能、角色能力和人格特征等方面产生的量的变化和质的改善，是受教育者超越发展的生动体现。作为思想政治教育效果的直接体现，受教育者的超越发展形成了属于自身实践系统的基本维度和主要特征。

（一）基本维度

受教育者的超越发展是对理想自我和理想社会的不懈追求。理想与现实、个人与社会、自发与自觉之间的矛盾，形成了受教育者超越发展的内在动力，基本实现“理想目标”，完善“社会之我”，趋近“自由自觉”，构成了受教育者超越发展的基本维度。

1. 打破“现实状况”的限制实现“理想目标”

人们的实践活动不仅创造了生活于其中的社会现实，也形成了人们进一步认识和改造世界的新的需要和利益。正如马克思指出的，“外部世界对人的影响表现在人的头脑中，反映在人的头脑中，成为感觉、思想、动机、意志，总之，成为‘理想的意图’，并且以这种形态变成理想的力量。”① 这些新的利益和需要作为改造现实和创造理想未来的期望，为理想目标与现实状况的二重化提供了直接动力，使人们不仅能够按照“理想的意图”来改造外部世界，也必然会按照这个尺度来教育和改造自己。社会生活中，社会实践推动着主体不断地谋划未来，形成了主体关于理想自我与理想社会的期待与设计。

思想政治教育是引导受教育者通过能动的实践活动超越现实而走向未来的活动。思想政治教育过程中，为了促进受教育者和社会面向未来的发展，教育者必须按照实然与应然的思维结构和思想逻辑，教育和引导受教育者树立正确的人生和社会理想，激发起受教育者对理想自我和理想社会的追求。这种理想自我与理想社会作为自我与社会发展的未来要求，形成了思想政治教育要求与受教育者以及社会发展的现实状况之间的差距和矛盾。思想政治教育活动就是要引导受教育者正确地认识和处理这一矛盾，促使受教育者产生新的自我意识和社会期待，不断地改造自我与社会的现实状况，提高既有的思想政治素质和综合素质。思想政治教育过程中，不管是思想政治素质的质变和飞跃，还是理想自我和社会发展目标的实现，都必然是对现存社会关系的打破，是对受教育者的现实状况的超出。

2. 克服“个体之我”的局限完善“社会之我”

个体与社会之间的矛盾是促进人与社会不断发展的内生动力。这一矛盾的克服和解决形成了片面的“个体人”向全面的“社会人”发展的实践需要。社会生活中，每个人首先作为个体而存在。个体是人的最真实、最根本的存在形态或方式。个体具有自我选择、自我发展、自我超越的主体性。但这种不断超越自我的主体性并不是个体孤立自存的主体性，而是在社会实践中的自我超越。正如马克思指出的，“人的本质不是单个人所固有的抽象物”，现存的社会关系构成了人的存在的种种限制，形成了个体存在的片面性、不完整性。人们只有在社会中理解自己、规定自己、把握自己，才能正确地处理个体选择与社会要求之间的矛盾，才能在社会实践中弥补个体存在的缺憾，实现自我与社会的共同发展。

思想政治教育是促进社会认识向个体认识转化的重要中介，也是帮助受教育者弥补个体存在缺憾，提高社会参与能力，实现人的政治社会化发

---

① 《马克思恩格斯选集》（第4卷），人民出版社1995年版，第232页。

展的重要途径。思想政治教育过程中，“个体之我”的存在缺憾作为思想政治教育的人性基础，要求教育者必须从“现实的个人”出发，引导受教育者认识到社会对于个人的优势，认识到社会发展尤其是国家的政治发展对于个人发展的合宜性、正当性，并自觉地将社会要求作为个体发展的引导。在这一意义上，一定阶级、政党及其社会集团按照人与社会发展的特定要求、特殊需要，转变人们的思想观念，促进人的政治社会化发展体现了思想政治教育的实践逻辑。有组织、有计划地对社会成员灌输特定阶级和集团的意识形态、社会政策、价值观念，不断提升人们的思想政治素质，其根本目的就是为了形成人们对社会发展的政治行为模式、生产组织模式、社会组织和生活模式的认同，促进个体与社会的共同发展、和谐发展。随着思想政治教育目标的实现，受教育者提高了思想认识水平，逐步克服了“个体之我”的局限性，将特定的社会要求、社会认识转化为个人自觉的思想行为。

3. 摆脱“自在自发”的状态趋近“自由自觉”

“自在自发”与“自由自觉”是人类实践活动的两种状态，体现了人类实践活动的发展趋势和内在要求。“自在自发”指实践主体的思想行为尚未达到自由自觉的程度，还处于对必然规律的无视或盲动状态；“自由自觉”指实践主体能够有目的、有意识地运用客观规律认识和改造世界的思想行为状态。社会实践中，当外部世界的规律还不为人类所认识和把握，还具有尚未解蔽的异己性时，此时的人类的实践活动为外物所束缚和支配，处于一种自在自发的状态。随着人的主体性的增长，人们认识并掌握了外部世界的客观规律，此时的实践活动成为人们“自由而自觉的活动”。作为人的认识能力和主观能动性发挥程度的不同状态，对“自在自发”的逐步摆脱，对“自由自觉”的无限趋近，构成了受教育者超越发展的重要维度。

思想政治教育是引导人的思想行为由“自在自发”走向“自由自觉”的教育实践活动。社会生活中，受到非理性因素以及人的社会实践能力的限制，人们常常对客观事物和社会事件产生错误的认识和行为。受到经济社会发展条件的限制以及局部利益、暂时利益、眼前利益的驱使，人们往往缺乏必要的政治自觉、经济自觉和文化自觉，缺乏对集体利益、公共理性和社会价值的深刻认同，缺乏一种促进人与社会全面发展的实践自觉。思想政治教育作为“思想掌握群众”的特殊实践活动，就是要帮助受教育者树立正确的思想行为观念，逐步摆脱“自在自发”的思想行为状态。思想政治教育过程中，受教育者“从朦胧到直观、从感性到理性、从抽象到具体”的思想认识变化，“从盲从到主动、从消极到积极、从自发到自为、从为己到为人”的实践行为发展，正是受教育者通过思想政治教育而实现的超越发展。

（二）主要特征

事物的特征是事物本质的外在表现，也是事物成为自身并区别于其他事物的内在规定性。从“生存”到“生活”、从“物质”到“精神”、从“个体”到“类”、从“有限”到“无限”，作为人的超越性存在的四重维度①，形成了受教育者超越发展的重要特征。

1. 主体自觉性

主体自觉性体现了受教育者超越发展的主体性特征。思想政治教育过程中，受教育者主体性的形成和发展是受教育者超越发展的条件和结果。受教育者超越发展的目标是在教育引导、自我反省、社会批判和实践感悟基础上形成的发展目标。个体主体性的发展、自觉能动性的发挥及其超越性人格的彰显，构成了受教育者超越发展的内在动因和根本保证。

主体意识的形成发展是思想政治教育发生的直接根据，形成了受教育者超越发展的认知条件和心理基础。思想政治教育过程中，思想观念的超越是受教育者超越发展的前提。正如马克思指出的，“最蹩脚的建筑师从一开始就比最灵巧的蜜蜂高明的地方，是他在用蜂蜡建筑蜂房以前，已经在自己的头脑中把它建成了。劳动过程结束时得到的结果，在这个过程开始时就已经在劳动者的表象中存在着，即已经观念地存在着。”② 受教育者的超越发展始于自身思想观念的转变和超越发展目标的确立。受教育者是否在思想观念和精神文化层面形成超越自我的价值追求，是否能够充分地认识自我，并自觉地塑造理想自我、追求理想目标，本质上是受教育者在有效的思想政治教育主导下不断发挥自我意识的能动性、前瞻性、创造性的过程。

受教育者的超越发展是在价值选择和价值创造中提升主体性，形成超

① 宋德勇、路日亮：《试论人的超越性的四重维度》，《学术论坛》2010 年第 3 期。

② 《马克思恩格斯文集》（第 5 卷），人民出版社 2009 年版，第 208 页。

越发展的价值取向的过程。超越自我不是一种思想的遐思和宣誓，而是一种切近生活实际的实践存在方式。思想是行为的先导。受教育者关于现实的多方面的需求、对个人正当利益的追逐，对社会发展的评价与期待，构成了不断超越自我的价值支撑和精神动力。思想政治教育过程中，受教育者的思想自觉对于自身的超越发展具有一定的先决性。这种超越自我的思想意识是受教育者超越性人格的精神内核。正如黑格尔在论述人的主观精神的重要性时强调的，尽管“单纯意向的桂冠就等于从不发绿的枯叶”，“主体就等于它的一连串的行为”，但“如果这些行为是一连串无价值的作品，那么他的意志的主观性也同样是无价值的。”① 尽管受教育者的超越发展不能停留在自我意识的精神层面，但受教育者超越发展的实现首先必须具有价值判断、价值选择、价值建构的自由和自觉，才能够“使自己成为衡量一切生活关系的尺度，按照自己的本质去评价这些关系，根据人的本性的要求，真正依照人的方式来安排世界。”②

2. 实践参与性

实践参与性体现了受教育者超越发展的过程特性。人的超越性是在社会实践活动中形成的将可能变为现实，不断否定、更新自我与现存社会的特性。实践是改造世界的桥梁。社会生活中，人们总是通过实践创造新的生活，并由此扬弃自我与社会的现存状况。在主观见之于客观的对象性实践活动中，人们不仅改造着客观对象，也改造着自身，形成了主观与客观、“实然”与“应然”的对立统一。人们只有在实践中才能展开对理想自我和理想社会的追求，才能实现对客观世界和主观世界的改造，以及对现实自我和现存世界规定性的否定和超越。

受教育者的超越发展是思想超越与实践超越的相互统一。思想超越即一种旧有的思想观念发展或为一种新的思想观念所代替。思想超越是受教育者超越发展的精神基础，它提供了受教育者超越发展的心理动力。实践超越是指人们改造世界的活动能力和方式方法的质变和飞跃，是人们通过实践活动不断提升实践能力的发展过程。思想政治教育过程中，由于“意识的一切形式和产物不是可以通过精神的批判来消灭的”③，思想超越

① ［德］黑格尔：《法哲学原理》，范扬、张企泰译，商务印书馆2009年版，第126页。

② 《马克思恩格斯全集》（第3卷），人民出版社2002年版，第521页。

③ 《马克思恩格斯选集》（第1卷），人民出版社1995年版，第92页。

只有外化为具有直接现实性的实践超越，才能实现受教育者的理想自我和发展目标。涂尔干在道德教育的论述中指出，“从根本上讲，真正的德性在于以一种适当的方式行事，能够将自己身上某种内在的方面加以外化，而根本上不在于对高尚的图景和动人的品格闷头进行精神构建和个人沉思。”① 受教育者超越自我、实现理想的活动从最初的观念形态的存在，最终只能以实践超越的方式得以确证。受教育者超越发展的过程是一个不断克服自我与社会、现实与理想、自在与自发之间永恒矛盾的过程。这一过程的阶段性完结只有通过受教育者的实践参与才能得以不断实现和完成。

3. 社会历史性

社会历史性体现了受教育者超越发展的社会限度。主体的超越性存在是人类社会不断发展的条件和保障。社会历史条件构成了人的超越发展的基础。这些客观条件熔铸到人们的素质和能力之中，构成了主体促进自我与社会发展的超越力量，制约着个体与社会超越目标的实现。受教育者的超越发展总是受制于现实条件。受教育者只有准确把握人与社会发展的历史坐标、现存问题和未来趋势，才能成功地实现超越发展的目标。

受教育者的超越发展是对自身现实存在的超越。人的社会关系中的存在形成了受教育者超越发展的社会规定性。社会发展过程中，人的历史性存在方式使人产生了超越现实的精神追求，使人能够“有意识地扬弃自身的生产生活”。社会物质条件、社会生产方式、社会文化环境等决定了受教育者超越发展的方向和趋势。正如马克思指出的，“人们自己创造自己的历史，但是他们并不是随心所欲地创造，并不是在他们自己选定的条件下创造，而是在直接碰到的、既定的、从过去承继下来的条件下创造。”② 受教育者理想自我的建构、自由自觉的发展尽管具有观念建构的主观特性，但必须具有客观的、现实的、潜在的对象性客体，具有向现实转化的可能性基础。作为特定时代的人，受教育者需要的满足、利益的实现及个人的发展与完善都不能脱离特定的社会关系和历史条件而孤立地进行。

受教育者的超越发展具有丰富的社会历史内涵。受教育者的超越发展

① ［法］涂尔干：《教育思想的演进》，李康译，上海人民出版社2003年版，第290页。

② 《马克思恩格斯选集》（第1卷），人民出版社1995年版，第585页。

不是堂吉诃德式的大战风车，而是建立在人与社会发展目标要求基础之上的一种实践追求。受教育者对理想自我和理想社会的追求，必须遵循人与社会发展相互统一的规律。由于人的现实生存总是和社会发展紧密相连，每一个人的发展构成了社会发展的条件。思想政治教育过程中，克服经济自发，实现政治自觉、道德自律和文化创造不仅具有自我超越的意蕴，更具有促进社会跨越发展的社会历史内涵。受教育者的超越发展，既包括受教育者对自我和社会发展局限的克服，对自我和社会发展限制的突破，也包括对社会未来前景的期待及其实现，既包括理想自我和个体发展目标的实现，也包括社会发展和社会理想的实现。

4. 思维批判性

思维批判性是受教育者超越发展的思想方法特征。批判性是事物自身具有的自我否定即扬弃的属性。恰当地转变思想观念，不断地调整或重新认识自我与社会不断变化发展的实际状况，自觉地重构理想自我和理想社会的目标要求，是受教育者实现超越发展的思想前提。这种对“现实规定性”始终需要保持的批判性反思，形成了受教育者超越发展的思维批判性。

辩证地否定现存的生活状况，正确地理解自我发展面临的压力和挑战，是受教育者实现超越发展的重要条件。人的反思和批判意识使主体对自我与社会的未来永远怀有梦想和期待。马尔库塞指出，“单向度的人，即是丧失否定、批判和超越的能力的人。这样的人不仅不再有能力去追求，甚至也不再有能力去想象与现实生活不同的另一种生活。”① 一个人失去了反思和批判能力，将作为“单向度的人”而沉溺于动物式的“幸福”和“满足”之中。霍克海默也指出，“如果不对假定的条件进行检验，将它们束之高阁，社会就会陷入僵化，信仰就会变成教条，想象就会变得呆滞，智慧就会陷入匮乏。社会如果躺在无人置疑的教条的温床上睡大觉，就有可能会渐渐烂掉。要激励想象，运用智慧，防止精神生活陷入贫瘠，要使对真理的追求持之以恒，就必须对假设质疑，向前提挑战，至少应做到足以推动社会前进的水平。”②

① ［美］马尔库塞：《单向度的人：发达社会工业意识形态研究》，刘继译，上海译文出版社1989年版，第2页。

② ［德］霍克海默：《批判理性》，李小兵译，重庆出版社1989年版，第243页。

实践批判是受教育者实现观念重构与自我超越的重要途径。批判是以“高深知识”为基础、以社会理想为标准的负责任的深刻反思与重新理解，是促成受教育者在联系、差别中培养起理智品格的手段。① 批判包括观念形态的精神批判和物质形态的实践批判两大形态。实践批判是实现人与社会发展、进步的阶梯，它不是简单的否定、“颠覆”或对理想目标的背弃，而是对人的认识和实践偏差的校正，是在实践反思中实现更高程度上的观念建构和实践发展。马克思指出，“环境的改变和人的活动或自我改变的一致，只能被看作是并合理地理解为革命的实践。”② 恩格斯在写给工人领袖特里尔的信中也指出，“工人运动的基础是最尖锐地批评现存社会，批评是工人运动的生命要素。”③ 这些论述表明，思维批判性是受教育者超越发展的生命要素。受教育者只有不断地反思、批判与矫正自身的思想行为，才能实现自我的超越发展。

① 邓纯余：《马克思主义思想政治教育批判特性的当代审视》，《学校党建与思想教育》2010 年第 1 期。

② 《马克思恩格斯选集》（第 1 卷），人民出版社 1995 年版，第 55 页。

③ 《马克思恩格斯文集》（第 10 卷），人民出版社 2009 年版，第 580 页。

第二章　马克思主义关于人的超越发展的基础理论

探讨受教育者的超越发展，需要具体地把握受教育者超越发展的社会依据、基本过程、重要环节和主要途径。马克思主义作为一切人类知识总和的典范，其思想理论体系中包括的人的全面发展理论、主观能动性理论、社会跨越理论、实践生成理论、矛盾转化理论以及质量互变规律，提供了分析和把握受教育者超越发展的重要理论基础。

一　人的全面发展理论

"人是人的最高本质。"人对生命的完整性与超越性的追求，是人类社会不断前行的动力。马克思主义批判继承了人类的优秀文化成果，分析了以往旧有理论体系中不可克服的内在局限，以"实现人类解放"为全部的理论旨趣和价值指向，阐释了人的全面发展的社会条件和历史进程，揭示了人的全面发展的自由本质，并科学地说明了建构未来美好社会的基本原则。

（一）人的全面发展的基本内涵

人的全面发展就是"人以一种全面的方式，就是说，作为一个完整的人，占有自己的全部本质"①。马克思、恩格斯指出，"造就全面发展的人"，"用全面发展的个人来代替只是承担一种社会局部职能的局部个

① 《马克思恩格斯文集》（第1卷），人民出版社2009年版，第189页。

人”，是“未来教育的原则和目标”①。概而言之，人的“全面发展”包括三个主要方面，即人的活动特别是人的劳动活动的全面发展，以及人的需要和能力的全面发展；人的社会关系的全面丰富、社会交往的普遍性和人对社会关系的全面占有与共同控制；人的素质的全面提高和个性的自由发展。②

劳动活动的全面发展是人的需要和能力的全面发展的实践基础。劳动作为人之不同于其他动物的特殊能力，促使着生产者“发展和改造着自身，造成新的力量和新的观念，造成新的交往方式，新的需要和新的语言”③。人类在劳动中产生，在劳动中解放，在劳动中异化，因而也只能在劳动中发展。早在《德意志意识形态》中，马克思就浪漫地描述了人的全面发展的未来图景，指出，“在共产主义社会里，任何人都没有特殊的活动范围，而是都可以在任何部门内发展，社会调节着生产，因而使我有可能随自己的兴趣今天干这事，明天干那事，上午打猎，下午捕鱼，傍晚从事畜牧，晚饭后从事批判，这样就不会使我老是一个猎人、渔夫、牧人或批判者。”④ 这种打破现存制度下人们被迫进行分工，消灭现存的劳动异化现象的浪漫主义畅想生动地说明，劳动活动的全面发展是人的全面发展的基础。人的劳动能力的发展就是人的需要和能力的全面发展。所谓全面发展的个人，首先是能够适应完全不同的劳动需求，使自己的各种能力得到自由发展的个人。

社会关系的丰富发展是人的全面发展的充分体现和社会基础。人的全面发展是社会发展的历史产物，人的全面发展离不开社会生产力和生产关系的发展，生产力的发展为个人的全面发展提供了现实基础。社会关系决定着一个人能够发展到什么程度。一方面，社会是人们交互作用的产物，“个人的全面性不是想象的或设想的全面性，而是他的现实关系和观念联系的全面性”，“一个人的发展取决于和他直接或间接进行交往的其他一切人的发展”⑤；另一方面，人是社会的主体，社会发展是在人的劳动实践中不断地生成和扬弃着的历史过程。社会发展是人们积极能动地认识社

① 《马克思恩格斯文集》（第5卷），人民出版社2009年版，第559页。

② 吴向东：《马克思人的全面发展理论》，《马克思主义研究》2005年第1期。

③ 《马克思恩格斯文集》（第8卷），人民出版社2009年版，第145页。

④ 《马克思恩格斯选集》（第1卷），人民出版社1995年版，第85页。

⑤ 《马克思恩格斯文集》（第8卷），人民出版社2009年版，第172页。

会、改造社会的产物。“正像社会本身生产作为人的人一样，人也生产社会。”① 个人总是在社会发展过程中不断表现、实现其需要、能力、社会关系和个性的全面发展。

人的素质和个性的发展是人的全面发展的现实表现。人的活动与社会关系的丰富和发展，直接地体现在人的素质和个性的发展方面。人的劳动活动的全面发展、社会关系的丰富发展，是人的素质和个性发展的条件和基础。正如马克思指出的，“生产力——一般财富从趋势和可能性来看的普遍发展成了基础……这种基础是个人全面发展的可能性，而个人从这个基础出发的实际发展是对这一发展的限制的不断扬弃，这种限制被意识到是限制，而不是被当作神圣的界限。”② 生产力的发展和世界交往范围的扩大，形成了人们之间各个方面、各个领域、各个层次的社会联系。随着社会的经济关系、政治关系、法律关系、伦理关系、宗教关系、文化关系的丰富和发展，人的素质和个性的发展逐渐地摆脱了个体、分工、地域、民族的狭隘性、局限性。

（二）人的全面发展与超越发展

人是社会的人，社会发展与人的发展互为条件。人的全面发展与社会发展是同一的历史过程。人的全面发展的现实性、理想性、相对性，以及社会发展的阶段性、长期性，构成了受教育者超越发展的主体条件和社会基础。受教育者的超越发展是人的全面发展的内在要求，是人的全面发展的现实表现，是人的全面发展的过程环节。

受教育者的超越发展是其自身不断“发挥能力、丰富个性与社会关系、发展主体性”的全面发展过程。促进受教育者的全面发展是思想政治教育实践活动的最高价值目标，促进受教育者的超越发展是思想政治教育活动的直接现实目的。正如恩格斯指出的，“教育可使年轻人很快就能熟悉整个生产系统。它可使他们根据社会的需要或他们自己的爱好，轮流从一个生产部门转到另外一个生产部门。因此，教育就会使他们摆脱现代这种分工为每个人造成的片面性。”③ 受教育者的超越发展就是要通过自

---

① 《马克思恩格斯全集》（第42卷），人民出版社1979年版，第121页。

② 《马克思恩格斯文集》（第8卷），人民出版社2009年版，第171页。

③ 《马克思恩格斯全集》（第4卷），人民出版社1958年版，第370页。

身的个性、素质和能力结构的发展完善，实现自身劳动能力、社会交往和个性自由的全面发展，并由此克服现存的社会分工、现实的社会关系的束缚，成为“能够改变、超越现实生产力和现实社会规定性的人”。受教育者的全面发展包括素质的提高、个性的形成、能力的提升、人际的拓展等不同方面，受教育者的超越发展包括提高思想政治道德素质、提升思想境界、实现人生价值、扩大社会关系等不同的目标体系。开展思想政治教育，必须自觉掌握和运用人的全面发展理论，根据现存的社会劳动分工的状况、现存的社会关系特点以及受教育者的素质和个性的特点，提出思想政治教育的完整目标体系。

二　主观能动性理论

主观能动性是指人们的主观意识及其活动对客观世界具有一定的反作用的特性和功能，是调节思想与现实之间、思想的各个层次与侧面之间的关系的主动性。马克思、恩格斯、列宁、毛泽东继承了以往的主体性哲学思想，精辟地论述了主观能动性理论。

（一）主观能动性理论的经典论述

早在中学时代，马克思就指出：“自然本身给动物规定了它应该遵循的活动范围，动物也就安分地在这个范围内运动，而不试图越出这个范围，甚至不考虑有其他什么范围存在。神也给人指定了共同的目标——使人类和他自己趋于高尚，但是，神要人自己去寻找可以达到这个目标的手段；神让人在社会上选择一个最适合于他、最能使他和社会得到提高的地位。”① 剥离这一言论中虚设的、缥缈的神性的力量，足以清晰地觉察主观能动性理论的萌芽。在《黑格尔法哲学批判导言》中，马克思指出，“批判的武器当然不能代替武器的批判，物质的力量只能用物质的力量来摧毁；但是，理论一经掌握群众，也会变成物质力量。”② 通过批判了唯心主义抽象地突出“能动的方面”以及旧唯物主义“只是从客体的或者直观的形式去理解‘对象、现实、感性’”的错误，马克思将唯心主义抽

---

① 《马克思恩格斯全集》（第1卷），人民出版社1995年版，第455页。

② 《马克思恩格斯选集》（第1卷），人民出版社1995年版，第9页。

象的能动性改造为科学的人的主观能动性理论。

马克思认为，现实世界是人们社会实践的产物，是发挥主观能动性的结果。他精辟地指出，“蜜蜂建筑蜂房的本领使人间的许多建筑师感到惭愧。但是，最蹩脚的建筑师从一开始就比最灵巧的蜜蜂高明的地方，是在用蜂蜡建筑蜂房以前，已经在自己的头脑中把它建成了。……动物只是按照它所属的那个种的尺度和需要来构造，而人却懂得按照任何一个种的尺度来进行生产，并且懂得怎样处处把内在的尺度运用到对象中去”①；恩格斯也指出，“动物仅仅利用外部自然界，简单地通过自身的存在在自然界中引起变化；而人则通过他所作出的改变来使自然界为自己的目的服务，来支配自然界。这便是人同其他动物的最后的本质的差别”②。在科学地认识了人的主观能动性的同时，马克思、恩格斯反复强调加强政治教育和理论武装的重要性，指出：“共产党人一分钟也不忽略教育工人尽可能明确地意识到资产阶级和无产阶级的敌对的对立……”③

列宁在阐释物质的客观实在性的同时，论述了革命的能动性思想。在学习《逻辑学》的过程中，列宁高度评价了黑格尔将观念转化为实在的理论，指出，“观念的东西转化为实在的东西，这个思想是深刻的：对于历史很重要。并且从个人生活中也可以看到，那里有许多真理。”④ 列宁对主观能动性的强调，突出地体现在“人的意识不仅反映世界，并且创造世界”、“世界不会满足人，人决心以自己的行动来改变世界”⑤、“没有革命的理论，就没有革命的运动”、“积极地对工人阶级进行政治教育，发展工人阶级的政治意识”⑥、“工人阶级的决心，它实现自己‘宁死不屈’口号的坚定意志，不但是历史的因素，而且是决定作用的、能夺取胜利的因素”⑦ 等一系列重要的论述中。

毛泽东第一次明确阐述了“主观能动性”的概念，提出了“一定条件下主观决定客观”、“认识世界改造世界就是认识矛盾解决矛盾”的新论断，论述了意志的能动性，强调将知识分子的主观能动性与广大群众的

① 《马克思恩格斯文集》（第5卷），人民出版社2009年版，第208页。
② 《马克思恩格斯选集》（第4卷），人民出版社1995年版，第383页。
③ 《马克思恩格斯文集》（第2卷），人民出版社2009年版，第66页。
④ 《列宁全集》（第55卷），人民出版社1990年版，第97页。
⑤ 《列宁全集》（第55卷），人民出版社1990年版，第183页。
⑥ 《列宁选集》（第1卷），人民出版社1995年版，第342页。
⑦ 《列宁选集》（第4卷），人民出版社2012年版，第121页。

主观能动性相结合，形成了主体观念改造的思想体系。在《论持久战》中，毛泽东指出，“……思想等等是主观的东西，做或行动是主观见之于客观的东西，都是人类特殊的能动性。这种能动性，我们名之曰‘自觉的能动性’，是人之所以区别于物的特点。”① 在《矛盾论》中，毛泽东指出，“当某一件事情（任何事情都是一样）要做，但还没有方针、方法、计划或政策的时候，确定方针、方法、计划或政策，也就是主要的决定的东西。当着政治文化等上层建筑阻碍着经济基础发展的时候，对于政治和文化上的革新就成为主要的决定性的东西了……因为我们承认总的历史发展中是物质的东西决定精神的东西，是社会的存在决定社会的意识；但是同时又承认而且必须承认精神的东西的反作用，社会意识对于社会存在的反作用，上层建筑对于经济基础的反作用。”② 在《实践论》中，毛泽东指出，“认识的能动作用，不但表现于从感性的认识到理性的认识之能动飞跃，更重要的还须表现于从理性的认识到革命的实践这一个飞跃。”③

（二）人的主观能动性与超越发展

人的主观能动性对主体的思想行为发挥着启动、激励、催化作用。人们对物质利益的追求、对真理的探索及其自我意识的发展成为主观能动性不断增强的源泉。受教育者的超越发展是自身思想认识水平和自觉能动性不断提高的结果。思想政治教育过程中，受教育者累积着认识世界、改造世界、超越发展的自觉能动性，在社会真理和人生真谛的追求中走向成熟。受教育者超越发展的目标由可能变为现实、由应然变为实然，正是受教育者主观能动性的精彩绽放。

受教育者的超越发展是受教育者发挥主观能动性，克服错误的、消极的、落后的思想观点的影响，实现积极发展、主动发展、自觉发展的自我超越过程。人们的思想认识在实践中产生，但由于主体的能力、实践的条件和实践的过程本质制约着人们认识的程度和水平，形成了积极与消极、正确与错误、主动与被动的思想行为。人们的认识能力越强，形成的思想

---

① 《毛泽东选集》（第2卷），人民出版社1991年版，第477页。

② 《毛泽东选集》（第1卷），人民出版社1991年版，第326页。

③ 同上书，第292页。

认识就越正确，认识自我、改造自我的主观能动性就越强。确立科学的世界观和方法论，形成积极的、正确的、更加全面的思想行为目标，纠正错误的、落后的思想行为，克服旧的思想观念的不良影响，掌握先进的认识工具和认识方法，提高思想境界和道德觉悟，都是人的主观能动性不断增强的重要表现。重构现实生活、重塑理想目标、开拓未来空间，是受教育者在自觉能动性不断增强的基础上实现的超越发展。

受教育者的超越发展是自身主观能动性不断增强的表现和结果。人的主观能动性是由生理、心理、认识和行动四种机制构成的大系统，包括实践的能动性、主体的能动性、精神的能动性、意志的能动性和认识的能动性等不同的层级。① 人们反映社会生活的方式、角度、深度和程度的差异，形成了思想认识的观念体系和复杂系统。人的主观能动性是调节思想与现实、思想与行为各个层级之间关系的主动性。人们对客观对象的认识越全面、越深刻，追求客观真理的情感越丰富，实现理想目标的意志越强烈，就越有利于实现自身与社会的超越发展。因此，思想认识的深化、内心情感的丰富、意志能力的增强、实践能力的提高，作为受教育者超越发展的内容和要求，也是受教育者主观能动性不断增强的现实表现。

三 社会跨越理论

马克思主义认为，社会发展是人类社会由低级阶段向高级阶段的前进运动。社会发展进程中，生产力与生产关系、经济基础与上层建筑之间的矛盾决定着社会形态的渐进发展与依次更替，形成了原始社会、封建社会、奴隶社会、资本主义社会、社会主义社会等社会形态依次演进的历史序列。但是，社会发展并不是社会秩序自发演化的结果，在一定的历史条件下，一个国家和地区具有跨越发展，实现社会形态跳跃转型的可能性。

（一）社会跨越理论的形成发展

结合古代的迦太基、古希腊的殖民地时期、11 世纪到 12 世纪的冰岛，以及资本主义时期美国跨越奴隶社会的发展历史，马克思具体地分析了殖民、征服、革命、国际贸易等社会条件引起的国家和地区发展过程的

---

① 齐先海：《主观能动性的机制与特征试探》，《湖南师范大学学报》1990 年第 5 期。

中断，在跨越发展中直接进入另一种社会状态的特殊规律。马克思指出，当现存的生产关系不适应生产力并成为其桎梏的时候，必然引起新的交往关系的变革。尽管“一切历史冲突都根源于生产力和交往形式之间的矛盾”，但“不一定非要等到这种矛盾在某一国家发展到极端尖锐的地步，才导致这个国家内发生冲突。由广泛的国际交往所引起的同工业比较发达的国家的竞争，就足以使工业比较不发达的国家内产生类似的矛盾。”① 在晚年的人类学和历史学研究中，马克思通过俄国农村公社制度的考察，提出了跨越资本主义“卡夫丁峡谷”的东方社会理论。马克思认为，经济落后的国家可以不通过资本主义制度的“卡夫丁峡谷”而进入社会主义社会，指出，“如果俄国继续走它在1861年所开始走的道路，那它将会失去当时历史所能提供给一个民族的最好的机会，而遭受资本主义制度所带来的一切灾难性的波折”②。

恩格斯深化了马克思的社会跨越思想，丰富了马克思主义关于社会发展道路的理论。通过对东方国家社会发展现状的深入考察，恩格斯认为，东方社会理论适用于处在资本主义以前阶段的一切国家。恩格斯指出，“当西欧各国人民的无产阶级取得胜利和生产资料转归公有之后，那些刚刚进入资本主义生产而仍然保全了氏族制度或氏族制度残余的国家，可以利用公有制的残余和与之相适应的人民风尚作为强大的手段，来大大缩短自己向社会主义社会发展的过程，并避免我们在西欧开辟道路时所不得不经历的大部分苦难和斗争。”③ 恩格斯同时强调，这种跨越式发展又有着严格的条件，“只有当资本主义经济在自己故乡和在它兴盛的国家里被克服的时候，只有当落后国家从这个榜样上看到‘这是怎么回事’，看到怎样把现代工业的生产力作为社会财产来为整个社会服务的时候。……那时它们的成功也是有保证的”④。

马克思、恩格斯的社会跨越理论在无产阶级革命和社会主义建设的实践中得到了证实和发展。列宁在帝国主义最薄弱的链条上开展了社会主义革命，建立了人类历史上第一个社会主义国家，实现了苏联的社会关系和社会生产力的历史性跨越。毛泽东将马克思主义与具体国情相结合，取得

---

① 《马克思恩格斯文集》（第1卷），人民出版社2009年版，第568页。
② 《马克思恩格斯文集》（第3卷），人民出版社2009年版，第464页。
③ 《马克思恩格斯文集》（第4卷），人民出版社2009年版，第459页。
④ 同上。

了新民主主义革命的胜利，使我国成功地跨越资本主义阶段，由半殖民地半封建社会直接进入社会主义阶段，从理论和实践上证明了社会跨越理论的真理性、价值性。邓小平总结了我国社会主义发展过程中的失误，区别了社会关系和生产力的跨越发展，强调巩固和发展社会主义必须大力发展生产力，实现生产力的跨越发展离不开改革开放。

（二）社会跨越发展与受教育者的超越发展

社会的跨越发展展现了人类的本质力量和内在需求，形成了受教育者超越发展的社会根源和根本动力。只有通过经济发展和物质文明的进步，才能使人摆脱对他人、工具以及社会关系的制约而得到全面发展；只有通过思想观念的引导才能使人认识到自我超越发展的社会价值，在发展社会中发展人本身。在这一意义上，受教育者的超越发展是社会跨越发展的内源性和可持续性的基础。

受教育者的超越发展是社会发展的内源性基础。社会发展指人类社会由低级阶段向高级阶段的前进运动，表现为社会发展形态的更替。归根到底，社会发展就是人的发展，社会历史的发展依赖于人的发展，也包含着人的发展并体现为人的发展。社会发展通过生产方式的调整、社会生产力的发展，创造出更多的物质财富、精神财富来满足人类自身的生存与发展的现实需求，并为实现人与社会的发展奠定必要的物质基础和社会条件。但社会发展的过程不是事物自发秩序演化的结果，它是具有超越品性的社会主体积极能动的实践产物。社会发展的过程是人们不断克服和解决社会问题的过程。人类从原初到古代、再到近现代的发展历程，正是人类克服神灵支配、权力支配、资本支配带来的社会局限和社会问题，实现社会跨越发展的社会历史进程。社会竞争、社会合作、社会秩序等构成了人的发展的社会条件。受教育者的超越发展深化了人类社会的实践进程，促进了社会交往、社会团结，成为社会发展的内源性基础。

受教育者的超越发展是实现社会跨越发展的主体性条件。社会发展的过程是限定与超越的统一，社会的跨越发展有着并不隶属于社会主体的客观规律。社会的跨越发展既需要一定的物质生产力基础，也离不开必要的精神生产力条件，即社会主体超越精神和发展能力的形成。“社会生产力和经济文化的发展水平是逐步提高、永无止境的历史过程，人的全面发展程度也是逐步提高、永无止境的历史过程。这两个历史过程应该相互结合、相互促进地向前发展。”[①] 当人们能够不断拓展和加深对社会客体的认识时，人们不仅获得了关于社会客体的规律性认识，而且能够自觉运用这种规律性认识，创造社会跨越发展的条件。正如黑格尔指出的，“一个民族有一些关注天空的人，他们才有希望；如果一个民族只是关心脚下的事情，这个民族是没有未来的。”[②] 对社会跨越发展的目标追求，对人的现实需要的满足只有转化为社会主体的思想政治道德素质，形成受教育者的超越性人格和超越发展的实践精神，才能实现社会的跨越发展。

受教育者的超越发展对于一个国家和地区发挥后发优势，实现社会形态的跳跃具有普遍的社会意义。社会发展是渐进性与跳跃性的统一。相对落后的民族国家或政治、经济与文化共同体，能够通过与其他文明的积极互动和扬弃，实现对某一文明阶段发展过程的缩短，直接进入更高的文明发展时期或阶段。而这一社会形态的跳跃、社会发展的转型离不开社会发展观念、发展方式的重塑。随着经济全球化、信息网络化、知识经济化的发展，一个国家或地区的发展获得了跨越发展的后发优势。但一个国家和地区能否在竞争互动和融汇创新中实现跨越发展，离不开社会主体的超越发展。正如现代化理论的研究者，美国社会心理学家英格尔斯指出，“人的现代化是国家现代化的必不可少的因素，他们并不是现代化结束后的副产品，而是现代化制度和经济赖以长期发展并取得成功的先决条件。”[③] 当今世界，相对落后的国家和地区的经济社会发展往往还处于自然经济格局中的旧习、工业社会初期的困境与现代社会发展的弊端共存的复杂环境之中，人的思想观念的现代化对于实现国家或地区的跨越发展尤为重要。

四　实践生成理论

实践生成理论从人的需要、人的发展、人的自由、人类解放等方面阐释了人在实践中生成发展的本质。与唯心主义认为人的发展是纯粹的自我设计，以及旧唯物主义强调人的机械受动性不同，马克思针对旧唯物主义尤其是费尔巴哈停留于抽象人本主义的局限，以实践范畴为核心探研人与

① 《江泽民文选》（第3卷），人民出版社2006年版，第295页。

② ［德］黑格尔：《哲学史讲演录》（第1册），贺麟译，商务印书馆1981年版，第125页。

③ ［美］英格尔斯：《人的现代化》，殷陆君译，四川人民出版社1985年版，第7页。

自然、人与社会的有机联系，提出了人的实践生成理论，丰富和发展了人的主体性思想。

（一）实践生成理论的主要观点

马克思主义认为，实践是人的存在方式，人类在自我超越、自我创造的实践中创造着社会历史，“整个所谓世界历史不外是人通过人的劳动而诞生的过程”①。马克思指出，人的本质是人的现实的生产劳动实践，人的“全部社会生活在本质上是实践的”②，“一个种的全部特性、种的类特性就在于生命活动的性质，而自由的有意识的活动恰恰就是人类的特性。”③ 总体上，人的实践生成表现为人的社会关系、人的思想意识和人的理想目标在实践活动中的生成发展。

实践是形成人与自然、社会之间关系的基础。人是自然界中的一种特殊的生命存在，人能够在认识和适应对象中改变外部世界，创造出更加适合于人类生存的自然环境和更为进步的人类社会。人们通过开展对象性的实践活动，不仅使自然物质发生了形式变化，还在自然物的创造中实现了自己的目的。实践的主动性、能动性、创造性展现了人的生存本性和存在方式。实践是形成人与自然、人与社会、自然与社会之间各种关系的基础。社会发展过程中，正是人类实践需要的形成及其实践目标的对象化，形成了人与自然、人与社会以及人与自我的多重关系，正是人类的社会实践活动实现着自然界、人及其社会的创造性转化，实现了人对自身生命存在及其特定的自然与社会关系的超越。

实践是人的意识形成和发展的基础。实践是联系主客观世界的桥梁，人对自然、社会以及人本身的认识只能在人的实践中产生和发展。马克思主义认为，一切思想或观念的历史同时也是人们从事生产生活的历史，只有“从物质实践出发来解释观念的东西”，才能自觉地把握人们思想观念的形成与发展。正如马克思指出的，“意识在任何时候都只能是被意识到了的存在，而人们的存在就是他们的现实生活过程”④，人们通过实践活动认识自然界、人类社会和人的思维，形成了关于主客观世界的认识成

---

① 《马克思恩格斯文集》（第 1 卷），人民出版社 2009 年版，第 196 页。

② 同上书，第 501 页。

③ 同上书，第 162 页。

④ 同上书，第 525 页。

果。人的意识是实践的产物，人们在实践活动中形成思想认识，一经形成的思想认识反过来又会影响人们的社会实践活动。

实践是人的理想目标与社会发展目标的实现途径。人们在实践活动过程中的意识和目的的实现，是人的主观目的的外化，是实践主体本质力量的物化。正如马克思指出的，"劳动尺度本身在这里是由外面提供的，是由必须达到的目的和为达到这个目的而必须由劳动来克服的那些障碍所提供的。但是克服这种障碍本身，就是自由的实现，而且进一步说，外在目的失掉了单纯外在自然必然性的外观，被看做个人自己提出的目的。"① 社会实践过程中，实践目的的实现是对人与外部世界的各种限制和束缚的克服。这种克服作为实践活动的直接目标，本质上是人的理想自我和社会发展目标的逐步实现。

（二）人的实践生成与超越发展

受教育者的超越发展是实践生成的过程，是受教育者在内化一定社会的思想政治道德要求的基础上，实现人与社会双向建构和共同发展的实践活动。一方面，受教育者超越发展的思想观念与实践动力产生于个体生存与社会发展的实践活动；另一方面，实践是受教育者实现超越发展目标的桥梁，受教育者在社会关系、思想行为和个性人格等方面的超越发展离不开社会实践活动。

受教育者的超越发展体现了实践活动的受动性、能动性、创造性。社会发展过程中，特定的社会历史条件形成了人的实践生存的限制，体现出人的实践活动的受动性。面对现实状态和现实限制，人们并不是机械的被动接受者，而具有选择和创造的自由。正如马克思指出的，"历史的全部运动，既是它的现实的产生活动即它的经验存在的诞生活动经验存在的诞生活动，同时，对它的能思维着的意识来说，又是它的被理解和被认识到的生成运动"②，受教育者作为一种实践的存在，可以创造和利用现实条件，克服和打破现有的限制，创造出现实中尚未存在的事物，可以预测社会关系的发展，作出相应的价值判断和行为抉择。

受教育者超越发展的主体意识、行为能力和实践价值在实践活动中生

---

① 《马克思恩格斯文集》（第8卷），人民出版社2009年版，第174页。
② 《马克思恩格斯全集》（第3卷），人民出版社2002年版，第297页。

成。受教育者的超越发展是受教育者最大限度地发挥自己的主观能动性，在内化特定社会的思想政治道德要求基础上，不断实现自我与社会发展的过程。受教育者的主体意识和行为能力既不是个体天然拥有的素质，也不是教育者理论灌输和思想引导的必然结果，而是在改造主客观世界的对象性活动中生成与发展形成的。由于人的利益和需要是受教育者超越发展的内在动力和价值尺度，受教育者的主体意识与行为能力的形成和发展，本质上也正是受教育者在对象性活动中实现的价值发现、价值创造、价值增值活动，是受教育者对自我与社会关系的把握和全面占有。思想政治教育过程中，受教育者只有投身于认识自我、改造世界的各种对象性活动，才能把握自我超越和社会发展的最佳方位，才能不断地发现自身的潜能，自觉地调整超越发展的目标要求，形成超越发展的发展取向和实践能力。

五 矛盾转化理论

矛盾即对立统一。矛盾是事物内部和事物外部存在的相互影响、相互作用的关系。矛盾是事物存在和发展的动力。马克思、恩格斯、列宁、毛泽东批判地继承了以往的矛盾转化思想，从人类社会的历史发展、唯物辩证法的思想发展以及社会形势的发展变化等方面，具体地论述了事物内部矛盾和外部矛盾之间相互影响、相互制约、相互转化的普遍性、条件性、多样性、过程性、联动性、具体性，形成了马克思主义唯物辩证法思想体系中的矛盾转化理论。

（一）矛盾转化理论的经典论述

马克思、恩格斯继承了黑格尔的矛盾转化思想的合理内核，肯定了矛盾转化在辩证法中的重要地位。马克思指出，事物的发展正是事物内部矛盾相互斗争、相互转化的结果。“两个相互矛盾方面的共存、斗争以及融合成一个范畴，就是辩证运动。”① 结合资本主义社会生产的一般过程，马克思深入地分析了“货币转化为资本、劳动力的价值或价格转化为资本，剩余价值转化为资本”等过程和环节中存在的各种矛盾，揭示了资本主义社会发展过程中所不可克服的社会矛盾，并在科学社会主义的理论

① 《马克思恩格斯文集》（第1卷），人民出版社2009年版，第605页。

体系中阐释了资本主义社会矛盾转化的客观性、必然性。恩格斯分析了自然界中各种矛盾转化的地位和作用，指出，“转化过程是一个伟大的基本过程，对自然的全部认识都综合于对于这个过程的认识中”，“自然界中的一切运动都可以归结为一种形式向另一种形式不断转化的过程”①。

列宁通过摘录黑格尔的言论，进一步阐发了唯物辩证法思想体系中的矛盾转化理论。列宁指出，矛盾转化是唯物辩证法中“最重要的东西”，“辩证的过渡和非辩证的过渡的区别何在？在于飞跃，在于矛盾性，在于渐进过程的中断，在于存在和非存在的统一。”② 由此，矛盾转化的实质是辩证的否定，是事物发展的质变、飞跃，是新事物代替旧事物的决定环节。列宁还论述了矛盾转化的普遍性、方向性，认为矛盾转化不仅是事物整体向自己的对立面转化，“而且是每个规定、质、特征、方面、特性向每个他者向自己的对立面”③。此外，列宁分析了矛盾转化的条件性，强调了人的主观能动性在促进事物矛盾转化中的重要作用。列宁指出，“人的头脑不应该把这些对立面看做僵死的、凝固的东西，而应该看做活生生的、有条件的”④，人们必须在尊重客观规律的前提下发挥主观能动性，使矛盾朝着有利于事物发展的方向转化。

毛泽东全面地阐述了矛盾转化原理，在马克思主义发展史上第一次提出了“人的自觉能动性”观点，深化了主观辩证法与客观辩证法之间相互关系的认识。毛泽东认为，主观辩证法是对客观辩证法的认识和反映。促成事物的矛盾转化既要发挥人的主观能动性，又要遵循事物发展的客观规律性，在具体把握矛盾特殊性的基础上促进矛盾转化，抓住有利时机促成事物的飞跃发展。毛泽东指出：“事情不是矛盾双方互相依存就完了，更重要的，还在于矛盾着的事物的互相转化。”⑤ 在肯定矛盾转化普遍性的同时，毛泽东分析了矛盾转化过程中两种相反的趋势，即事物的矛盾既可能朝着有利于事物发展方向的转化，也可能朝着背离事物发展方向的转化。毛泽东结合我国新民主主义革命的历史进程，分析了近代以来我国社会发展中面临的各种社会矛盾及其相互关系，在对矛盾论的运用和阐释过

---

① 《马克思恩格斯选集》（第 4 卷），人民出版社 1995 年版，第 245 页。
② 《列宁专题文集·论辩证唯物主义和历史唯物主义》，人民出版社 2009 年版，第 144 页。
③ 同上书，第 140 页。
④ 同上书，第 132 页。
⑤ 《毛泽东选集》（第 1 卷），人民出版社 1991 年版，第 328 页。

程中揭示了矛盾转化方式的多样性、矛盾转化的条件性，提出了矛盾转化的内外因相互作用规律、不平衡规律、新陈代谢规律。

（二）受教育者超越发展过程中的矛盾及其转化

社会生活中，人们面临着物质与精神、自我与社会、现实与理想等不同的矛盾，形成了社会要求与受教育者现实状况之间的对立统一，使受教育者的超越发展呈现为循环渐进、螺旋上升的趋势。受教育者超越发展的实现过程，也正是物质需要与精神需要、自我发展与社会发展、自由发展与社会制约、现实自我与理想自我、个人利益与社会利益等各种矛盾之间相互转化的过程和结果。

受教育者的超越发展体现了现实自我与理想自我之间的相互转化。每个人的自我都有现实自我和理想自我两种形态。现实自我是个体当前的心理、生理、社会等方面的现实表现。理想自我是个体关于自我定位的标准与理想期待。社会生活中，每个人都有实现自我和超越自我的愿望和需要。正如德国的哲学人类学家兰德曼所言，“自然把尚未完成的人放到世界之中，它没有对人做出最后的限定，在一定程度上给他留下了未确定性，正是这种未确定性使人类永远处于一种不断追求发展和完善的冲动之中。”① 受教育者发展的不确定性、未完成性体现出现实自我和理想自我之间的矛盾，受教育者的超越发展包含着现实自我与理想自我之间的相互转化。

受教育者的超越发展体现了社会现实与社会理想的相互转化。人是一种理想性的动物。尽管人们的超越自我始终受到个人能力和社会条件的种种制约。但“现实的人却总是不满足和不满意于人的现实，总是要把现实变成人所希望的和人所向往的现实”②，总是要按照某种超越现实的社会理想去塑造自我并促进社会的跨越发展。受教育者的超越发展本质上是受教育者通过对现存自我与现实社会的辩证否定，通过克服社会发展条件的限制和束缚，创造理想生活实现社会理想的过程。因此，受教育者的超越发展不是孤独个体的匠心独运，而是一个国家、地区社会发展的重要组成。克服现实自我的局限性，消解现实社会的不完满性，改变现实中存在

① ［德］兰德曼：《哲学人类学》，阎嘉译，贵州人民出版社2006年版，第192页。

② 孙正聿：《哲学导论》，中国人民大学出版社2007年版，第120页。

的不合理、不健康的现象，实现社会理想对社会现实的超越，丰富着受教育者超越发展的社会历史内涵。

受教育者的超越发展体现了物质追求和精神需要之间的相互转化。相对于物质需要的满足，精神的满足是人们生存发展的更高要求。在物质资源充裕的条件下，人们的物质需要能够得以满足和实现，而满足了物质需要的人们一定会有更高的精神需要。受教育者超越现实状态和现有条件的发展，体现为物质追求和精神需要的不断转化。马克思指出，“吃、喝、生殖等等，固然也是真正的人的机能。但是，如果加以抽象，使这些机能脱离了人的其他活动领域并成为最后的和唯一的终极目的，那它们就是动物的机能。”① 人不能只停留在满足“饮食男女”的自然需要和“动物的机能”阶段。由于“欲壑难填”，人们的物质欲望必须是有限的；由于“精神至上”，精神的需要永不满足。思想政治教育过程中，人们的物质追求和精神需要之间的矛盾转化，形成了受教育者超越发展的价值向度。

六　质量互变规律

量变和质变是事物运动变化的两种形式、两种状态，体现了事物发展过程的渐进性和飞跃性。黑格尔在《逻辑学》中第一次表述了质量互变的思想观点，马克思、恩格斯、列宁、毛泽东运用并发展了黑格尔关于事物的“质”、“量”及其相互转化的观点，阐释了质量互变规律，揭示了事物发展的状态和趋势。

（一）质量互变规律的论述与运用

事物的发展总是从量变到质变的过程，量变引起质变，新的质变引起量变。马克思运用由质到量的分析方法，深入地研究了资本主义经济关系及其社会运动过程中存在的质量互变规律。在《资本论》一书中，马克思不仅大量地运用了等式方程、变量函数、数量界限等量的分析方法，而且从质量互变的角度考察了资本主义社会的经济运动及其必然趋势。在商品二因素的分析过程中，马克思指出，“单纯的量的变化到一定时候就会转化为质的差别”，“作为使用价值，商品首先有质的差别；作为交换价

① 《马克思恩格斯选集》（第1卷），人民出版社1995年版，第44页。

值，商品只能有量的差别。”① 在劳动二重性问题上，马克思强调，劳动是质与量的统一，是具体劳动和抽象劳动的统一，“就使用价值说，有意义的只是商品中包含的劳动的质，就价值量说，有意义的只是商品中包含的劳动量。”② 此外，马克思在分析资本主义社会化大生产过程中，运用质量互变规律探讨了资本构成、资本积累以及劳动时间和剩余价值生产等问题，论述了资本主义制度阻碍社会生产力发展的现状与趋势。

恩格斯第一次将黑格尔的辩证法思想概括为质量互变、对立统一、否定之否定等三大规律，指出，“辩证法是关于普遍联系的科学。主要规律：量和质的转化——两极对立的相互渗透和它们达到极端时的相互转化——由矛盾引起的发展，或否定的否定——发展的螺旋形式”③。在《自然辩证法》、《反杜林论》等著作中，恩格斯结合自然界和社会的运动中的现象，阐述了质量互变规律的客观性和普遍性，提出了“量变改变事物的质，质变同样也改变事物的量”的观点，有力地批判了杜林对马克思《资本论》中质量互变分析方法的歪曲。

列宁考察了质量互变规律在黑格尔逻辑学中的地位及其与数学、自然科学的联系，指出质量互变规律是对立统一规律的“实例”。列宁强调，质量互变的原因在于事物内部的矛盾性，质变是量变的渐进过程的中断，是新旧事物相互区别又相互联系的环节。列宁认为，质变比量变更为重要，量变绝不能代替质变，而只能为质变作准备，指出，“资本主义本身造成了自己的掘墓人，本身创造了新制度的因素，而同时，如果没有‘飞跃’，这些单个的因素便丝毫不能改变事物的总的局面，不能触动资本的统治。”④ 列宁还运用质量互变规律分析了人的认识深化的过程，指出人的认识深化的过程表现为“起初有一些印象闪现，而后有某个东西分出，——然后质（物或现象的规定）和量的概念发展起来。”⑤

毛泽东丰富和发展了马克思主义的质量互变规律，运用质量互变规律阐释了社会发展的正确道路和前进趋势，批驳了党内“左”、右倾机会主义以及革命战争、抗日战争中的悲观论、速胜论。毛泽东指出，“无论什

① 《马克思恩格斯文集》（第5卷），人民出版社2009年版，第50页。

② 同上书，第59页。

③ 《马克思恩格斯文集》（第9卷），人民出版社2009年版，第401页。

④ 《列宁专题文集·论资本主义》，人民出版社2009年版，第66页。

⑤ 《列宁全集》（第55卷），人民出版社1990年版，第290页。

么事物的运动都采取两种状态，相对地静止的状态和显著地变动的状态。两种状态的运动都是由事物内部包含的两个矛盾着的因素互相斗争所引起的。……事物总是不断地由第一种状态转化为第二种状态，而矛盾的斗争则存在于两种状态中，并经过第二种状态而达到矛盾的解决。”① 结合量变和质变的复杂情况，毛泽东提出了“阶段性质变”、“部分质变”的观点，指出，矛盾的变化及其发展具有阶段性，只有一个阶段接着一个阶段地做好工作，才能促成事物发展的大量的量变和部分的质变，在事物中增添新质，为完成最后的质变创造条件。

（二）受教育者超越发展过程中的质量互变

人的理想的实现、思想认识的深化、社会发展目标的实现不是一蹴而就的过程。一个以“新思想、新观念、新行为”为标识的超越发展的过程，体现了人的全面发展的多元性、阶段性、差序性和不平衡性，它是人的思想行为从量变到质变的阶段性发展过程，包含着质变、量变的基本形式以及质量互变的过程和环节。

受教育者的超越发展是阶段性和连续性的统一，是受教育者的认识、情感、意志、行为经过量的积累，不断增添新质、实现顿悟、获得发展的过程。如，在认识方面，人的认识是一个由实践到认识再到实践的不断深化过程，认识和态度的发展是由低到高、由量到质的过程。认识得越多、越广泛，认识就越深入、越深刻，直至获得新的认识。随着受教育者的心理、生理、智力发展的阶段性和个体社会生活空间的不断改变，受教育者对自身思想行为的认识呈现出阶段性发展的特征。再如，在情感层面，受教育者的超越发展需要一种勇于实现理想，战胜自我，克服内心焦虑和紧张的积极情感，是受教育者克服和矫正不良心理情绪和情感，实现情感不断深化和升华的过程。受教育者只有在超越发展过程中积累一定的、深刻的情绪体验，最终形成稳定的情感机制，才能始终保持乐观、自信的态度，实现超越发展的理想目标。随着超越发展的认知、体验和认同的增多，受教育者形成了自我超越的情感基础，并在长期的量的积累和质的扩展中形成了超越发展的道德情操和超越性人格。

受教育者的超越发展过程是渐进性与飞跃性的统一，是从不平衡到平

① 《毛泽东选集》（第1卷），人民出版社1991年版，第332页。

衡，再到更高水平的平衡的成熟发展过程。思想政治道德素质的形成发展是在实践活动的基础上，经由内外因素的矛盾运动实现内化与外化的循环往复，从量变到质变不断螺旋式上升的过程。受教育者对自我与社会的现实状况的不断否定，是一个“新质代替旧质、新我代替旧我”的过程，它包含着转化、渐变和顿悟等不同的环节，包含着超越自卑、超越失败、超越苦难、超越成功、超越名利、超越自我、超越生死等不同的内容，包含着理论超越、实践超越、物质超越、精神超越、审美超越等不同的类型。这些不同内容和类型的超越具有自身量和质的规定性。如，受教育者的超越发展中有着不同层次的需要层级，从满足个体需要到满足社会需要，从满足社会需要到满足自我实现和全面发展的需要，构成了受教育者超越发展的关键环节。一个需要的满足引起了受教育者思想政治品德素质的阶段性质变、部分质变，一个个新的需要的满足促使受教育者的思想行为发生了质变和整体改观。

第三章　人与社会超越发展的思想文化资源

人类在超越现实限制，创造未来生活的历史进程中，形成并不断丰富着超越发展的生命智慧。人类的思想文化变迁反映了人的不断自我超越的本质。纵览人类思想文化发展的历史，超越的思想脉络宛如一条永不干涸的泉流，贯穿于思想文化传承与发展的全部过程。本章通过挖掘、整理和借鉴相关的思想文化资源，丰富和深化对受教育者超越发展的相关认识。

一　我国传统文化中的超越思想

我国传统文化的延展中孕生着丰富的超越思想，形成了中华民族超越精神的文化特质。学者刘小枫指出，“中国精神的品质特征是社会生活的道德化和个体意识的超脱空灵境界。……孔孟、程朱、陆王之学，为人格的神圣化和生活的伦理化提供了丰富的思想资源，庄学、玄学、禅理透彻展示出超脱人生的理据。”① 提升人生境界，建构精神家园，摆脱物欲的情累与心滞，成为儒家、道家、佛教等传统思想文化的共同价值指向，形成了以入世、出世和避世为特征的精神超越思想。

（一）儒家的现实主义超越

儒家始终以一种济世的态度来认识人的超越发展，通过“以心性为主体的自我超越和由心推物、及世的世俗超越”②，设计出一条以“格物、

---

① 刘小枫：《拯救与逍遥》，生活·读书·新知三联书店2001年版，第2页。

② 张允熠：《论儒家哲学的超越精神》，《中国哲学史》1996年第1—2期。

致知、诚意、正心、修身、齐家、治国、平天下”与“为天地立心，为生民立命，为往圣继绝学，为天下开太平”为递进层级，通过天地人伦的审理与主体的道德修养而达致的成人、成贤、成圣的超越道路。

1. 先秦时期儒家的超越思想

先秦儒家生活在奴隶制瓦解、社会礼崩乐坏、思想百家争鸣的春秋战国时代，在思想文化内容上具有反映和超越时代局限的特点。孔子、孟子、荀子等儒家代表人物关于天命观、人性论、义利观、心性论、教育观的相关论述包含着丰富的人的超越发展思想。

孔子以人性善立论，以义利观为思想基础，以主体的情感、思维体验和伦理实践为路径，建构了人的超越发展的思想体系。孔子认为，人是实现德性幸福的主体力量，生命的价值通过理想人格的塑造和对现实的超越得以彰显，“仁者，人也”，“为仁由己”，“我欲仁，斯仁至也”①，并据此提出了“志于道，据于德，依于仁，游于艺”的君子之道。孔子阐述了人生超越的阶段性特征，“吾十有五而有志于学，三十而立，四十不惑，五十而知天命，六十而耳顺，七十而从心所欲，不逾矩。”② 孔子强调珍惜生命，乐天知命，但他同时指出，面对仁与义的选择，要“见利思义，见危授命”，“杀身成仁，舍生取义”。孔子通过“命”、“诚”、“仁”、“时”等概念阐释了天人相分、礼仪冲突、德刑相悖、仕隐两难中面临的冲突，提出了“中庸之为德也”的人生修养方法。作为伟大的教育家，孔子还揭示了“明德、新民、至善”的教育超越性本质，提出了“毋意，毋必，毋固，毋我”的教育超越思想。

孟子的“性善论”、“养气说”阐释了人性超越、人格超越的思想。孟子认为，无论道德性还是人的自然物性都来自天命，在天为命，在人为性。尽管人的道德性也是天命之性，但人对自身的道德性拥有完全的自主权。人的“恻隐之心”、“羞恶之心”、“辞让之心”、“是非之心”是求而可得的，“仁义礼智，非由外铄我也，我固有之也，弗思耳矣”③。孟子以水喻人性，指出，“今夫水，搏而跃之，可使过颡；激而行之，可使在山。”④ 孟子通过天道与人性的阐释，提出了人性超越的思想，指出，“诚

① 《论语·述而》。
② 《论语·为政》。
③ 《孟子·告子》。
④ 《孟子·告子》。

者，天之道，思诚者，人之道也”，“尽其心，知其性也，知其性，则知天矣。”[1]孟子“行仁义之功”的养气说反映了主体人格发展的超越过程，“吾善养吾浩然之气”，“充实之谓美，充实而有光辉之谓大，大而化之之谓圣，圣而不可知之之谓神”[2]。此外，孟子的“生于忧患而死于安乐”、“以天将降大任于斯人也，必先苦其心志，劳其筋骨，饿其体肤，空乏其身，行拂乱其所为”[3] 等精妙绝论，强调了意志淬炼在人的超越发展过程中的重要性。

荀子的天命论、性恶论、教化论中包含着人的超越发展思想。荀子划绝了天人之关系，在人类历史上第一次提出了“人定胜天”的思想，“大天而思之，孰若物畜而制之；从天而颂之，孰若制天命而用之?”[4] 荀子认为，“人最为天下贵”，“人之性恶，其善者伪也”，人与禽兽的差异在于人具有情欲、感知能力和社会行为能力。在人的教化上，荀子认为，“善”为“后天人为之功”，“礼者不出于天性而全出于人为”，人应当“重己役物”。荀子还分析了人的主观能动性、人的成才与环境的相互关系，提出了“积善成德”、“修身自强”、“青出于蓝”、“锲而不舍”、“善假于物”等超越发展的重要思想。

2．汉唐时期儒家的超越思想

汉唐时期，我国封建社会得到长足的发展，中央集权大为巩固，社会的政治、经济、文化结构更加复杂。儒家的代表人物董仲舒、王充、韩愈等继承先秦孔孟之学，深化和发展了儒家学说体系中的超越思想。

汉代第一大儒董仲舒的天人感应论、性三品说、三纲五常说、义利观中包含着人的超越发展思想。董仲舒确立了人的性情的本体地位，指出，尽管“天”是宇宙万物的主宰，是万物衍生的源泉与运动变化的规则，“天不变，道也不变”，但天有阴阳，并通过人世生活反映出人的性情。董仲舒认为，人认识世界、认识自我的过程是“明于天性，知自贵于物”而渐次“知仁谊”、“重礼节”、“安处善”、“乐循理”的超越发展过程。[5]董仲舒把人的“仁贪之气”理解为人性的二重性，将人性分为“圣人之

① 《孟子·离娄》。
② 《孟子·尽心》。
③ 《孟子·告子》。
④ 《荀子·天论》。
⑤ 《汉书·董仲舒传》。

性、中民之性、斗筲之性”[1]，“人之诚，有贪有仁，仁贪之气两在于身”，“禾虽出米，而禾未可以为米。性虽出善，而性未可以为善。”[2] 董仲舒认为，“万民之性，待外教然后能善”，并第一次提出了“君为臣纲、父为子纲、夫为妻纲”的思想，将先秦儒家的“仁、义、礼、知、信”等道德范畴设计为封建统治的治理之道，从人的日常生活中建构起社会整体生活秩序。董仲舒认为，君子应“正其义不谋其利，明其道不计其功”，这一观点尽管具有维护封建主义等级统治的目的，但同时也深刻地揭示了道义对于功利的超越。

王充的天道观、性命论、祸福观、文学观中包含着人的超越发展思想。王充被誉为秦汉以来“抱革新之思想，而敢与普通社会奋斗者”[3]。他猛烈地批判了神学目的论、天人感应论，指出“万物自生”、“天道自然”，“性本自然，善恶有质”[4]，“人受五常，含五脏，皆具于身，禀之泊少，故其操行不及善人，犹酒或厚或泊也，非厚与泊殊其酿也，曲蘖多少使然也。”[5] 王充否定“天”，倡导“命”，认为“吉凶祸福，适偶之数”，“自王公逮庶人，圣贤及下愚，凡有首目之类，莫不有命”[6]。王充运用“太和”、“中正”等汉代的易学理论，提出了追求天人整体和谐，实现“礼义之治”的社会理想。在治学中，王充强调儒道兼综、百家并治、百虑一致，认为“人含百家之言，犹海怀百川之流也”，“涉浅水者见虾，其颇深者察鱼鳖，其尤深者观蛟龙。”[7] 在经书与诸子的关系上，王充强调“疾虚妄”，“务实诚”，提出了“知屋漏者在宇下，知政失者在草野，知经误者在诸子”[8] 的社会思想，开启了魏晋时期“言意之辩”的思想先河。

韩愈的道统说、性情论、教育观中包含着人的超越发展思想。在道德规范方面，韩愈排斥佛老之学，继承孔孟仁学，提出“博爱之谓仁；行

---

① 《春秋繁露·深察名号》。
② 《春秋繁露·实性》。
③ 蔡元培：《中国伦理学史》，商务印书馆1999年版，第16页。
④ 《论衡·本性》。
⑤ 《论衡·率性》。
⑥ 《论衡·命义》。
⑦ 《论衡·别通》。
⑧ 《论衡·书解》。

而宜之谓之义。由是而之焉之谓道，足乎己，无待于外之谓德。”① 不同于孔孟的道德修养，韩愈区别了普通人与圣人不同的仁义道德要求，指出“故道有君子小人，而德有凶有吉”，“古之君子，其责己也重以周，其待人也轻以约”②。尽管韩愈否定了仁的统一性的思想遭到了后人批评，但其强调道德规范的差序结构，以及教化与修养中“忍小忿而就大谋”的个性差异与过程特性，仍然有着一定的合理性。韩愈强调人的超越发展的现实价值取向，力斥佛教“求其所谓清净寂灭”的治心说与道家的“无为说”，强调“正心”、“诚意”的目的是“齐家、治国、平天下”。在人性论上，韩愈承袭了董仲舒的性三品说，指出人性“与生俱生”，“唯中品上下可移”。此外，韩愈的治学思想中包含着人的超越发展的思想观念。如，“书山有路勤为径，学海无涯苦作舟”，“业精于勤荒于嬉；行成于思毁于随”、“师者，所以传道授业解惑者也”、“闻道有先后，术业有专攻”，等等。

3. 宋明时期儒家的超越思想

宋代开始，封建社会的等级制和人身依附关系较之于以往社会有了很大的松动，魏晋门阀制度基本终结，社会发展具有了一定的活力，手工业和商业得到了发展，封建君主专制制度得以强化，科举制度更加完备。与此相应，出现了许多新的社会思潮。随着各种思想文化的交流、交锋、交融，儒家思想文化进入了宋明理学发展阶段。其中，程朱理学、陆王心学进一步丰富了我国传统文化中人的超越发展思想。

张载作为北宋理学的创始人之一，他的虚气观、心性论、修养论中包含着人的超越发展思想。张载提出了“太虚即气”、“理一分殊”的观念，认为“宇宙之本体为太虚，无始无终者也”，天无意志，人有意识，形成了“天地之性”与“气质之性”，回复到“至善”的“天地之性”需要“变化气质”。在心性论上，张载反对李翱的“性善情恶说”，认为“心统性情者也”，“欲”出于人性，要“正情”，“寡欲”。“情未必为恶，情伪相感而利害生，杂以为伪也”③。张载认为，“内心的悟”和“外在的学”相互统一，形成了“自明诚”和“自诚明”的“合内外之道”，“为学之

① 《原道》。
② 《原毁》。
③ 《正蒙·诚明》。

大益，在自能变化气质。不尔，则卒无所发明，不得见圣人之奥，故学者先当变化气质”，“成心忘然后可与进于道”①。张载从天人关系、人己关系、人世关系构建起信仰体系，“天人合一”、“民胞物与”、“为天地立心，为生民立命，为往圣继绝学，为万世开太平”② 的阐发，建构起“天人一体”信仰体系，成为后世道德人格修养的思想指南。尽管这些思想具有不可克服的历史局限性，但对于理解人的超越发展都有重要的启迪。

南宋理学家朱熹作为“致广大、尽精微，综罗百代”的集大成者，他的天理人欲论、心性论和道德践履方法中包含着人的超越发展思想。朱熹通过“理与气”、“天理与人欲”、“天命之性与气质之性”、“道心与人心”、“公与私”、“义与利”、“王道与霸道”等一系列对偶范畴，建构起儒学思想史上最完备的思想体系。在本体论上，朱熹认为“总天地万物之理”的“太极”是“万化之根”，对“气”与天地万物而言，“理”是一种永恒不变的超越性存在。天理与人欲无法并存，“天理存则人欲亡，人欲胜则天理灭，未有天理人欲夹杂者。”③ 尽管天理与人欲不可调和的观点遭到后人诟病，但朱熹所提出的“天理”对于“人欲”的超越在一定层面上反映出人的精神超越性本质。在道德与人格修养上，朱熹认为，“心与理一”是心灵超越的最高境界，“人之所以为学，心与理而已矣”④。通过体用一源的“诚”与“信”的范畴构建，朱熹赋予生活世界以道德意义和理性规范，为个体的心性完善与精神境界的提升设定了一条“为善守诚”的超越之道。朱熹认为，“大凡学者，须先理会敬字，敬是立脚处”，“能穷理则居敬工夫日益进，能居敬则穷理工夫日益密”⑤，由此提出了“克己复礼”、“居敬存心”、“养心穷理”等在道德人格上超越发展的实践践履方法。

封建社会后期，各种社会矛盾相继暴露，社会危机非常严重，为了将明王朝从“沉疴积痿”中挽救出来，王阳明发现了程朱理学的破绽，以“心”为本源，在“事上磨练”中创立了直到今天还颇有影响的阳明心学。王阳明反对朱熹“理”为“变化之根”的观点，主张“心即理”，

① 《正蒙·大心》。
② 《正蒙·西铭》。
③ 《朱子语类》卷十三。
④ 《大学或问》卷二。
⑤ 《朱子语类》卷七。

“理不在天而在于心”，“所谓汝心，却是那能视听言动的，这个便是性，便是天理。”① 王阳明提出了“不假外求”的“致良知说”，认为“心体即道德本体”、“圣人之学，惟是此致良知而已”，王阳明反对虚静，强调知即行，认为，致良知是一个由“知良知”到“致良知”的转换过程，“故致知者，诚意之本也。然亦不是悬空的致知，致知在于实事上格。”② 根据“自然而致”、“勉然而致”、“自蔽自昧而不肯致之”等“致良知”的不同程度，王阳明将人的存在状态分为“圣人”、“贤人”、“愚不肖者”等不同的等级。阳明心学在“格物”、“穷理”的语境中，把道德意识抬高到宇宙本体的地位，尽管有着其本质的错误和阶级的局限性，但又洋溢着生命个体的道德激情，显示出儒家思想的主体性价值，体现出强烈的人之超越发展的理论色彩。

儒家思想是我国古代传统文化思想的内核，上述个案式的梳理无法穷尽博大精深的儒学智慧，但足以管窥儒家关于人的超越发展思想的总体特点。撇开上述儒家思想体系中异质甚或错误的成分，其中存在着思想上彼此共通的因素，也即在社会教化之道中，关心生命本体，提升生命境界，塑造理想人格，始终是儒家德育的实践目标。在长期的思想文化发展流变中，儒家的伦理教化“以切近现实，推重躬行的致思取向，敬德修业，崇尚人格超越的实践精神，内外交修，与时偕行的修养方法”③ 形成了中国人特有的人生态度和行为准则。我国传统儒家提出的“君子以修身为本”及其以主体性人格养成为特征的教化理论与实践，既确证了思想政治教育作为人的实践存在方式的超越特性，也提供了许多富于现代价值的思想政治教育文化资源与实践方法。当然，儒家仅仅把人理解为具有选择能力和伦理天性的主体，忽视了人在实践以及社会关系中的超越发展，形成了过于依赖“道德治理”而忽视制度伦理设计的思想文化缺陷，甚至在教化实践中产生了神道设教的麻醉之道和“使之，由之”的愚民之道。

（二）道家的浪漫主义超越

与长于经世务实而显扬于世的儒家道德修养思想不同，道家以玄虚旷

---

① 《传习录》（上）。
② 《传习录》（下）。
③ 杨信礼：《儒家人生哲学论纲》，《山东社会科学》1992 年第 4 期。

达的精神净化的思想为时人和后世吸纳。道家关于自然本体与生命本体的思考，对身心自由与身心放达的崇尚与渴求，对世俗世界的不满和厌恶，体现了人的生命精神对于自然的超越，形成了道家的浪漫主义超越观。

1. 老子人之超越的“自然之道”

老子以“道”为宇宙本体，通过论述“人”、“天”、“地”、“道”的关系，以“自然无为”为实践路径，以否定性思维阐释了道家的宇宙观、天命论、生死论、名利观，形成了道家关于人的超越发展的思想认识。

超越性是老子“道”范畴本体的显著特性。老子从经验世界里提升出具有形而上色彩的“道”的本体范畴，指出，“道者万物之奥”“道”是万物之本、天地之根，“有物混成，先天地而生，寂兮寥兮，独立而不改，周行而不殆，可以为天地母，吾不知其名，强字之曰‘道’”①。“道”作为自因自性的最高本体，是超越一切具体事物的终极存在，是可以生成万物而自身却不可被生成，“大道汜兮，其可左右。万物恃之以生而不辞”②。老子关于“道”本体的建构体现了一种追求终极实在的超越性思维，阐释了世界本体之“道”的超越性存在。“道”的“无形”、“无名”、“无为”、“不言”、“不争”，既反映了“道”的“自然”、“无为”的本质，也说明了“道”是万物存在的客观规律，是具有超越性的永恒的普遍原则，是人、地、天之间的普遍联系和客观规律。

老子“自然之道”的天命观体现了人的超越发展的社会性。老子的“道”隐含着宇宙万物运动化的内在规则，“人法地，地法天，天法道，道法自然”。老子强调，遵循万物的自然本性而不要勉强作为，“道之尊，德之贵，夫莫之命而常自然”③。老子认为，现实万物的存在是不完满的，是对“道”本体的不断疏离和丧失，一切不合乎“自然之道”的存在需要通过“归根复命”、“复归于朴”、“复归于无物”，即向“道”的回归获得解决。老子强调，“大成若缺”、“为道日损”，人生的修养之道贵在坚持自然，有缺憾才能有进步。人生应该回复到自然无为、无知无欲、混沌如婴儿的本然状态，“为天下谿，常德不离，复归于婴儿。”④ 这种对虚静恬淡、寂然无为的本真状态的追求，是“与道同体”的自我超越，是

① 《老子》第25章。
② 《老子》第34章。
③ 《老子》第51章。
④ 《老子》第28章。

体道、得道之后所臻至的最高境界。

老子对“道”的境界追求，体现了超越名利、是非、福祸、善恶和生死的思想。老子认为，名利是人生的羁绊，人的自然本性不可侵犯，生命是最高的价值，“名与身孰亲？身与货孰多？得与亡孰病？是故甚爱必大费，多藏必厚亡”①，人生应当超越名利的束缚，因任自然，无为而为。老子认为，是非、福祸、善恶并非天悬地隔、截然对立的东西，“天下皆知美之为美，斯恶矣；皆知善之为善，斯不善矣”，“祸兮福之所倚，福兮祸之所伏”。老子认为，人之生死如同气之聚散，是自然而然的现象，有始有终，有生有死。老子还提出了“长生久视”、“死而不亡”的观点，认为，人应追求有限的长生久视，通过全性保真的途径以尽天年。

老子对社会黑暗的揭露和现实人生的批判，形成了关于社会超越发展的朦胧意识。老子认为，现实世界是一个违反自然、桎梏人生的污浊世界。社会等级秩序和宗法制度的仁义道德是钳制人性的枷锁，“故失道而后德，失德而后仁，失仁而后义，失义而后礼。夫礼者，忠信之薄，而乱之首”②。对此，老子提出了无为的复古之道，认为仁义之道是自然而然的东西。远古的“至德之世”，人们虽不知有仁义、礼法，却无时不在遵从“道”的要求。随着社会发展不断地失却了浑然未分的自然道德，背离了人的自然之性，人才为自己制造种种仁义、礼法，“大道废，有仁义；智慧出，有大伪。六亲不和，有孝慈。国家昏乱，有忠臣”③。尽管老子退回“小国寡民”的理想是消极的、错误的，但他从个体自由的层面去把握社会超越发展的思想是值得肯定的。

2．庄子人之超越的“游世之道”

老庄一脉相承，强调人的超越性存在的自由精神特性。庄子论证了“得道之人”在精神上的无限性、超越性和永恒性，将老子的“自然之道”发展为“生命之道”，形成了人的追求精神自由境界的心灵超越、内在超越思想。

庄子的“道”不是自然本体而是人的生命本体，是人格的独立与精神的自由。与老子一样，庄子认为，作为宇宙万物的本原，“道”不属

---

① 《老子》第44章。

② 《老子》第38章。

③ 《老子》第18章。

知，“夫知者不言，言者不知，故圣人行不言之教。”① 但庄子同时强调，这种超越于现象界之上的形而上的“道”本体并不与现象相对立。庄子指出，“物物者与物无际”，道“无所不在”，“在蝼蚁”、“在稗”、“在瓦甓”、“在屎溺”②。与孔子的“道不远人，人能弘道”相似，庄子赋予了“道”以人的内在性品格，使“得道”成为一种独特的人生境界。“道生万物”并“存于万物”，“天地与我并生，万物与我为一”③，道与现实世界既相隔离又相同一，人能够得“道”，人可以与“道”沟通往来。庄子认为，通过自由精神的“逍遥游”不断地超越功利、超越善恶、超越生死，能够成为“无所待”的得“道”之人。“道”之可得要求世人能够超越现实的羁绊，寻求与“道”合一的自由精神。

庄子将老子的“道”内化为人生的境界，将精神上的无限性、超越性和永恒性作为个体生命的终极目标来追求。在《逍遥游》中，庄子开宗明义地阐释了人应当追求精神上绝对自由的超越境界，提出了“至人无己，神人无功，圣人无名”的道家“三无说”。庄子认为，“待”是“人”与“道”相分离的根本原因，大鹏击水三千，扶摇九万，列子御风，日行八百，因其“有待”而并不自由，理想的“至人”要顺应自然规律，把握六气的变化，抛弃一切私欲俗识和虚假道德，破除和消解世俗人生的一切限制，达到与“天地精神独往来”的精神境界，“乘天地之正，而御六气之辩，以游无穷。”④ 庄子指出，得“道”的境界是自我不断超越的过程，它包括顺人不失己的士大夫境界、顺天不顺人的隐士境界、天人合一的真人境界。人要超越名利、是非、生死，达到“心斋”、“坐忘”的精神状态，取消对人的主体的一切外在限制，以一颗虚灵明觉之心洞见大道，达到与道同体，无古无今、不生不死的永恒超越的本体境界。据此，庄子还提出了“外物”、“集虚”、“去弊”、“坐忘”、“心斋”、“离形”、“去知”、“心聪”⑤ 等精神超越的一系列得“道”之法。

庄子关于精神自由的超越性追求还体现在他对现世社会的批判上。目睹无辜的杀戮，庄子反观到“为身弃生以殉物”的文明异化和人性扭曲。

---

① 《庄子·知北游》。
② 同上。
③ 《庄子·齐物论》。
④ 《庄子·逍遥游》。
⑤ 《庄子·大宗师》。

实现人与“道”的同一，必须超越“人生之蔽”与“文明之灾”，使人与社会的发展“消融物我，摆脱物役”。尽管庄子追求的“无己”、“无功”、“无名”的“绝对自由”不可能存在于现实世界，但庄子对超越现实的“逍遥之道”的追求，对“明乎物物者非物”的深刻认识，对“生命之道”的尊重和敬畏，不啻是一种时代文明的解毒剂。后世的黄老之学、魏晋玄学、东汉道教都继承了老庄对个体生命及其存在状态的人文关注，提出了“身国共理，理身治国”的思想。作为道家宗教化的产物，东汉的葛洪更是构建了道教修身体系，形成了采集天地元气，加以性命双修、得道成仙的生活样式。

中国传统思想文化以“儒”为尊，但其精神内核始终包含着“道”的超越性追求，道家追求天人合一的“真人”境界以其风格迥异的超越思想成为我国传统文化中不可或缺的重要部分，与儒家的超越思想一同构成了中华民族的超越精神。尽管道家思想有其唯心而不切实际的一面，但这种批判现实人生的异化及其对“道”的最高境界的追求，以旷达、超脱高扬起个体生命的灵性与价值，在解决人的精神生活的困顿，提高人的精神境界方面具有永恒的社会文化价值。当然，由于道家以一种“出世”的“逍遥”，追求“遗世而独立”的绝对精神自由，作为一种现实中无法实现的人格诉求，只能幻化为一种精神上浪漫的想象。这种精神上的洒脱和自由最终可能沦落为对现实生活的回避与漠视。

（三）佛教的虚无主义超越

我国佛教继承了印度佛陀创教的基本精神，吸收了我国传统儒道思想文化的内容和方法，形成了具有我国传统文化特色的东方佛教。佛教深信因缘，主张正知正见，超脱轮回，度己度人，成就正果。佛教的教旨、戒律和教义中包含着人的自我超越学说。

佛教的世界观、宇宙观体现了人的超越发展取向。佛教的世界指宇宙，“世”表示时间，“界”表示空间。“何名为众生世界？世为迁流，界为方位。汝今当知，东、西、南、北、东南、西南、东北、西北、上、下为界；过去、未来、现在为世。”① 佛教认为，世界深大无量、浩瀚无涯。宇宙是因缘和合的聚合体，现象界的一切存在有其必然的因缘，因缘是万

① 《大佛顶首楞严经浅释》，上海佛学书局1992年版，第122页。

物一体、生命轮回的原因和表现。一切事物由因缘的聚散而生灭，因缘以人与自然、人与人、身与心的关系为三大纲，形成了重重无尽的因陀罗网。世界循环往复，有生有灭，有成有坏。生灭成坏的周期为一大劫。一大劫又分为成、住、坏、空四中劫。世界的形成是成劫时期，有情众生安住的时期是住劫，随后世界进入被有情众生渐趋破坏的坏劫时期，直至完全崩溃毁灭沦为空的空劫时期。成、住、坏、空连续不断，周而复始。时空无限，岁月轮回，形成了人在“此界”、“他界”、“上界”、“下界”、“极乐世界”、“地狱”等小千世界中辗转相寄、脱离苦海的超越发展取向。

佛教的人生观、苦谛说形象地描绘了人生解脱的超越发展过程。佛教认为，人是五蕴和合而成的生命体，由“色、受、想、行、识”等要素构成。“色”是物质现象，“受、想、行、识”是精神现象，人是物质与精神的统一体。五蕴虚幻不实，“色即是空”，因而人并不是一个真实的本体存在。宇宙间的生命分为“四凡”、“六圣”两个类型、十个等级，主张众生平等，万物皆有佛性。相对于佛，人有凡、圣之别，存在于两个不同的世界。现实世界中，物欲的蒙蔽往往使人失去本性，直至坠入地狱，万劫不复。有佛性的人，有善根，知因果，能够自觉追求心灵的解脱，超凡脱俗，恢复自身固有的佛性，得到涅槃永生。佛教宣扬“苦谛说”，认为人生充满苦痛，一切变幻无常，苦乐集灭，人生的目的在于“超凡入圣”、“普度众生”，“以波罗蜜船，于生死流中，不依彼岸，不住彼岸，不住中流，而度众生无有休息。”① 面对人生的苦痛，佛教主张通过“忍”、“善”、“惠”、“明”、“觉”等方式方法不断修行，直至觉悟成佛，实现人生解脱。

佛教的生命观反映了对人生历程中苦乐、生死的超越。在人的生命过程上，佛教提出了“十二因缘”说，把人生划分为无明、行、识、名色、六入、触、受、爱、取、有、生、老死等因缘相续、周流不息的环节，提出了“人有三世，因果两重”的观点。佛教否认生命的实在性，认为苦海无边，但佛教绝不鄙视生命、更不厌恶人生，而是强调“泥洹不灭，佛有真我，一切众生，皆有佛性”②。佛教宣扬佛法无边，回头是岸。一

---

① 《华严经》卷72。

② 《大藏经》卷55。

心向佛的人能够超越苦海，脱离六道轮回，并在佛教指引的道路上，实现生命的价值。一切善业恶业必将带来不同的报应，善恶决定了生命在“天、人、地狱、饿鬼、畜生、阿修罗”之间的“六道轮回”。人生的欲望太过，将业障深重，“入大欲壑，坠生死门”。佛教还根据世界万物的因作缘合，设定了“五戒、十善、四摄、六度”等一整套清规戒律。在“诸恶莫作，众善奉行”中架构了佛教徒的生活模式，设定了真心向佛的完成道路。① 对后世影响较深的禅宗更是主张“菩提只向心觅，何劳向外求玄！”② 在分化发展中形成了“止观并重、定慧双修”的修习原则以及“渐悟”、“顿悟”、“禅定”等行为意志的修行方法。

佛教“人人皆有佛性”的思想有利于社会安定，人心向善，在我国历史上曾得到过统治者的支持和普通民众的信仰。在长期的社会发展过程中，儒家、道家、佛教思想的合流，使“佛心与佛性”的思想已成为我国传统文化的重要组成部分。但总体上，佛教关于人的超越的思想是超越世间一切二元对立，无所执着、一切不住、超凡越圣的“不在超越”。尽管佛教在思想体系上兼有入世与避世的不同形态，但这种“不在超越”的思想形成了佛教思想文化长期以来的消极影响。佛教思想文化体系中，由于名誉、地位、物质、金钱甚至生命、幸福等一切的价值都被规定在彼岸世界，这种宗教式的超脱办法否定了现实中的一切，遁入“空门”的超越思想更是背离了人的超越性存在的实践要求。当然，从现实意义看，佛教理论在去除唯心主义的色彩之后，其去邪归正、惩恶扬善的生命价值取向无疑能够提供人们超越烦恼，克服私欲，净化心灵，超越自我以一定的启示和借鉴。

（四）比较与启示

人是社会发展中的人，人的超越发展面临着不同的社会境遇和个体需要。是顺应社会现实，引领超越，还是遗世独立，个人逍遥，形成了我国传统思想文化中不同的超越性思维和实践方式。通观我国的传统文化，儒家、道家、佛家在理论形态上既有纵向的衔接，也有横向的涵容，而人的超越发展正是儒、道、佛思想的相通之处。

---

① 邓纯余：《佛教生命伦理的体系建构与当代价值》，《延边大学学报》2008 年第 2 期。

② 《坛经·疑问品》。

儒家坚持积极入世的超越观，以“礼乐”治天下，重视人的心性和人格修养，以现实的社会功业为志、为道，以“立德”、“立功”、“立言”为人生的不朽，奉行“格物致知”、“正心诚意”、“修身齐家”、“治国平天下”的人格塑造模式，形成了一条在现实伦理纲常中，在外在的事功和内在的操守中寻求超越的人生道路。道家抛弃了现实社会中纲常名利的羁绊，贵自然、尚无为、主张“绝圣弃智”、“绝仁弃义”、“绝巧弃利”、“见素抱朴”、“柔弱不争”，追求一种无为而无不为的自然境界，在“乘云气，骑日月”中作“遗世忘物”而“无所待”的“逍遥游”，形成了一条既可能是返璞归真，也可能是抱残守缺的精神超越之路。佛教通过宣扬“诸行无常”、“诸法无我”、“四大皆空”，形成了超越“无明”，通过“业报”实现“涅槃寂静”、“解脱苦海”的人生归宿。这种心灵解脱、因果善恶、生命轮回的人生超越形成了对人生境界的新觉解，成为实现人的精神超脱的一种新的开放性思维。但是，道家提出的“绝圣弃智”、佛教设想的“面壁打坐”都违背了人的社会实践存在的本质，形成了人的存在和发展的封闭性、消极性。

当代哲学家汤一介认为，儒家通过道德修养以达到超凡入圣，佛教的禅宗通过自心顿悟以达到瞬忘和永恒，道家通过自然无为以达到精神自由。儒释道自唐宋以来形成合流的趋势，和它们的思想体系均以“内在超越”为特征有着密切关系。① 以德性的态度面向世界，在天与人、心与物、知与行的统一中实现生命的潜能和价值，以思想或精神的反思超越身体的本能欲望和社会制约，是我国传统思想文化体系的重要一脉和宝贵财富。我国传统文化中的超越思想立足于主体的人格塑造、实践锤炼与信念养成，重视天人关系、人伦关系，强调超越型人格的修养与个体心灵境界的提升。传统德育教化中的超越思想从不同程度上确证了思想政治教育促进人的超越发展的文化内涵与实践意蕴，形成了传统德育与现代思想政治教育彼此共通的文化基因。促进现代人的超越发展，建设现代人的精神家园，应当充分认识和发扬我国传统文化“内在超越”的精神品质，从“天人之辩、义利之辩、言意之辩、群己之辩、理欲之辩、力命之辩”的传统文化富矿中，创造性地开发我国传统德育所具有的时代价值。

① 汤一介：《论老庄哲学的内在性与超越性问题》，《中国哲学史》1992 年第 1 期。

二　西方人学理论中的超越思想

在“先验—超验—经验—实践”① 的历史架构中，西方人学思想形成了人本主义、人文主义、理性主义、非理性主义、历史唯物主义等不同类型的超越思想，提供了解读受教育者超越发展的思想文化资源。

（一）古希腊理性人本超越

古希腊哲学从早期关于自然万物的惊异到逐渐地转向内部，逐渐地转向人与社会的认识。对理性、逻各斯、灵魂的向往成为古希腊人超越发展的精神指向。赫拉克利特认为，灵魂是人身上起支配作用的因素，每一个人都能认识自己，都能明智。德谟克里特认为，人由一种最细致、最圆滑、最灵敏的原子组成，人的品性并非先天形成，而由所处的社会环境决定。普罗泰戈拉写就了西方人学的开端篇，“人是万物的尺度”② 实现了“自然哲学”向“人本哲学”的转变。苏格拉底以德尔斐神庙的铭文“认识你自己”为研究对象，指出人的本质不是自然，也不是感觉，而是作为人的灵魂的理智，神创造了人并给人安排了灵魂，万物执行着神的意志和秩序。这些学说反映了人类自我意识的初步觉醒，标志着古希腊人的超越思想的萌芽。

柏拉图将理性视为人的本质规定，指出人的灵魂分为理性、激情、欲望三个部分，当理性控制了激情和欲望，人就具有了智慧、正义、节制、勇敢等美德，并成为“自己的主人”。在《理想国》一书中，柏拉图具体分析了人的理性本质及其不断超越的德性形成过程，提出了超越利己性原则，体现城邦以及全体公民利益的正义理论，并设计了统治者、保卫者、劳动者为层次的社会道德规范和统治秩序。古希腊哲学思想的集大成者亚里士多德从求知、理性和至善等方面论述了人的超越发展的实现过程，提出了“求知是所有人的本性”、“人是理性的动物”、“人是政治动物”等重要论断。亚里士多德认为，人是灵魂和肉体的统一，感性世界与理性世

---

① 樊志辉：《先验、超验、经验、实践——后实践哲学视野中的人学导论》，《求是学刊》2003 年第 2 期。

② 北京大学哲学系编：《古希腊罗马哲学》，商务印书馆 1982 年版，第 138 页。

界之间并没有无法逾越的鸿沟。人生的目的在于至善，智慧和理性是人作为完满和高贵动物的标志。随着古希腊奴隶制的衰落，以灵魂的美德与知识为核心的人学思想向宗教人学转化，“神灵”、“上帝”成为高于一切的理性概念和最高范畴。

（二）中世纪神学宗教超越

随着奴隶制的衰落，社会动荡不安，人们有了更多的苦难和恐惧，悲观绝望中产生了对神灵的幻想。在基督教神学的框架内，欧洲中世纪人学普遍以上帝的观点来解释人的超越发展。其代表人物主要有奥古斯丁和托马斯·阿奎那。

奥古斯丁以“信仰”、“原罪”、“救赎”、“禁欲”、“天国”等概念为核心构建起基督神学体系。奥古斯丁认为，最值得具有的知识是关于上帝和自我的知识，上帝是永恒不变的真理世界的源泉，上帝具有绝对的权力。人是物质世界最高的创造物，是灵魂和肉体的统一，感觉器官、想象和诉诸感官的欲望是灵魂的低级的机能，记忆、智慧和意志是灵魂的比较高级的机能，灵魂是三位一体的上帝的影像。人类的最高目的是靠对上帝的爱同上帝即至善融合，爱上帝是爱己和爱人的基础，信仰、希望和仁慈是道德转化的三个阶段。在《忏悔录》一书中，奥古斯丁将世界分为“上帝之城”与“尘世之城”，并多次描绘了人的灵魂升入天国与上帝契合的动人景象。

经院哲学时期，哲学家以上帝和超验的世界为对象，更多地关注人应该如何获得知识的思维逻辑。经院哲学的集大成者托马斯·阿奎那论证了上帝的存在与人的全整性，分析了人面向上帝、走向上帝的超越发展历程。托马斯·阿奎那指出，“人是上帝的肖像”，人的身体受之于上帝，灵魂存在于身体的各个部分。上帝的理性能够在人的灵魂中发挥作用并使人获得神的“启示”，人身上存在有上帝的类似物，表现为一种从潜在到现实的理性能力，人在现世生活中要能够服从于人的超越的目的，通过朝向上帝来认识自身并获得至善和最大的幸福。阿奎那的观点推进了西方哲学对人的超越性的认识。随着时间的推移，人类的思想智慧逐渐开始摆脱神学的束缚。在文艺复兴和宗教改革运动中，西方思想家普遍强调人的尊严、价值与人的现实幸福，反对宗教禁欲主义，推崇理性与科学、自由和平等，反对封建等级桎梏等思想。这些思想深化了对人的超越发展的认识。

（三）近代理性主义超越

近代西方哲学形成了由经验主义、理性主义、实证主义构成，以理性主义为主导的思想体系。培根、霍布斯、洛克、休谟、贝克莱、穆勒、斯宾塞的经验主义思想，笛卡尔、莱布尼茨、斯宾诺莎、康德、费希特、谢林、黑格尔的理性主义的思想，拉美特利、霍尔巴赫、伏尔泰、狄德罗的启蒙思想，普遍包含着关于人的超越性存在的认识和论断。①

笛卡尔以“我思故我在”的二元论立场，从心灵、身心、身体的统一去理解“人”。笛卡尔认为，人是心灵和形体的统一体。人之所以为人，在于人能够运用理性来控制本能的冲动。在笛卡尔看来，理性构成了人的本质，理性是神的特殊创造。单纯的身体像动物一样，是一架没有心灵的“自动机”。“我”是一个“在思维的东西”，“我思”是一个比身体更为重要的东西。“我”是思想之源，除非依靠我内心的观念，否则关于我之外的存在物，我不会有任何知识。尽管“我思考，我存在”的笛卡尔式思维并没有科学地说明物质与精神、个人与社会、理论与实践、经验与理性、理想与现实之间的超越性关系。但笛卡尔的思想开启了人的主体性时代，确立了人的理性的绝对地位，使得“自我意识”成为近代哲学论争的轴心问题，极大地动摇了“上帝是自我的根本秩序，是真理的源泉”的宗教超越思想。②

康德以实践批判理性立论，通过探讨人的理性能力，研究知识的起源、范围和界限，从感性、理性、意志等因素阐释了人的超越发展，确立了西方近代主体性哲学的人学向度。康德认为，哲学问题的论域应当包括“我能知道什么”、“我应该做什么”、“我可以期待什么”、“人是什么”。③作为一种自然存在物，人受感情、欲望、需要、利益等本能的驱使，服从自然法则的支配。同时，人的心中先天地具有实践理性的道德立法形式，“人的理性为自然立法”，形成了作为人的道德律令的“善良意志”，使德性成为人的意志的一种道德力量。康德强调，运用理性是人的天赋权利的

---

① 限于思想的庞杂和能力的限制，本书仅围绕近代西方思想文化主导的理性主义，分别对笛卡尔、康德、黑格尔等人的超越思想进行解读。

② 尚新建：《笛卡尔的“我思”与“人”》，《中国青年政治学院学报》2006 年第 1 期。

③ ［德］康德：《历史理性批判文集》，何兆武译，商务印书馆 1997 年版，第 15 页。

基本宗旨，“人们是为了另外更高的理想而生存，理性所固有的使命就是实现这一理想，而不是幸福。这一理想作为最高条件，当然远在个人意图之上。”①

黑格尔通过阐释哲学、主体及其与历史的关系，阐释了人的精神超越的过程本质。黑格尔认为，历史是人的作品，“人们的需要、冲动和兴趣”是历史的动力，“作为头等需要出现在历史中。”② 黑格尔指出，理性能够去除人的自然的质朴性，即消极的无我性和知识与意志的朴素性。思维着的精神是人的本质，神性是客观精神的自我运动，精神的自我运动使人成为精神劳作的结果。人的合理的存在是一种伦理的存在。作为人的本质规定性，伦理是对个体自然本质的超越，是个人意志与普遍意志的统一。国家是最高的伦理实体，个体只有作为伦理实体的成员，才能获得人的自由。尽管黑格尔的思想尚没有全面地揭示人的历史存在与现实存在、个体存在与社会存在、个体道德与社会伦理之间的关系，但其关于人的绝对精神的辩证思维深刻地说明了人的思想超越发展的具体过程。

（四）现代非理性主义超越

现代西方哲学更多地重视人的内心结构，由探研感性经验或理性思维的可靠性转向人的本质、人的存在和人的生成问题。这一时期，人的心理体验和非理性的直觉以及个性、生命和本能成为哲学分析的焦点。这些研究从不同方面深化了人的超越发展的认识。

1. 唯意志主义超越

19 世纪 20 年代，针对黑格尔将理性和绝对精神作为世界的本原，德国哲学家叔本华、尼采阐释了人的意志本质的同时，论述了意志与人的发展超越的关系。

唯意志主义的鼻祖，叔本华以“世界是我的表象”、“世界是我的意志”为命题，建构起悲观厌世、人生虚无的哲学体系。叔本华认为，宇宙万物由盲动的生存意志派生，科学和理性不能触及意志世界的认识，而只能达致虚假的表象世界。意志的本质是盲目的欲望，“一切欲求的基地却是需要，缺陷，也就是痛苦。……人生是在痛苦和无聊之间像钟摆一样

---

① ［德］康德：《道德形而上学》，李秋零译，中国人民大学出版社 2007 年版，第 417 页。
② ［德］黑格尔：《历史哲学》，王造时译，商务印书馆 1963 年版，第 16 页。

的来回摆动着；事实上痛苦和无聊两者也就是人生的两种最后成分”①。尼采吸纳了叔本华的“意志”概念，但并不赞成他的悲观主义态度。尼采认为，宇宙人生的意志，是一种寻求强大和扩张的“强力意志”。生命的本质在于不断地自我超越，强力意志正是自我创造、自我超越的意志。人类应当被超越，应当发展人的超越性，重估一切价值。尼采借查拉斯图拉之口说道，“直到现在，一切生物都创造了高出于自己的种类，难道你们愿意做这个大潮流的回浪，难道你们愿意返于兽类，不肯超越人类吗?”② 尼采指出，超人是具有权力意志的强者，是高于人类的新型个人，“人类不是目的，超人才是目的”③。尽管尼采的超人学说有着极大的思想局限性，但却直接地影响着后来的生命哲学和存在主义思想。

2. 生命本体超越

生命本体超越是西方近代以来生命哲学思想中的重要观点。由于不满意黑格尔思想的“严酷的理性”，以及反对机械唯物主义的因果决定论，一些哲学家提出了以生命为世界本原的哲学思想，主张运用生命、情感及其活动去充实理性的作用，而不是通过实证或先验的方式去解释社会科学。生命哲学视生命为世界本原，包含着丰富的超越思想。

“生命哲学”的创始人，法国思想家狄尔泰认为，生命是心理与社会运动的研究对象，生命是永恒的冲动，一切社会生活都是生命活动的外化。狄尔泰将时间流动中的存在称为生命之流，指出，“历史只是从整个人类的角度把握的生命，它构成了一种整体关系，只有通过生命各个部分对于整体的理解所具有的意义范畴才是可理解的。”④ 生命的意义流动使生命汇入了历史的海洋，人的生命体验成为知识的基础，人的表情、行为成为生命的表达式。德国哲学家伽达默尔继承了狄尔泰的分析思路，认为，人的生命在“与流传物的攀谈中消解与历史之间的坚硬之墙”，“在意义的约束下进入历史，在历史中生成意义”⑤，在与历史的交融中获得共时性，并不断超越出自身，在对未来的继续规定中获得永恒的意义。

---

① ［德］叔本华：《作为意志和表象的世界》，石中白译，商务印书馆 2004 年版，第 146 页。

② ［德］尼采：《查拉斯图拉如是说》，楚图南译，贵州人民出版社 2004 年版，第 5 页。

③ ［德］尼采：《权力意志》，张念东、凌素心译，商务印书馆 1991 年版，第 137 页。

④ 转引自张汝伦《现代西方哲学十五讲》，北京大学出版社 2003 年版，第 82、85 页。

⑤ ［德］伽达默尔：《真理与方法》，洪汉鼎译，译文出版社 2004 年版，第 296 页。

狄尔泰之后的哲学家齐美尔认为，世界的本原是永恒冲动和“自我超越”的生命。生命不仅创造更多的生命更新自己，而且从自身创造出具有生命意义的事物。死亡只能结束生命的过程，但不能宣布生命的意义无效。生命的超越形成了自然、家庭、社会等生命的初级阶段，以及宗教、艺术和科学等生命的高级阶段。

柏格森的“创造进化说”成为生命哲学的最高代表。柏格森通过区别钟表时间和生命时间，揭示了生命时间的绵延特质。柏格森认为，时间是构成生命的本质要素，“生命流淌”是宇宙万物的动力与人的真正本质。“内在的自我是永不停息的川流”，自我意识不是固定不变的实体，而是相互统一、彼此承继的生命境界，“我们是自己生活的创造者，每一瞬间都是一种创造。”①

3．存在主义超越

存在主义认为，个人的非理性意识活动是最真实的存在，人的存在本身没有意义，人在无意义的宇宙中生活，只有尊重人的个性和自由，人才可以在存在的基础上自我造就。存在主义关于“存在先于本质”、“人是长成的”的重要论断包含着丰富的超越思想。

存在主义的先驱，丹麦哲学家克尔凯郭尔继承了基督教中人依靠信仰走向上帝的思想，用“存在”表达人生存中的一切抗争。克尔凯郭尔断言，“自我是一种自身与自身发生关联的关系，……自我不是这关系，而是这关系与自身的关联。”② 人是一个有限与无限、暂时与永恒的综合、自由与必然的综合，在人自身之外有着作为人存在的依托的事物，这种事物是“存在”超越自身局限的动力。克尔凯郭尔认为，“上帝”是高于“存在”的超越的领域，“上帝”就是“存在”的超越。自我对“上帝”的趋近，意味着“存在”超越局限而奔向完满与永恒。人生就是在上帝的设定下，经由感性人生—伦理人生—宗教人生的不断超越过程，感性阶段的精神充满了恐惧、绝望、反讽，精神的痛苦感受促使人们追求较高的生活方式，通过无限弃绝与一次次精神的决断成为一个克制情欲的道德人。通过“个体”的非理性、孤独性、超越性的揭示，克尔凯郭尔阐释了人的宗教生存论思想，在突出人的生存的精神性取向中滑向了虚无

---

① ［法］柏格森：《创造进化论》，姜志辉译，商务印书馆2004年版，第80页。

② ［丹］克尔凯郭尔：《致死的疾病》，张祥龙等译，中国工人出版社1997年版，第9页。

主义。

德国思想家雅斯贝尔斯承扬康德和克尔凯郭尔的思想，以存在与超越为主题阐释了生命存在的“大全”论，构建了祈向超越之维的生存哲学。雅斯贝尔斯认为，生活是哲学的根本来源，人的精神状况是心灵生活分化、发展的表现和产物。超越的、完整的人不是一种既定形态，而是人的无限的可能性，“作为本质自身、作为研究者的认识对象，人是未完成的存在，人永远敞开着。”雅斯贝尔斯还提出了心灵的限界情境的新认识，描述了生存在“临界处境”中的存在跳跃。雅斯贝尔斯指出，存在性就是人的可能性，每一种形式的跳跃都是把人的实存“导向萌发未开的生存、导向澄明自身可能性的生存、导向本真生存。”① 雅斯贝尔斯认为，培养整全的人是教育的理想，创造“培养整全的人”所应具备的条件是大学存在的价值。雅斯贝尔斯的思想具有精神澄明的时代价值，但他的“有神论的存在主义”以及面对上帝超越的“存在自由”不能彻底解决人的存在危机，也不可能找到人的超越发展的实践道路。

存在主义的真正创始者，海德格尔秉承了雅斯贝尔斯“精神限界”的思想，同时吸收了胡塞尔的现象学方法，深化了关于人的存在的超越性的认识。海德格尔指出，作为存在，生命是最广意义上的客体化，应从生命存在本身进行哲学思考。生命是创造性的塑造和成就，“是经验、把握、向自身赶超，……是诸如在这样一种体验中的‘在此—存在’之类的东西。”② 海德格尔认为，此在不是存在的本质，“存在是地地道道的超越者，……最彻底的个体化的可能性与必然性就在此在存在的超越性之中”③。此在的展开形成了“先行存在”、“在世存在”、“在者存在”的环节和完整结构，每个环节代表着将来、过去、现在的时间状态。海德格尔用“烦、畏、死”的情绪体验描述了“此在为自己的存在操心”的动态过程，描述了“此在”在追求“无遮蔽状态”的解蔽过程中走上本真存在的道路。海德格尔的思想反映了人的自我生成的过程，但他离开社会实践对人的自我生成的分析，最终将自我生成变成先验自我的神秘反思。

萨特发扬光大了存在主义，阐释了人的自我生成的超越性。萨特认

① ［德］雅斯贝尔斯：《悲剧的超越》，亦春译，工人出版社1988年版，第35页。

② ［德］海德格尔：《路标》，孙周兴译，商务印书馆2000年版，第18—19页。

③ ［德］海德格尔：《存在与时间》，陈嘉映译，生活·读书·新知三联书店2006年版，第44—45页。

为，“我”是一个存在者，它表现为超越物，人的每一个行为都是对“我”的召唤。“人的实在，在向自己的否定可能性超越时，使自己成为那种可使否定通过超越进入世界的东西。”① 萨特区分了“自在存在”和“自为存在”，指出自在存在指意识超越自身的范围达到一个不是意识的存在，这种存在呈现于意识中，但又不依赖意识，成为意识之外的外部世界的存在。自为存在总是不断地否定、超越存在，这种超越的趋向使自我总是处于不断地超越、否定和创造之中。人靠追求超越的目的得以存在，在超越自己的过程中掌握客体，成为自我选择、自我创造的产物。由于脱离了现实的社会经济关系，萨特不能科学地解释资本主义社会中人们孤寂、苦闷和绝望的社会根源，提出了“人是使虚无来到世界的存在”，“他人即地狱”、“存在的体验是恶心”等虚无主义思想。

（五）哲学人类学超越

哲学人类学由 20 世纪初德国哲学家舍勒创立，经过哲学家兰德曼、卡西尔等人的发展壮大，成为包括宗教学、生物学、心理学、文化学等内容的思想体系。哲学人类学认为，自我的统一并不是当下可见的，真理的真谛在于人不断地探索自己，在超越中走向未来或成为自己。

哲学人类学的开创者，德国思想家舍勒认为，“人在宇宙中的地位”是一切哲学课题的出发点，全部哲学都“被此类问题的内涵渗透浸润着”②。“人是什么”以及“人在存在、世界及其与上帝的联系”的问题并未过时，也从来不会过时。舍勒肯定了尼采、狄尔泰、柏格森强调人的精神的改塑作用，并认为，世界观的改塑不是在意识的一个层面，而是在感性、本能、习惯和理智等多层次水平上的实现。“理智的动物”和“工具的动物”只是一种“病态的动物”，生命冲动中的欲望和本能需要精神的限制和引导，使人不再是“病态的动物”并马上变得美好、伟大、至尊的正是精神的超越性本质。“人是超越的意向和姿态……永远在想方设法打破他的此时——此地——以此方式的存在和他的周围世界的樊篱，其

---

① ［法］萨特：《自我的超越性：一种现象学描述》，杜小真译，商务印书馆 2001 年版，第 7、132 页。

② ［德］舍勒：《资本主义的未来》，罗悌伦译，生活·读书·新知三联书店 1997 年版，第 167—168 页。

中也包括他自己当时的自身现实。"① 舍勒还指出，精神文化是人与动物相区别的标志。上帝是精神文化的根，精神文化使"人"具有"祈祷的、寻求上帝的本质"。

生物哲学人类学运用体质学、形态学、胚胎学的知识，说明了"人的未特定化"、"人的匮乏"以及"人的发育不全"的特点，揭示了人的未确定性的本质和人类文化的第二本性。哲学人类学思想的集大成者兰德曼，从人的未进化完的生理结构、并不完善的生存环境、未确定性的行为方式阐述了人的"未特定化"与人的本质、人的未来的关系。兰德曼认为，人的"未特定化"既是人的生命的缺点，也是人的生命的优点。人的未确定性使人具有了创造性和主观性，能够无限地分化和发展自己的生命本能，形成自觉自为的生命本质。人不仅是文化的创造者，也是文化的创造物，"创造的人在他的文化创造中获得永生"，在文化生命的创造中不断完善自己。②

（六）比较与借鉴

人是思想文化的主体。人有超越自我的倾向。东西方传统文化中超越思想的发展表明，自我超越是人文精神形成的思想基础，也是人类实践精神不断发展的基础。自我超越有着个体的特征，又有着时代和社会的规定性。东西方传统文化中形成的超越性人格模式与范型，是开展现代思想政治教育，塑造受教育者适应社会现代化发展的超越性理想人格的丰富资源。

通观西方人学思想，自然物质、神灵上帝、绝对理性、有限生命、无限欲望等都先后作为人的超越性存在的本体，通过人类的精神虚设彰显出人的生命存在的超越性本质。与我国传统文化强调天人合一、身心合一的"内在超越"不同，西方超越意识的主流是一种面向上帝，探寻客观世界的对象性力量的"外在超越"。这种超验式思维形成了西方文化以"自我"中心，重冒险、竞争、掠夺的思想和行为特征。但这种超越意识片面地推崇思想、精神、灵魂，割裂了主体和客体、身和心的方法论特征，缺乏东方文化"整体"至上，重旷达、和谐、包容的特性，也由于"外

---

① ［德］舍勒：《人在宇宙中的地位》，李伯杰译，贵州人民出版社 1989 年版，第 41 页。
② ［德］兰德曼：《哲学人类学》，阎嘉等译，贵州人民出版社 2006 年版，第 264 页。

在超越”的对象性本体离弃了人的实践存在本质，成为片面强调人的超越性的唯心论、机械论、唯灵论。当然，也正如研究者指出的，这种过于单一的区分“并不能解释基督教超越意识曾经给西方中世纪造成的黑暗，也掩盖了儒家学说对中国古代文明所曾有过的贡献”。这些传统的思想文化资源随着经济社会的发展变化，既可能成为“毒瘤”，也可能成为“蛹体”。①

诚如黑格尔有言，思想文化传统“不是一尊不动的石像，而是生命洋溢的一道洪流”。东西方文化为人的超越发展设置的价值目标，对人与外界关系认识不清所形成的肯定异己力量的意识、对人类现实活动的不满所产生的对人的否定意识、在苦难生活中萌生的寻求出路的意识，显现出人的超越性存在的实践精神和思想方法。观瞻东西方人的超越发展的思想文化，不仅领略了人类思想文化的超越历程，也由此确立了人的超越发展的思想基础。它表明，人的超越发展不是个体心灵或自我的精神幻象，也不是对上帝、人道、精神、绝对理性的超越，而是身心齐一、面对现实与未来的超越之旅。人在实践中的超越是人之自我超越的基本途径，知、情、信、意、行调谐与协同的超越进路是生命安顿的可行性路径。只有坚持历史唯物主义的方法论，才能全面理解人的超越性存在，才能实现传统思想文化资源的现代转化，才能不断地塑造人与社会发展的超越精神。

① 袁阳：《“毒瘤”与“蛹体”——中西传统超越意识比较》，《学术月刊》1989 年第 9 期。

第四章　受教育者超越发展的多维透析

在哲学社会科学的层面上，维度不是数理意义上的独立参数与数目，而是分析和把握研究对象的特定视角，体现为判断、说明、评价和确定事物的方位、角度、层次的各种条件和相关概念。受教育者超越发展的维度是衡量受教育者实现自身思想政治素质和综合素质的质变和飞跃的参照系统。本章从现实与理想、自我与社会、自发与自觉、他育与自育、思想与行为等不同维度分析受教育者超越发展的类型和样态。

一　从现实到理想

理想源于现实，高于现实。理想的实现是对现实的否定和超越。思想政治教育过程中，教育者要立足受教育者和社会发展的实际，根据社会未来发展对人的要求，引导受教育者树立正确的理想，确立超越发展的理想目标，在对现存自我与现实社会的辩证否定中实现自身思想政治道德素质和综合素质的飞跃。适应现实，改变现实，面向未来，实现理想，是受教育者超越发展的重要内容。

（一）适应现实

适应现实，即尊重客观存在的实际状况，把握“现实的人”和现实生活的各种规定。开展思想政治教育，必须从受教育者现实的思想政治道德状况出发，从时代和社会发展的实际要求出发。适应现实是受教育者超越发展的起点，是受教育者立足现实，改变现实，超越现实，实现理想的重要前提。

1. 思想政治教育现实的内涵

现实作为实然的范畴，是人们对于自我与社会实际状况的“对象性认识”，是人们对于社会现实的主观反映。现实不是看得见、摸得着的现象，也不是指实际存在的物质实体，而是指人及其社会发展环境的客观存在。思想政治教育现实是相对于受教育者及其未来发展要求的现存状况、现实需要和现实条件，包括思想政治教育活动中的“现实的人”、现实的社会关系及其构成的现实的社会生活与社会环境。

“现实的人”指一定社会关系、社会实践、社会需要中存在和发展的思想政治教育主客体。正如马克思指出的，“这是一些现实的个人，是他们的活动和他们的物质生活条件，包括他们已有的和由他们自己的活动创造出来的物质生活条件。因此，这些前提可以用纯粹经验的方法来确认”①。思想政治教育过程中，受教育者的思想动态、行为动机、个性特征是一定的社会实践、社会关系和社会需要相互作用的产物。社会实践、社会关系和社会需要作为受教育者超越发展的现实前提，形成了受教育者存在和发展的历史性、目的性、个体性、发展性、阶段性。现实生活指与一定历史时期及其发展阶段相适应的社会生活的总和，既包括具有社会总体性的物质生活、精神生活、文化生活，也包括普遍的集体生活、地方生活和微观的、具体的日常生活。思想政治教育过程中，受教育者“是在一定的物质的、不受他们任意支配的界限、前提和条件下活动着的”②，社会实践、社会关系、社会需要所构成的社会生活形成了受教育者超越发展的现实基础。

2. 受教育者的超越发展必须适应现实

思想政治教育过程中，受教育者超越发展的实质在于克服现实自我的局限性，打破现实条件的限制实现理想自我，在于创造理想生活并推动社会的跨越发展。适应现实是受教育者超越发展的逻辑起点，适应现实并不是对现实状况的无能为力，而是为了在适应现实的基础上认识现实、改变现实、超越现实。适应现实的目的是为了超越现实。

适应现实是对强大的现实力量和客观实际的充分尊重。“现实是最顽强的事实”，现实和传统有着巨大的惯性，形成了一股强大的力量。列宁曾经精妙地揭示了现实力量与人的发展的这一关系，指出，“人的一切精神的东西是实在的现实的产物，但不仅仅是当前现实的产物——一切过去

① 《马克思恩格斯选集》（第1卷），人民出版社1995年版，第67页。

② 同上书，第72页。

的东西都比较持久地继续生活在这个精神世界中。……作为生动的现实不断地以同样的方式影响着精神世界的东西，愈来愈持久地强烈地铭印在精神世界中。……传统也是实际的现实的一部分，它存在于人们的头脑中，对其他人发生影响，因此常常具有大的甚至很大的力量。”①受教育者的超越发展，需要改变自我和社会发展中不合理的现象，消除落后的生活习惯、思想观念和社会习俗所长期存在的文化惰性和消极影响。这一过程必须充分地尊重社会现实和历史传统所具有的强大力量。

适应现实是受教育者超越发展的过程要求。现实生活中，每个人都有改变现实状态的冲动和超越自我的渴望。人们追求理想、超越自我的存在方式是受教育者超越发展的本体性依据，形成了人的超越发展的可能性。正如德国社会学家舍勒指出的，“人是超越的意向和姿态，人是生命超越本身的祈祷，人是一个不断开放、不断生成的X。……人，只有人倘使他是人本身的话能够自己作为生物超越自己”②。人的超越性的存在方式总是具有一种基于现实而又超越现实的实践向度。受教育者只有适应现实，立足现实，才能正确地认识自我，把握社会实践活动的规律与条件，把握现实自我与社会发展的未来趋势，提出科学的预见，形成有意义的、可能实现的奋斗目标。

适应现实是有效开展思想政治教育的客观要求。坚持一切从实际出发，是思想政治教育的根本原则。受教育者及其社会发展的现实状况与思想政治教育目标要求之间的内在矛盾，是思想政治教育发生和发展的根本动力。思想政治教育过程中，只有适应现实，立足现实，把握现实，才能根据受教育者的思想动态、行为动机、个性特征解决受教育者的思想行为问题。只有从受教育者所处的实际环境出发，分析受教育者思想行为变化发展的实际状况，才能有针对性地开展思想政治教育，使思想政治教育“踏着人生和社会的实际说话”，满足受教育者和社会发展的需要。反之，一切不能贴近社会、贴近实际，脱离“现实的人”及其生活的思想政治教育都将沦为空洞的说教。

适应现实是受教育者超越现实的发展要求。社会生活中，人们总是按

① 《列宁全集》（第59卷），人民出版社1990年版，第363页。

② ［德］舍勒：《资本主义的未来》，罗悌伦译，生活·读书·新知三联书店1997年版，第167页。

照自己的观念蓝图去追求和创造个体与社会的美好未来。相对于人们的新的合理需要和利益诉求，现实总是处于不理想、不完善的状态之中。由于人与社会的发展不是尽善尽美的，现实生活与现实社会中总有着一些不合理的现象和事物，这也使得改变现实成为人们追求理想的共同愿望。因此，思想政治教育过程中，现实不是与人无关的、固定不变的事物，而是面向未来，运动发展的客观事实，是有待于受教育者在实践中改变的现实状态。受教育者的超越发展，就是要立足现实，前瞻未来，发挥先进的、正确的思想所具有的理论先导、实践指导作用，在知行统一中创造理想生活和理想社会，实现理想对现实的超越。

（二）面向未来

面向未来是受教育者超越发展的精神方位、历史方位和实践方位的有机统一。受教育者的超越发展，需要拥有善于学习、勤于思考、大胆试验、富于创造的主体精神，需要确认自身的实践坐标、发展目标和制约因素。只有面向未来，受教育者才能把握自我发展的主体方位与社会发展的历史方位，才能形成解放思想、实事求是、与时俱进、不断探索的实践精神，才能自觉地发挥主观能动性，在肩负使命，继往开来中实现超越发展。

1. 受教育者超越发展的未来指向

社会生活中，人们总是按照一定的观念意图去规划自我与社会的未来，总会以其理想性的世界图景和目的追求对自我与社会的发展状况进行批判性反思和超前性引导。人的主体性存在的生命特质、人的社会实践存在方式，形成了受教育者超越发展的未来指向。

人的主体性存在的生命特质决定了受教育者超越发展的未来指向。在生命本能和外界环境的束缚下，人作为意识的主体，通过创造性的实践活动，打破环境和现实规定性的束缚，在实践中不断地超越自己，从而也不断地在自我发展中超越历史和现实。哲学人类学的开创者，德国社会学家舍勒指出，使人不再是“病态的动物”并马上变得美好、伟大、至尊的正是精神的超越性本质。人是超越的意向和姿态，“永远在想方设法打破他的此时——此地——以此方式的存在和他的周围世界的樊篱，其中也包括他自己当时的自身现实”①。美国的神学哲学家赫舍尔也反复强调人的主体性存在超越性特征。他指出，“对于动物来说，世界就是它现在的样子；对人来说，这是一个正在被创造的世界，而做人就意味着处在旅途中，意味着奋斗、等待、盼望”②。人类对未来的希望生成了超越发展的永恒期待，人类通过认识世界、改造世界的实践活动不断实现着对现存世界的超越。

人的社会实践存在方式赋予了受教育者超越发展的未来指向。超越是人的生命本性，是社会发展进步的趋势和要求，也是教育活动的本质目标和价值追求。人类社会的发展是在社会理想的指引下认识世界、改造世界的跨越发展过程。人的实践存在方式赋予了受教育者超越发展的未来指向。思想政治教育过程中，受教育者由自我到社会、由现实到理想、由他律到自律、由自发到自觉等不同维度的发展不仅具有生命超越的实践意蕴，也是实现人类社会超越发展的主体性条件。开展思想政治教育，就是要通过转变思想观念、提升思想境界、规范实践行为，培养受教育者超越现实社会、现存状态的能力和智慧，引导他们形成追求真、善、美的精神动力和实践自觉。

2. 受教育者超越发展的“三个面向”

人的超越性存在和社会发展的理想目标在实践活动中融合交会。当今的世界，任何一个国家和地区的发展都必须坚持“面向现代化、面向世界、面向未来”。受教育者的超越发展是社会跨越式发展的主体性条件。受教育者的超越发展必须在思想观念上保有面向未来的超前性、预见性，成为具有现代化的思想行为，适应世界发展要求的国际人。

受教育者的超越发展是面向现代化的的超越发展。当代世界，现代化水平的高低直接决定着一个国家和地区能否在竞争中获得成功。而人的现代化是实现社会现代化的关键。英格尔斯在《人的现代化》一书中指出，“如果一个国家和地区没有实现人的思想观念的现代化，那么最完美的现代化制度和管理方式、最先进的技术工艺，也会在一群传统人的手中变成废纸一堆”③。防止和克服人的思想行为能力的钝化，必须着眼于社会现

① ［德］舍勒：《人在宇宙中的地位》，李伯杰译，贵州人民出版社 1989 年版，第 41 页。
② ［美］赫舍尔：《人是谁》，隗仁莲等译，贵州人民出版社 2009 年版，第 28 页。
③ ［美］英格尔斯：《人的现代化》，殷陆君译，四川人民出版社 1985 年版，第 10 页。

代化的发展要求，不断开发人的潜能，实现人的思想观念的现代化。人的思想观念的现代化不可能依靠引进或简单模仿。受教育者的超越发展是面向现代化的的超越发展，受教育者必须树立面向现代化的思想观念，根据现代化的要求实现思想行为观念的创造和更新，才能实现“为未来社会培养新人”的崭新任务。

受教育者的超越发展是面向世界的超越发展。随着政治多极化、经济全球化、文化多元化的发展，全球思想文化的交流、交融、交锋呈现出许多新的特点，世界综合国力竞争和各种力量的较量更趋激烈。社会竞争领域、虚拟领域、风险领域、多元文化四大领域的相互渗透与发展形成了使当代社会发展更加复杂的适应系统。与此相应，社会的竞争压力、信息压力、风险压力、选择压力的相互交错，构成了受教育者当前和未来生存与发展的复杂环境条件。在这一背景下，受教育者必须形成世界眼光，面对世界范围内各种力量的博弈和较量，树立清醒的政治价值立场，能够应对各种思想文化的风险挑战，有效解决由于个人的片面发展所引发的问题和危机，成为适应世界发展要求的国际人。

受教育者的超越发展是面向未来冲击的超越发展。面向未来是面向现代化和面向世界的集中体现。美国的未来学家托夫勒认为，与依靠狩猎和农业为生的“过去的人”以及生活在工业化社会中的“现在的人”截然不同，“未来的人”处于技术和文化变革的中心。随着知识经济和社会的迅猛发展，现代人早已被抛入高速发展的社会，成为未来的人，并时刻受到未来的强烈冲击。短暂性、新奇性、多样性使人们的日常行为往往力图防御未来的冲击。① 面对未来社会的冲击，人的超越发展对于实现社会的跨越式发展具有越来越重要的意义。受教育者必须把握国家现代化的战略目标和人类社会发展的未来趋势，在思想观念上始终保有面向未来的超前性、预见性，才能在行动上展开“应对未来冲击的防御战”。

（三）实现理想

理想是人们对自我与社会未来发展目标的预期和构想。理想的水平及其实现程度是衡量人的超越发展的重要标志。正如恩格斯指出的，“人离开动物愈远，他们对自然界的作用就愈带有经过思考的、有计划的、向着

---

① ［美］托夫勒：《未来的冲击》，蔡伸章译，中信出版社2006年版，第6页。

一定的和事先知道的目标前进的特征"①，思想的深度、理想的高度、生活的宽度形成了受教育者超越发展的三维空间。树立正确的理想，明晰超越发展的阶段性目标，塑造理想自我，建设理想社会，构成了受教育者超越发展的理想意蕴。

1．理想的超越性本质

理想是生命之光。人的生命存在不仅是一种存在着的事实，而且是一种为理想而劳作、而创造的社会生命运动。德国思想家卡西尔指出，人是符号的动物，动物始终不能知道什么是"理想"，什么是"可能"，而"人的突出特征，人与众不同的标志，既不是他的形而上学本性也不是他的物理本性，而是人的劳作。正是这种劳作，正是这种人类活动的体系，规定和划定了'人性'的圆周。"② 人不仅可以通过观念的想象、建构来超越前人的思想，创造出人心目中的、企求和希望的、属于自己的理想的世界，而且能够运用实践的力量超越客体、超越前人，创造出自然界不曾有过的人工世界和人类本身。

理想是人类主体对现实客体和主体自身的超越性反映，是人类在观念上超越现实世界的集中表现。人虽然生活在现实世界中，却又始终处于对理想世界和"可能的生活"的追求、创造之中。正如当代教育家鲁洁指出的，"理想、理想的建构是人所独具的生存方式，它同样也是人性的一种标志。……没有理想的人是没有生命的人，没有理想的民族也是没有生命的民族。"③ 理想作为人们对未来的观念性预设和追求，能够促使人的身心发展和各种活动能力的发展跃升到更高水平和更高层次。理想内存于人的精神世界，包含着对客体发展的现实可能性的预测和判断、追求美好希望和理想目标的强烈情感和坚韧不拔的生命意志。

现实是理想的基础，理想中包含着现实中必然发展的因素，包含着理想转化为现实的条件。一方面，理想源于现实。理想受时代条件的制约，有着特定时代的烙印。理想要成为科学的，"就必须首先把它置身于现实的基础上"。正如黑格尔指出的，"真实的理想并非应该是现实的，而乃是现实，并且是唯一现实的东西，……如果一个理想太美妙了，以至在现

---

① 《马克思恩格斯全集》（第20卷），人民出版社1971年版，第517页。
② ［德］卡西尔：《人论》，甘阳译，上海译文出版社1985年版，第68、77页。
③ 鲁洁：《当代德育基本理论探讨》，江苏教育出版社2010年版，第31页。

实中并不存在，那么这个理想本身就必定有缺陷。”① 理想不是空想，而是对未来的准确预测和科学把握，是可以实现的现实，是明天的现实。另一方面，理想高于现实。理想是对现实的超前反映。作为人们改造外部世界的目标和可能性的主观想象，理想反映现实又超越现实。现实与理想的相互关系中包含着“现实与可能、实有和应有、主体和客体、思维与存在”等不同的矛盾。解决理想与现实的矛盾，关键是将理想与现实的矛盾放置于具体的社会条件中加以分析，处理好共同理想与远大理想、个人理想与社会理想之间的关系。

2. 理想的实现与受教育者的超越发展

受教育者的超越发展离不开理想的指引。理想的实现是受教育者超越发展的重要环节和直接体现。理想作为对社会生活的超前反映，包括社会理想、道德理想、职业理想、生活理想等不同的层次。理想的层次性既反映了个体发展与国家发展、个人理想与社会理想的辩证关系，也形成了个体不断提升理想境界，实现超越发展的必要性、可能性。正如费孝通指出的，“一个人所具的理想，并不是他个人的创造，而是社会对他的期望。……理想中的自我实在是社会标准的反映，现实和理想的差别，也正是个人和社会的歧异。”② 理想不能脱离时代和社会的发展，任何理想都具有“发展性与时代性、阶级性与导向性、现实性与超越性”③。社会理想具有的信念凝聚、利益整合、规范调节功能，能够为个人理想的实现提供方向指导与精神动力支持，为个人理想的实现开辟广阔的道路和空间；个人理想的价值及其实现取决于社会理想的实现程度，服从和服务于社会理想的实现。在这一意义上，受教育者的超越发展过程是个人理想的社会化与社会理想的个体化的相互统一过程。

二 从自我到社会

人是社会的细胞和单元，社会是“人们交互作用的产物”。正如马克

---

① ［德］黑格尔：《哲学史讲演录》（第2卷），贺麟译，商务印书馆1981年版，第247页。

② 转引自周忠之《理想与现实的矛盾及其实质——兼论人生价值的实现》，《天府新论》1987年第4期。

③ 郑永廷：《现代思想道德教育理论与方法》，广东高等教育出版社2000年版，第156—158页。

思指出的，“个人是社会存在物，因此，他的生命表现，即使不采取共同的同他人一起完成的生命表现这种直接形式，也是社会生活的表现和确证。”① 思想政治教育是社会实践中协调个人与群体行动的重要途径。克服自我中心，增强社会意识，发展社会关系，是受教育者超越发展的重要内容。

（一）克服自我中心

受教育者的超越发展不是个体心灵孤独运作的产物，而是处于一定的社会关系、社会生活中的超越发展。只有克服自我中心，提升思想境界，调谐人际关系，才能在交流、沟通和合作中实现超越发展。受教育者的超越发展，首先需要立足自我与社会发展的实际，确立自我与社会相互关系的最佳整合点，在相互适应、相互选择、相互完善中实现自我超越和社会参与。

1．自我中心的危害

自我是个体将自我作为客体而形成的多方面觉知的总和，它包括个体对自身性格、能力、意趣的了解，以及对现实生活的评价和未来理想生活的设计。自我中心是指个体在处理自我与社会的关系中始终以自我为中心，只想到自己的利益和感受，而很少考虑别人甚至不考虑别人的利益和感受的思想行为。一定意义上，自我中心与自私、自利有着同样的内涵。自我中心是人的自我意识畸形发展的产物，是个体形成错误的自我评价、他人评价和社会评价的结果。自我中心的人，往往将个人利益、物质利益、眼前利益放在首位，不顾及他人利益、集体利益、社会利益。

自我中心的人不可能实现自我完善。人是社会关系的产物。个体通过人际交往和社会参与接触环境、接纳别人，形成对自我属性和社会环境的认知、体验和理解。自我中心的人缺乏对人的自然属性和社会属性之间辩证关系的正确理解，往往在个体利益的樊笼中丧失自我。黑格尔在论及个别存在与绝对存在时指出，自私自利不过是一种想象的东西，“一切东西既是自在的东西，又是为一个为他物的东西……人一旦意识到这种关系时，人的本质和地位就从这里产生出来了。……人的规定性、人的使命追究在于使自己成为人群中的成员——对公共福利有用和可用的成员，他照

---

① 《马克思恩格斯文集》（第1卷），人民出版社2009年版，第188页。

顾自己的利益有多少，那么也必须照顾别人多少利益，而且他照顾别人也就是在照顾自己，他利用别人也为别人所利用。”① 自我中心的人出于个人的利益本位，常怀自私自利之心，最终会遭到他人的疏远和社会的排斥，沦为自我中心主义的囚徒。

自我中心的人不可能获得人生的幸福。幸福是主体因利益、需要的实现而在内心产生的一种满足和愉悦的感受。人生的幸福是一种纯粹的心灵体验。个体只有在奉献社会、服务他人、完善自我的过程中，才能获得社会生活的满足感与实践存在的幸福感。马克思早在青年时期的职业选择时就已经指出，不能认为人类的幸福和自我完善“这两种利益会彼此敌对，互相斗争，一方必然要消灭另一方”，“如果一个人只为自己劳动，他也许能够成为著名的学者、伟大的哲人、卓越的诗人，然而他永远不能成为完美的真正伟大的人物。”② 正是由于人类的幸福与自我完善是相互统一的。人们只有为了同时代人的完善，为了他们的幸福而工作，他自己才能完善。自我中心的人很少考虑别人甚至不考虑别人的利益和感受，不可能自觉地奉献社会、服务他人，因而也不可能获得人生的幸福感。这种自我中心的思想行为对人生幸福感的危害，恰如马克思指出的，“如果一个人只同自己打交道，他追求幸福的欲望只有在非常罕见的情况下才能得到满足，而且决不会对己对人都有利。”③

2. 促进自我超越

社会生活中，受教育者作为“现实的个人”首先是以个体存在物的形态出场的。由个体走向与他人、社会的关系之中是受教育者超越发展的前提和表现。在这一意义上，正如马克思指出的，“全部人类历史的第一个前提无疑是有生命的个人的存在”④，“人们的社会历史始终只是他们的个体发展的历史”⑤，受教育者的超越发展首先是个体的一种生命自觉，是一种自我发展和自我超越。自主自为地追求自我利益、自我认识、自我需要是受教育者超越发展的起点。促进自我超越，就是要反思和探究生命的本质和生活的原理，获得更高的生命觉悟和生活能力，实现理智的发

① ［德］黑格尔：《精神现象学》，段远鸿译，中国华侨出版社 2012 年版，第 156 页。
② 《马克思恩格斯全集》（第 1 卷），人民出版社 1995 年版，第 459 页。
③ 《马克思恩格斯文集》（第 4 卷），人民出版社 2009 年版，第 292 页。
④ 《马克思恩格斯选集》（第 1 卷），人民出版社 1995 年版，第 67 页。
⑤ 《马克思恩格斯选集》（第 4 卷），人民出版社 1995 年版，第 532 页。

展、品质的形成与潜力的发挥。这种超越自我的生命自觉是受教育者超越发展的人性基础，它赋予了受教育者超越发展过程的自由，形成了受教育者超越发展的个性化向度与个体价值。受教育者要实现超越发展，必须顺应“个人化”发展的要求，自觉提高生命境界意识，培养个人的情趣、爱好和价值取向，形成具有预见性、超前性和应变性的思维模式，培育理性、升华情感、淬炼意志，培育自己创造未来生活的实践智慧和精神动力。

（二）增强社会意识

增强社会意识，即将社会认识、社会需要和社会要求转化为个体发展的目标要求。面对个体的思想政治素质与社会发展及其未来要求之间的差距，将社会认识转化为个体认识，自觉地接受思想观念、政治文化和意识形态的传导，遵循一定社会所要求的思想观念、政治意识和道德准则，确立适应现实、超越现实的目标要求，是受教育者超越发展的重要体现。

受教育者的超越发展是自身社会化发展的重要体现，是受教育者不断地认识和改造已有的社会关系、社会有机体和社会生态系统的表现和结果。“人是有意识的类存在物”，是社会的人，是一个“经由社会化获得的，具有内在统一性和相对稳定性的个体特质结构和动力结构”①。社会生活中，个体与社会的矛盾贯穿于人的社会化发展过程之中。无限增长的生存需求、与生俱来的自利本性、理想和价值的目标激励、好奇心和兴趣等非理性因素的诱导，构成了人的社会化发展过程中的各种矛盾和冲突。人的社会化发展不仅要掌握一定的生存和发展技能，也要具有符合一定社会及其未来发展要求的思想政治道德品质，形成对一定阶级、集团的社会利益、国家制度和社会理想的认同。受教育者的超越发展是在社会情境中进行社会比较，在社会场域中实现超越发展的过程。忧患意识、创新意识、宗旨意识、使命意识构成了受教育者超越发展的心理动力和主体意识，这种心理动力和主体意识的形成发展来自于受教育者社会意识的增强。

受教育者思想行为态度的形成、思想政治道德素质的提高，是其超越发展的重要条件。社会化是社会与个体的互动过程，是社会对其成员的思

① 陈秉公：《思想政治教育学基础理论研究》，吉林大学出版社2007年版，第123页。

想教化过程。人的社会化发展是指个体作为“社会学习者”和“社会参与者”掌握和运用社会发展中形成的知识技能、思想观念和道德规范的过程。美国学者安东尼·奥罗姆指出，政治文化包括现实观、意识观和理想观三重结构，其中对政治发展起推动作用的是政治理想观，理想观“通过其基本类型的定义和它假定的语法关系”帮助人们形成关于世界究竟是什么的预测，并为人们实际建立政治制度提供中心指导。”① 只有当受教育者能够广泛地接受先进人物的思想理论，并将其外化为现实的思想行为，才能不断实现自身的超越发展。在这一意义上，开展思想政治教育，增强受教育者的社会意识，是培育受教育者超越发展的自我效能感和成就动机，强化责任意识、使命意识和目标意识的重要途径。

（三）内化社会规范

社会规范是实现社会促进和社会控制的重要力量。内化社会规范是个体获得社会认同，融入社会生活的重要途径。任何个体都是自然的、道德的、文化的和社会的统一体，孤立的个人并不存在。人的社会性本质决定了个体在自我发展中增强社会意识，内化社会规范的必要性。法国的教育家涂尔干指出，社会存在是由一套观念、情感和实践的体系构成的总体，“它们表现的并不是我们的人格，而是我们参与的群体或各个不同的群体；它们是宗教信仰、道德信仰和实践、民族或职业传统以及各种类型的集体意见”，“教育的目的，就是使我们每个人身上形成这种社会存在。”② 思想政治教育作为特殊的教育实践活动，就是要引导受教育者内化特定的社会规范，接受特定阶级、集团的政治立场、行为规范和道德准则，在“身上形成这种社会存在”。

内化社会规范是受教育者超越发展的重要环节。一方面，受教育者作为认识主体，形成了关于社会存在的个体意识。这种个体意识可能尚处于低级的社会心理的层次，比较感性、直观而不科学，也可能不符合社会发展的要求，甚或存在一定的局限和错误，因而必须通过教育引导成为符合社会及其未来发展要求的社会意识。另一方面，社会规范是经过加工、提

---

① ［美］安东尼·奥罗姆：《政治社会学：主体政治的社会剖析》，张华青等译，上海人民出版社1989年版，第312页。

② ［法］涂尔干：《道德教育》，陈光金等译，上海人民出版社2006年版，第235页。

炼的系统的、自觉的、高层次的社会意识，社会规范具有复杂性的结构层次，和普通民众的社会心理、社会认识之间存在一定的理解间距和认知冲突。受教育者能够在内化社会规范的过程中，对社会规范的接受由依从性的初级水平上升为认同性、信奉性接受，实现了思想认识水平的提升，形成了不断自我超越的认识机制。

（四）发展社会关系

人的本质是一切社会关系的总和。社会关系的发展是人的全面发展的重要条件和根本体现。提高社会适应、社会认同、社会参与的能力，协调利益关系，扩大社会参与，优化社会设置，实现社会利益的认同、社会秩序的遵守与社会理想的信仰，是受教育者超越发展的社会性要求。

1．协调利益关系

追求社会利益是马克思主义利益观的重要内容，也是社会主义条件下实现自我与社会共同发展的基本要求。提高思想政治道德素质，树立正确的利益观，追求个人的正当利益，协调不同群体之间的利益关系，将他人、集体和社会的利益放置到个人利益之上，是受教育者超越发展的重要体现。

协调利益关系是坚持和发展社会主义制度的重要任务。不同的社会制度下，自我与社会的关系有着不同的利益关系和表现形式。原始社会，原始公有制的存在使自我与社会之间存在着浑然一体的关系，共同劳动、共同生活使人们居于天然的社会共同体之中。奴隶社会和封建社会，社会资源的分化、社会生产力的提高形成了阶级对立和社会等级制，自我与社会之间的等级制结构取代了原始的浑然一体的关系。资本主义社会，生产力的飞跃发展创造了自我的个性化发展条件，自我与社会的关系具有了现代化的内涵。① 资本主义制度下，资本统治和利益追逐以及个人主义、功利主义的价值支撑形成了个人与社会之间不可克服的内在矛盾。社会主义制度下，尽管依然存在着自我利益与他人利益、社会利益的差别，但社会主义坚持集体主义的价值立场，兼顾国家、集体和个人的三者利益。

树立正确的利益观是受教育者超越发展的基础性条件。正如毛泽东曾

---

① 郑杭生、杨敏：《个人与社会的关系——从前现代到现代的社会学考察》，《江苏社会科学》2003 年第 1 期。

经指出的，“马克思列宁主义的基本原则，就是要使群众认识自己的利益，并且团结起来，为自己的利益而奋斗。”① 坚持个人服从集体和国家、局部服从全局的利益原则，坚持和维护最大多数人的根本利益、长远利益，绝不允许牺牲一部分社会成员的利益来维护少数人的利益，是社会主义的价值立场。社会主义制度下崭新利益关系的形成，对受教育者提出了克服自我中心，超越自我利益，实现社会利益的发展要求。由于人们并不能够普遍认识到这种社会利益、集体利益、个人利益的一致性，激励和引导受教育者实现自我利益，教育和动员受教育者认识到社会的整体利益、长远利益、共同利益，成为受教育者超越发展的重要内容。

2. 扩大社会参与

社会参与是促进个人生活社会化的前提，也是实现社会生活个人化的基础。社会化发展是社会与个体的互动过程。人们在特定的社会活动领域中创设和形成一套持续而稳定的规范体系，这种社会设置调整着人们之间的相互关系，为人们的行为选择提供了各种各样的服务。扩大社会参与，增进社会认知，形成社会态度、确立社会行为方式，积累社会实践经验，是受教育者超越发展的内容和要求。

受教育者社会参与的能力关系着自身社会利益的实现程度，影响着受教育者的社会认同和政治人格的养成，也影响着一个国家和地区的政治秩序、政治统治、社会管理。正如人的现代化理论的提出者，美国学者英格尔斯指出的，“日益增长的现代性是积极参加选举，加入各种社会民众组织，参加群众活动，对政治消息产生兴趣，关注国内国际各种重要事态的发展，积极影响国家和地区事务及政策制定等特征联系在一起的”②，人们只有在社会参与中，才能达成价值共识，理解和认同社会设置、社会管理、生活制度的合理性、应然性，并改造社会治理体系中一切不合理的现象和问题。

社会参与能力的提升是受教育者超越发展的充分体现。一般来说，在自发的社会参与中，人们尚未清楚地意识到参与的意义，参与行动往往具有情绪化、凭经验、随性情的特点。而在自觉的社会参与中，人们已经能够较为清楚地意识到参与活动的意义，参与行动往往经过理性的思考，有

---

① 《毛泽东选集》（第4卷），人民出版社1991年版，第131页。

② ［美］英格尔斯：《人的现代化》，殷陆君译，四川人民出版社1985年版，第81页。

明确的目的性、计划性。受教育者社会参与能力的提升，强化了自身政治效能感，通过对公共问题的关注成为积极的、具有知识和责任能力的公民。正如德国学者海贝勒指出的，社会参与的结果“不仅使民众对于其所属集体的构建和照料更感兴趣，而且使得民众对国家的信任度增强”①。受教育者的超越发展是对社会实践生活的定向关注，理解社会角色、社会互动、社会分层以及社会群体与社会组织的关系，认同特定的社会价值观、社会规范体系以及由社会机构、社会设施等承载的社会行动框架体系，成为受教育者在“扩大了的社会参与”中超越发展的充分体现。

三 从自发到自觉

自发与自觉作为人的思想行为的两种状态。在人们的经济活动、政治活动和文化活动的参与过程中，受教育者不同程度地扮演着经济人、政治人、文化人等不同的社会角色，形成了个体超越发展的不同要求。克服经济自发，增进道德自觉，形成政治自觉，增强文化自觉，是受教育者超越发展的重要内容。

（一）克服经济自发

经济自发是指经济活动过程中由于经济主体尚未正确地认识经济发展规律的要求，而盲目追求经济利益并不顾他人利益、社会利益的思想状态和经济行为。正如马克思指出的，“把人和社会连接起来的唯一纽带是天然必然性，是需要和私人利益”②。在经济活动领域，受教育者的超越发展表现为从一个逐利、自利的经济主体，能够自觉地克服和反对经济活动中存在的自发行为，成长为一个能够追求个人的正当利益，并自觉地维护集体利益、国家利益的经济主体。

经济的繁荣必须和人的全面发展以及优良社会风尚的培育有机地统一。社会经济活动中，主体的经济人格突出地体现为个体本位的利益取向，并采取相应的经济行为。英国古典经济学家亚当·斯密认为，个体参

① ［德］海贝勒等：《从群众到公民——中国的政治参与》，张文红译，中央编译出版社2009年版，第12页。

② 《马克思恩格斯全集》（第1卷），人民出版社1956年版，第439页。

与社会分工并以商品形式满足他人的需要，不是出于利他的动机，而是出于自身的利益和需要。个体利益的追求就像一只看不见的手，往往更能有效地促进社会利益。美国经济学家曼昆认为，经济人就是“受利己所驱动……去促进一般社会福利”的“经济参与者”。[①] 美国经济学家诺思认为，“强有力的道德和伦理等意识形态是社会稳定的要素”。富有效率的自由市场经济制度，既需要有效的产权和法律制度配合，更需要讲究诚信、正直、公正、正义的道德的人和企业去操作这个市场。[②] 厉以宁教授认为，道德和习俗是超越市场与政府的第三种经济调节力量。[③] 这些论述都从不同的视角表明，经济主体只有克服经济自发，才能追求正当利益，才能实现集体利益、国家利益，才能实现自我的超越发展。

受教育者的超越发展建立在一定的物质利益基础之上，“看得见的利益”始终是受教育者超越发展的重要参照和现实基础。列宁反复强调，“一个阶级如果不从政治上正确地看问题，就不能维持它的统治，因而也就不能完成它的生产任务。”[④] 毛泽东多次指出，“不注意思想和政治，成天忙于事务，那会成为迷失方向的经济家和技术家。”[⑤] 随着我国社会主义市场经济体制的建立，“经济人”假设具有了贴近市场主体的不可证伪性，盲目追逐经济利益，无视经济运行规律的经济自发行为大量存在。面对社会经济活动中存在的逐利、自利行为和利益最大化的经济交往原则，反对盲目逐利，自觉地规范经济秩序，形成先人后己的经济自觉意识，维护他人利益、集体利益和国家利益，成为受教育者超越发展的内在要求。

（二）增进道德自觉

道德自觉是指道德主体在特定的道德关系、道德要求和道德活动中有效地发挥主观能动性，自觉地遵循社会道德规范、社会伦理准则，在道德践履、道德自律和道德行为中改善社会道德风貌，发展社会道德关系的道德认识和实践过程。道德自觉是主体的道德意识和道德行为不断地从低级

---

① ［美］曼昆：《经济学原理》，梁小民译，机械工业出版社2005年版，第9页。

② ［美］诺思：《经济史中的结构与变迁》，陈郁等译，生活·读书·新知三联书店1991年版，第51页。

③ 厉以宁：《超越市场与超越政府：论道德力量在经济中的作用》，经济科学出版社2010年版，第27页。

④ 《列宁选集》（第4卷），人民出版社1995年版，第407页。

⑤ 《毛泽东文集》（第7卷），人民出版社1999年版，第351页。

走向高级，从自发性走向自觉性，从感性走向理性，从不成熟和不完善走向成熟和完善的发展历程。① 受教育者的超越发展有着丰富的道德内涵，从“个人主义”到“集体主义”、从“集体主义”到“民族主义”、从“民族主义”到“共产主义”，构成了受教育者的道德境界不断转化与超越的基本阶段。提升道德境界，提高道德意识和道德水平，成为自由自觉的道德主体，是受教育者超越发展的重要表现。

受教育者的超越发展离不开道德信念、道德责任和道德良知的支撑，增进道德自觉是促进受教育者超越发展的前提条件。道德自觉作为一种主体性精神力量，发挥着道德品质养成、道德行为调节、道德行为评价、道德自我完善等不同的功能。受教育者只有能够准确地界定个人与他人、个人与社会的道德关系，并能够按照一定社会或阶级所要求的道德规范、道德原则来选择和评价自己的道德行为，才能加强自我教育和道德修养，不断地提高个体道德自律的程度和社会整体的道德水平。反之，就不可能产生自我教育和自我修养的道德行为，不可能提升自身的道德水平、道德人格、道德境界，因而也就无法正确地承担道德责任，履行道德义务，更无从释放超越发展的潜能，达成超越发展的愿景。

（三）形成政治自觉

政治自觉是指政治主体形成符合一定社会的阶级、集团所要求的政治认知、政治态度、政治信仰，坚定政治立场，从社会价值、社会制度和政治组织等方面了解社会政治生活，参与社会政治生活，表达政治观点、政治态度，追求社会政治理想和政治文明进步的过程。诚如亚里士多德指出的，“人类在本性上应该是一个政治动物”②，政治社会化发展是受教育者超越发展的重要内容。满足人的政治社会化发展的需要，提高政治觉悟程度，坚持从政治的高度看待社会问题，内化有关政治体系的知识、价值、规则和规范，成为具有一定政治认知、政治情感、政治态度和政治倾向的政治人，是受教育者不断完善政治人格，实现超越发展的体现和要求。

形成政治文明意识，提高政治文明素养，是受教育者实现政治社会化发展的超越性要求。政治文明是社会进步的驱动力和重要保证。政治文明

---

① 方世南：《主体道德自觉：价值、功能与实现途径》，《学海》2001年第6期。

② ［古希腊］亚里士多德：《政治学》，商务印书馆1965年版，第7页。

意识是人们对一个国家和地区的政治系统及其运行过程的正确认识。作为特定阶级、政党、利益集团以及特定政治体制和政治组织的成员，受教育者需要正确地理解政治权力、政治合法性、政治制度和政治文化的变革发展，自觉地了解政治舆论、政治决策、社会参与和政治监督的政治民主进程，并能够通过关注政治心理、政治动员、政治革命、政治改革，促进一个国家和地区的政治沟通、政治发展。随着我国社会转型的深化发展，利益格局的分化调整以及多元文化的相互激荡，人们的政治参与意识呈现出“热情与冷漠交织、自主与迷茫同在、理性与偏激共存”的鲜明特征，提升政治文明意识，既是受教育者超越发展的重要内容，也是促进社会政治文明的重要条件。

政治自觉是受教育者形成和保持正确的超越发展方向，处理好各种利益纷争和社会矛盾的基础性条件。新时期，我国的社会政治环境发生了显著变化，利益分层、阶层分化和文化多元催生出更加复杂、更加直接的社会矛盾，党群关系、干群关系出现了许多新情况、新问题，党和国家的政治生活中权力观扭曲现象有所增加，权力腐败、权力寻租不同程度地衍生和蔓延，国家意识形态的引领难度有所加大。随着社会发展进入矛盾多发易发期，形成中国特色社会主义发展道路的定力和自信，成为一种必要的政治自觉。在这样的时代境遇中，坚定政治立场，确立政治理想、政治自信、政治信仰，自觉地担当政治责任，坚持正确的政治价值取向，成为受教育者超越发展的政治自觉。受教育者只有坚持马克思主义政党的政治立场，坚持人民群众的主体地位，坚持实现好、维护好、发展好最广大人民根本利益的根本标准，才能够在社会政治生活中站稳立场，保持不断超越发展的正确方向和社会动力。

（四）增强文化自觉

文化自觉是指生活在一定文化中的人们对自己国家、民族、地区的文化有自知之明，明白文化的来历、形成过程、所具的特色和它发展的趋向。[①] 文化孕生了人类主体超越的独有形式，使文化发展成为人类的自我实现的过程。文化是人的超越性存在的根本体现，“文化上的每一个进

---

① 费孝通：《论文化与文化自觉》，群言出版社2007年版，第190页。

步，都是迈向自由的一步”[①]。受教育者的超越发展需要形成文化自觉的理性态度和实践精神。

文化发展是受教育者超越发展的重要条件。文化是人的创造物，文化发展以人的发展为条件，文化发展的过程正是人们在社会实践中开发精神生产力的过程。正如德国思想家卡西尔曾经指出的，文化是符号的形式，人是会制造符号的动物，在制造“符号”象征的活动中，人类建立起自身的主体性，塑造出文化人的本质。[②] 文化是教育的源泉，也是教育的过程和结果。文化教化、文化哺育、文化濡化是促进人的发展的重要途径。文化以特定的结构和功能展现着人的发展的过去、现实和未来，激励和引导着人们自觉地创造和创新文化。人们在满足需要的对象性实践活动中创造着文化，累积着如何将客观世界“人化”的经验和成果，同时运用这些经验和成果来促进人自身的发展，实现由低级向高级、由片面向全面的不断发展。

受教育者的超越发展是自身实现主体文化自觉的过程。文化是人们对客观对象的主观认识成果。文化以有形的宣传感召和无形的潜移默化影响整个群体，规范并调整着人们的思想行为。人们创造文化的过程也正是满足人类需要，促进自我与社会发展超越的过程。社会生活中，人们通过体认和反思自我的文化存在，形成和保持属于自身的文化价值准则和文化价值追求，并由此增强社会实践活动的主体意识和文化精神。正如研究者认为，主体文化自觉产生于人对自身存在的合理性追问中，以实现人积极而自由的生存状态为最高准则。受教育者只有秉承“文化人”的实践自觉，才能进一步丰富文化素养，在自我认识、自我改造中形成超越发展的文化自觉，通过文化选择、文化传播、文化渗透与文化传承的功能，形成超越发展的文化力支撑，成为具有“超越意识”的价值主体。

四　从时间到空间

受教育者的超越发展不是一种理论的思辨和思维的抽象，而是受教育者作为生命个体在社会时空中存在和发展的重要方式。在社会科学的意义

① 《马克思恩格斯选集》（第3卷），人民出版社1995年版，第456页。

② ［德］卡西尔：《人论》，甘阳译，上海译文出版社1985年版，第46页。

上，时间不只是测量物体运动的客观尺度，空间也不只是判断物体位置和场所的物理概念。它们包含着丰富的社会历史内涵和人类解放意蕴，由此形成了观照受教育者超越发展过程的总体框架和重要维度。

（一）超越发展的时间尺度

把握、利用、开发时间的意识和能力是个体超越性存在的结构性内涵。正如马克思指出的，“时间实际上是人的积极存在，它不仅是人的生命的尺度，而且是人的发展的空间”①，在时间的价值意义上，受教育者的超越发展是形成时间意识，提升时间管理能力，不断获得自由时间和实践自由的过程。

“时间成就人。”日本著名的汉学家松浦友久指出，“那把自身置于过去——现在——未来流程中的时间意识，构成为人的思想感情的主干。……从历史眼光判断，宗教、哲学、艺术等等所谓‘人’的各种文化，事实上都是与这种时间意识逐渐明晰相对应着形成起来的。换言之，伴随着时间意识的逐渐明确，人才形成为人。”② 受教育者的超越性存在是“一种具有未来的存在，一种面向未来的存在，一种具有理想、抱负、希望、期盼和乌托邦的存在”③，受教育者面向未来的超越发展有着明晰的时间起点与生活轨迹。自我教育、人生理想、社会发展等内容和目标都有着明晰的个体时间印记，现实与理想、当下与未来的张力催动着受教育者的超越发展，形成了受教育者超越发展的时间尺度。

较之于个体时间，社会时间是社会交往的产物，是人们在共同遵守的生活准则与社会规范中形成的生活节律，是“由各种各样的标志、符号、事件、仪式或活动等混合连贯起来构成的一个整体，是通过其自身的节奏而体现着社会组织的一个象征性结构”④。现代社会，努力成为“造就占有自由时间的主体”，合理地配置劳动时间，获得自由时间，利用闲暇时间，既是一个社会科学发展的重要命题，也是人的超越发展的应有之义。能否合理地期待和设计未来，在社会参与中节约、分配和开发时间，前摄

---

① 《马克思恩格斯全集》（第47卷），人民出版社1979年版，第532页。

② ［日］松浦友久：《中国诗歌原理》，孙昌武等译，辽宁教育出版社1990年版，第3页。

③ 段德智：《主体生存论：对“主体死亡论”之超越》，人民出版社2009年版，第391页。

④ ［加］普罗诺沃斯特：《导论：从社会学和历史学的角度看时间》，《国际社会科学杂志（中文版）》1987年第1期。

性地占有个体和他人的时间，成为受教育者不断实现超越发展的关键。

（二）超越发展的空间维度

空间是人们及其社会活动的产物，是社会生产和社会建构的过程和结果。空间凿通了人们的日常生活实践，形成了人的超越性存在的流动向度。人的主体性实践和行动策略培育、滋养和维持着空间生产。受教育者由个体人向社会人、由现实自我向理想自我、由自在自发向自由自觉的超越发展具有空间建构的意义。精神空间的绵延、人际空间的扩展，构成了受教育者超越发展的空间维度。①

精神空间的绵延是受教育者超越发展的内在体现。人的精神是一种结构形态的存在，精神结构维度中的理智、情感、意志能够通过涵养而变得宽广和深厚。社会生活中，人们通过理论教育、实践锤炼、环境熏陶、自我教育来开拓、涵厚和化通自己的精神空间。随着认识范围、认识视角、认识对象的变化，人的认识能力和本质力量得以不断增强，通过扩大了的认识自由、思想自由增进着主体生命的自觉性、开放性、超越性。正如法国宗教哲学家帕斯卡尔指出的，人是会思想的苇草，人的全部尊严在于人有思想，“追求自己的尊严绝不是求之于空间，而是求之于自己思想的规定。我占有多少土地都不会有用；由于空间，宇宙便囊括了我并吞没了我，有如一个质点；由于思想，却囊括了宇宙。”② 受教育者积极主动地预设、构想、规划人与社会的超越发展，涵厚和化通了自身的精神空间，形成了自身超越发展的精神势能。

人际空间的扩展是受教育者超越发展的外在体现。人的本质是社会关系的总和。“独孤则无友”，每个人都有人际交往的需要，都有相互之间的利益表达和情感诉求，人的“类”存在方式决定了他需要以情感、习惯、职业、地域、家庭等为纽带建立群己关系。正如哈贝马斯形象地指出的，“一个新出生的有机体只有在接受了社会互动之后才能成为人，只有当他进入了张开上臂拥抱他的社会世界的公共空间之中，他才成为一个人。”③ 一个人的成长意识作为自我生活的精神内核，必然会在交往中外

① 邓纯余：《社会空间理论视野中的思想政治教育》，《学术论坛》2013 年第 4 期。

② ［法］帕斯卡尔：《思想录》，何兆武译，湖北人民出版社 2007 年版，第 126 页。

③ ［德］哈贝马斯：《公共空间与政治公共领域——我的两个思想主题的生活历史根源》，《哲学动态》2009 年第 6 期。

化为丰富的人际关系。从个体的自我认知到人际情境中的社会比较，再到群体内的社会互动以及群际之间的社会建构，将人与人之间的空间区隔为亲密距离、个人距离、社交距离和公共距离。受教育者在协调利益关系、扩大社会参与基础上实现的超越发展，扩展着自己的人际空间，创造出更为广阔的社会生活空间。

五 从他育到自育

人是社会的人，人的社会化是通过社会教化和个体内化实现的。受教育者的超越发展是关注社会、关注他人、认识自己、教育自己、完善自己的过程。从他育到自育，形成了受教育者超越发展的内生动力，标志着受教育者主体性的生成。

（一）先导的社会教育

他育即社会教育，是指通过教育者以及其他教育主体、教育环境开展的各种教育活动。① 社会是人的发展的环境和条件，形成了个人接受教育的必要性，以及社会教育对于个人发展的优先性。广义的社会教育包括家庭教育、学校教育以及狭义的由政府、公共团体或私人所设立的社会文化教育机构开展的有目的、有系统、有组织、独立的教育活动。思想政治教育具有社会教育的属性，是促进个体社会化尤其是政治社会化的重要方式。作为特殊的教育实践活动，思想政治教育以特殊的对象性内容凸显出解放人、发展人的实践价值，在引导受教育者的超越发展中具有突出的先导性。

社会生活中，社会组织、人际交往、家庭邻里等都影响着人们的思想行为发展。受教育者的自我意识和自我教育的能力，及其思想能力、思想境界、政治觉悟、政治情感、政治能力的提高只有经过系统的社会教育才能培养和发展起来。法国社会学家迪尔凯姆曾经指出，“社会对于个人的优势不只是物质的，而且也是理智的、精神的，……反省在使人认识到社会存在比个人存在更为丰富、更为复杂、更为久远后，就能使人们清楚地知道个人为什么要处于从属地位，习惯为什么要求个人在内心里永久有依

① 侯怀银、张宏波：《“社会教育”解读》，《教育学报》2007 年第 4 期。

恋和尊重社会的感情的理由。”① 受教育者是否能够通过有组织、有计划的思想政治教育活动接受特定阶级和集团的意识形态、社会政策、价值观念，形成对特定社会的政治行为模式、生产组织模式、社会组织和生活模式的认同，是实现自身超越发展的重要条件。

（二）关键的自我教育

自育即自我教育，指以主体自身为对象的教育，是受教育者完整地认识自己的“思想、身体、感情、精神和想象”的教育。正如马克思指出的，人的实践存在是一种二重性的存在，“人不仅像在意识中那样理智地复现自己，而且能动地、现实地复现自己，从而在他所创造的世界中直观自身。”思想政治教育过程中，受教育者始终“双重地存在着，从主体上说作为他自身而存在着，从客体上说又存在于自己生存的这些自然无机条件之中”②。这种“二重化”的存在方式形成了受教育者自我教育的内在机制，决定了受教育者的自我意识、自我认识、自我体验和自我调控在自身超越发展中的重要性。

自我教育是受教育者主体性生成的结果和表现。思想政治教育过程中，受教育者自我意识的发展、自我意识的分化、自我教育需要的产生、自我教育动机的激发、自我教育目标的确立、自我教育行为的发生、自我教育行为的反馈，构成了受教育者超越发展的诸多环节。“当受教育者的自我意识能力达到一定的发展阶段后，其自我意识就不可避免地开始了分化。这种意识结构的分化发展形成了对自身应然（理想状态）的基本认识，形成了对实然（现实）自我的认识，也产生了对现实自身存在的欠缺感，最终形成了‘应然自我’与‘实然自我’之间的内在矛盾。”③ 这一矛盾激起了受教育者的内心冲突，推动着受教育者去进一步批判、改进现实自我，并努力促成实然自我向应然自我的转化。这种“实然自我”与“应然自我”的矛盾形成了受教育者超越发展的内在需要和意志动力。

从他育到自育是受教育者超越发展的重要标志。受教育者的自我观

---

① ［法］迪尔凯姆：《社会学方法的准则》，狄玉明译，商务印书馆 2009 年版，第 136—137 页。

② 《马克思恩格斯文集》（第 8 卷），人民出版社 2009 年版，第 142 页。

③ 姚红波、许悦联：《思想政治教育视野下自我教育的动力机制研究》，《求实》2006 年第 1 期。

察、自我评价、自我体验、自我激励、自我反馈、自我调适、自我践行、自我完善，是其自身超越发展的主体性条件。自我教育是以受教育者自我为中心开展的，也是由受教育者本人来完成的。但自我的认识、改造处理的仍然是自我与他人、自我与环境的关系。由于“构成这个特定个体的原料不是一个自我，而是他作为其中一个成分的共同体中的他与他人的关系，他是这样意识到自身的，而且不仅在政治的公民身份上即在他作为其中的一员的群体中的成员身份上是这样”①，在自我教育动机的激励下，受教育者自觉地审视自我与他人、自我与组织、自我与环境的关联，在自我所寓居的特定组织与社会情境中体验自我、开放自我、发展自我。诚如英国社会学家吉登斯在阐释人的自我认同感时指出的，“拥有合理稳定的自我认同感的人，能够反思性地掌握其个人经历的连续性，并且能在某种意义上与他人沟通”②，自我教育促进了沟通、协商、对话、交流、坦白、陶冶等教育活动的渐次展开，增进了受教育者对超越自我的理解，形成了受教育者由他律到自律的超越发展。

六 从思想到行为

受教育者的超越发展是思想超越与实践超越的统一。受教育者的思想认识的深化、思想政治素质的提升以及社会角色与社会行为的转变，形成了受教育者超越发展的外在直观。一方面，超越发展的目标、内容、路径、方法必须内化为受教育者精神意识结构的组成部分，才能实现受教育者的观念嬗变和思想超越；另一方面，作为人的思想观念超越发展的体现，利益的驱动和需要的满足、个性的丰富和人格的丰满、生命力量的增长和角色功能的转换，形成了受教育者超越发展的丰富样态。

（一）思想能力的提升

思想是对客观对象的能动反映，是支配人的行为的源泉。思想观念的丰富和发展是受教育者超越发展的重要条件。正如马克思指出的，“就单

① ［美］米德：《心灵、自我与社会》，赵月瑟译，上海世纪出版集团 2005 年版，第 158 页。

② ［英］吉登斯：《现代性与自我认同：现代晚期的自我与社会》，赵旭东、方文译，生活·读书·新知三联书店 1998 年版，第 59 页。

个人来说，他的行动的一切动力，都一定要通过他的头脑，一定要转变为他的意志的动机，才能使他行动起来"①，受教育者只有通过不断地丰富思想观念，促成自身思想意识结构的分化拓展，才能积极地克服外部条件的束缚和制约。

受教育者的超越发展源于自身认识的不断变化和认识对象的不断丰富。人的认识和思维方式不是线性的，而是动态的、不断变化发展的。由于对社会生活反映的方式、侧面、深度与程度不同，人们的思想意识形成了复杂的认知结构系统。现代脑科学、思维科学、神经生理学以及人工智能的研究成果普遍表明，人的知觉有一种不断完满的趋向。人的精神意识是由潜意识、表层意识、深层意识构成的结构性存在，形成了人的意识结构的层次性、整体性、转换性、自身调整性。瑞士心理学家皮亚杰指出，"人的认识活动是按照一定的阶段顺序形式发展成为对事物的认知，形成一种结构，使人在认识新事物时把新事物同化于已有的认识结构，或者改组扩大现有的认识结构，把新事物包括进去，人就是这样来认识、理解周围环境的。"② 这些研究和论断表明，人的思想能力的提升是一个不断累积、不断反复和螺旋上升的过程，人们的思想观念总是在错误与正确、消极与积极、落后与先进、感性与理性、认识与实践之间不断运动、变化和发展的。在这一意义上，受教育者的超越发展内在地展现为个体思想观念结构的分化与拓展。社会生活中，正是受教育者思想观念的超越发展将其引向了"主观见之于客观"的实践活动，成为一个能够自觉"使用实践力量的人"。

受教育者思想能力的提升是实现自身超越发展的关键环节。也正如皮亚杰指出的，人的认识"既不能被看作主体内部结构中预先决定了的——它们起因于有效的和不断的建构；也不能看作是在客体的预先存在着的特性中预先决定了的，因为客体只是通过这些内部结构的中介作用才被认识的，并且这些结构还通过把它们结合到更大的范围之中而使它们丰富起来"③。思想政治教育过程中，一定阶级、集团的思想观念通过个人意识、社会意识以及政治生活、经济生活、文化生活等结构性维度分化为

① 《马克思恩格斯选集》（第4卷），人民出版社1995年版，第251页。

② ［瑞士］皮亚杰：《发生认识论原理》，王宪钿译，商务印书馆1991年版，第23页。

③ 同上书，第16页。

生活观、利益观、价值观、人生观、世界观，形成了由表及里、由低到高、由感知到理性的层次性结构。也正如黑格尔曾经指出的，“理论教育不仅在于获得各种各样的观念和知识，而且在于使思想灵活敏捷，能从一个观念过渡到另一个观念，以及把握复杂的和普遍的关系等等”①，开展思想政治教育，就是要引导受教育者通过思想观念的认同、选择、反映、加工，进一步增强思想想象和理论加工的能力，并由此确立新的人生价值追求和社会实践目标，从而在观念地认识与改造客体的思想活动中形成超越发展的精神意向和实践能力。

（二）行为能力的飞跃

行为能力即受教育者改造自我，实现理想目标的实践能力。知为行之始，行为知之成。人的思想与行为之间相互促进、相互引领，形成了受教育者从思想到行为的超越发展。在行为能力上，受教育者的超越发展突出地体现在自身需要层次的满足和社会角色形象的塑造两个方面。

行为能力是实现行为目标的关键。行为能力最终体现在人的需要的满足和实现程度上。受教育者的超越发展始终是人的自我实现的一种方式和表现形态。人的自我实现及其日益增长的发展需求是受教育者超越发展的现实基础。自我需要、社会需要和历史需要形成了受教育者超越发展的动力系统。美国心理学家马斯洛指出，“当我们的物质需要得到满足之后，我们就会沿着归属需要（包括群体归属感、友爱、手足之情）、爱情与亲情的需要、取得成就带来尊严与自尊的需要、直到自我实现以及形成并表达我们独一无二的个性的需要这一阶梯上升。而再往上就是‘超越性需要’（即‘存在性需要’）”②，社会生活中，物质需要、精神需要、交往需要、劳动需要及其满足的多元性、多样性使受教育者总能以一种需要匮乏的状态出场，以内在的需要及其满足实现自我的主体性生成。受教育者创造物质产品和精神产品的希冀、发展个人素质和个体能力的期盼，及其认识世界和改造世界的壮志和热情，不断积聚着自身超越发展的精神动力，催化着超越发展的实践行为，改变着受教育者及其社会环境的现实状况。

---

① ［德］黑格尔：《法哲学原理》，范扬、张企泰译，商务印书馆1961年版，第209页。

② ［美］马斯洛：《洞察未来》，许金声译，改革出版社1998年版，第258页。

受教育者超越发展是受教育者克服行为能力的缺陷，完善社会角色形象的目标的实现过程。人的社会化过程具有不同的内容、阶段和要求，形成了人的丰富的社会属性、社会特征和社会要求，人的行为能力总是通过一定的角色形象、角色功能、角色期待来展示。职业变迁以及社会角色功能的转换是主体超越性发展的实践要求。社会角色形象是受教育者个性发展和思想行为能力提升的重要体现，社会角色扮演、社会角色能力是受教育者超越发展的生动体现。由此，角色形象、角色变迁、角色扮演、角色冲突和角色中断，成为衡量受教育者行为能力飞跃的社会尺度。如，经济人主要关注物质利益。经济人应当超越经济自发，由反对盲目追逐利益的个人主义发展为坚持个人利益、集体利益、国家利益的辩证统一；政治人应从维护和行使个人的正当权力的政治实践中树立天下为公，公平正义的社会政治信仰；文化人应从聚焦通俗的、逐利的大众文化走向引领大众的精英文化、先进文化。这些都生动地反映出受教育者在关心人的物质利益、情感需要和精神追求中实现的超越发展。

第五章　受教育者超越发展的过程与规律

获得规律性认识是人们认识事物的高级阶段和直接目的，正如毛泽东指出的，"认识的真正任务在于经过感觉而到达于思维，到达于逐步了解客观事物的内部矛盾，了解它的规律性，了解这一过程和那一过程间的内部联系，即到达于论理的认识。"① 本章从心理活动与社会行为两个层面描述受教育者超越发展的一般过程，分析受教育者超越发展过程中的矛盾体系，并由此揭示受教育者超越发展过程的基本规律与实践要求。

一　受教育者超越发展的主体性过程

受教育者超越发展的受教过程是受教育者不断内化超越发展的思想观念，确立新的思想行为目标，并不断外化为超越发展的实践行为的过程。在主体性过程上，受教育者的超越发展包括心理活动和社会行为两个层面。

（一）心理活动层面

心理活动"泛指心理操作的加工程序，包括心理事件的相互作用和相互转化的加工进程。"② 在心理学上，通常把认知活动、情绪活动和意志活动看作最基本的心理过程。受教育者超越发展的心理活动同样包括认知、情感和意志三类要素，形成了认知过程、情感过程和意志过程三个既

---

① 《毛泽东选集》（第1卷），人民出版社1991年版，第286页。

② 黄希庭：《心理学十五讲》，北京大学出版社2006年版，第5页。

相互联系又相互区别的环节。

1. 认知过程

认知过程是主体积极能动地认识和反映客观现实的过程，是人们通过感觉、知觉、记忆、想象、注意、思维等对客观对象作出主观反映的过程。认知活动为人类获得知识、了解现实、解决问题及预测事物创造了主体性条件。一个人的思想认知水平形成了个体超越发展的思想觉悟和实践能力，制约着受教育者超越发展的过程和趋势。思想政治教育过程中，受教育者在教育者的主导下，接受、储存、加工和理解各种思想信息，通过掌握和运用感觉、知觉、记忆、思维、想象等各种心理方法，不断丰富由概念、判断、推理等构成的思想意识，形成了关于思想及其社会关系的新认识、新体验、新思考。这些新的思想认识指导着受教育者的超越发展。

人们的认识过程是从感觉开始的，正如马克思指出的，“推动人去从事活动的一切，都要通过人的头脑，甚至吃喝也是由于通过头脑感觉到饥渴而开始，并且是由于同样通过头脑感觉到饱足而停止。”① 受教育者的超越发展同样始于受教育者的心理感受。这种感受来自于受教育者关于自我与社会发展目标的心理判断。在类型上，受教育者超越发展的心理感受既包括物质意义上的感受，如事业上的扩大、能力上的提升、物质财富的累积、社会的更加和谐等带来的物质满足感，也包括精神意义上的感受，如观念的转变、意识的强化、思想的充盈、精神的提升等带来的精神愉悦感。当受教育者能够对丰富而复杂的生活及其意义进行积极的思考并作出整体反映后，这种最初的生活感受便经过思维加工，逐步克服了心理感觉和表象的局限，上升为一种知觉和理性，最终转化为受教育者超越发展的内生力量。

比感觉、知觉更为复杂、更为高级的是记忆。记忆是一切过去的经验在人脑中的反映。识记、再认、回忆构成了记忆过程的基本环节。根据记忆的内容，记忆分为形象记忆、语词记忆、情绪记忆和动作记忆四种类型。受教育者超越发展的过程是受教育者基于过去经验的超越。思想政治教育过程中，受教育者感知过的过去的事物、思考过的问题、体验过的情绪情感或从事过的活动都必然成为其建构新认识、创造新思想的最切近的现实根基。受教育者的实际状况、生存环境和生活阅历形成了自身超越发

① 《马克思恩格斯文集》（第4卷），人民出版社2009年版，第285页。

展的心灵记忆。那些关于过去的形象、语词、情绪、动作等丰富的记忆触媒引领着受教育者的超越发展。受教育者的超越发展成为一个从生命境遇中寻找人生记忆、历史记忆、社会记忆，并由此实现思想观念与发展目标相互契合的过程。

思维与想象是比感觉、知觉、记忆更高级的心理过程。人的知觉有一种趋近完满的内在趋向。这种趋向随着社会实践的发展形成了心理意识的强烈意向，转化为一种面向未来的实践性思维和社会想象力。思维和想象能够培养和激发受教育者的思维意识和创新品质。受教育者的超越发展表现为受教育者对未来的憧憬，是指向未来并与个人愿望相联系的思维和想象过程。受教育者对现有状况的超越，离不开对个人超越发展的思维和想象。在思维和想象中，受教育者的超越发展是受教育者始终保有一种积极的心理状态，形成超越发展的价值选择、价值追求，将自己的内在需要、情绪状态、知识经验统整到超越发展的轨道上来，在平衡成就与挫折、成功与失败、名利与道义、欲望与诉求的人生实践中确立清晰的目标指向，并不断自觉评价、调控自身思想行为的过程。

认知过程形成了受教育者以思维力为核心的心理认知系统，形成了受教育者超越发展的思想动力。在认知层面上，受教育者的超越发展是其实现自我认同，打破旧有的认知图式平衡，经历心理失衡并重新认识与评价的补偿和协调过程。著名的美国心理学家埃里克森认为，自我认同感是一种追求自我统一性及连续性的感觉，指“一种熟悉自身的感觉，一种知道个人未来目标的感觉，一种从他信赖的人们中获得所期待、认可的内在自信。”① 自我认同感反映了人的过去与未来的连续性。自我认同感中目标既是主体自身所熟悉明白的，又与人们的社会期待密切相关。呈现出面向未来发展的超越特性。思想政治教育过程中，自我认同体现为受教育者对自我价值的定位、判断、信念和感受。在思想政治教育活动的影响下，受教育者通过对个人境况、生理特征、社会期待、以往经验、现实情境、未来希望等各层面的觉知，形成了面向未来超越发展的心理认知图式。

2. 情感过程

情感过程是心理过程的一个重要方面。人们在认识客观事物时，总是带有某种情感倾向性，表现出鲜明的态度体验。情感过程就是人们对待他

---

① 叶浩生：《心理学理论精粹》，福建教育出版社2000年版，第64页。

所认识的事物、所做的事情以及他人和自己的态度体验。受教育者的超越发展是为了实现理想自我和理想目标，而逐渐克服情感淡漠、情感倒错、情感焦虑的积极情感过程。

情绪是人和动物所共有的心理机能，是与生理需要是否得到满足相联系的心理活动，情绪的产生始终与人的需要、机体的活动、感觉知觉相关联。现代心理学认为，“情绪是对趋向知觉为有益的、离开知觉为有害的东西的一种体验倾向。这种体验倾向为一种相应的接近或退避的生理变化模式所伴随。”① 情绪具有情境性、浅表性、冲动性和外显性，较之于情感显得更为低级和不稳定。由于每一种情绪都具有独立的神经生理机制、内部体验和外部表现及不同的适应功能，情绪影响着人们对超越意向的认知，干扰着人们对事物、事件及其发展过程的价值判断。关注受教育者的心境，把握受教育者超越发展中的情绪维度，提高受教育者的情绪整合水平和适应能力，尤其需要分析与受教育者的超越发展相阻滞的悲观、失望、消沉、焦虑、颓废等消极情绪，及其所可能产生的认知障碍、心理障碍、人格障碍，并充分发挥受教育者的积极情绪在超越发展中的情境选择、情绪激活、情绪矫正、认知改变以及反映调整的作用。在这一意义上，受教育者的超越发展是其克服消极情绪，积极改变个人发展中“不成熟状态”的过程。

情感是一种更倾向于人的社会需求欲望上的态度体验，体现为一种比较复杂而又稳定的生理评价和心理体验。人的自我超越常常伴随着对困难、焦虑、逆境和失败的抗争。从失望到希望，由困厄到图强，从低谷到高峰，是超越平凡而抵达理想之境的坎坷之途。情感作为受教育者改变现存状况并直指未来目标的强烈心理倾向，既可能释放出强大的精神动力，促进受教育者的情感成熟，也可能引起受教育者的情绪失常甚或情感障碍。相关的心理调查表明，超越意识的强化首先带来的恰恰是个人焦虑和不安的情绪。② 德国思想家雅斯贝尔斯认为，“崩溃和失败揭示了事物的

① 孟昭兰主编：《情绪与人格》，北京大学出版社2005年版，第129页。

② 参见李虹《自我超越生命意义对压力和健康关系的调节作用》，《心理学报》2006年第3期；许思安等：《广州市高三学生自我超越生命意义与考试焦虑、考试担忧的关系》，《中国健康心理学杂志》2007年第12期；郑林科等：《大学生自我防御机制对心理危机的调节效应预测研究——基于西安石油大学2002—2009级学生心理普查实证分析》，《西安石油大学学报》2011年第1期。

本质。在失败中，生命的实在并未实在；相反，在失败中人才完全彻底地感受到了生命的实在。没有超越，就不存在悲剧”。[①] 思想政治教育过程中，情感“发挥着影响认知、组织动员各心理因素接受思想政治教育，以及沟通教育者与教育对象并协调人际关系等主要功能”[②]。善于沟通交流和自我调适，自觉地改善心智结构，克服超越发展的目标要求所可能引起的“焦虑和不安”，是受教育者超越发展的重要环节。

情操是以某一或某类事物为中心的一种复杂的、有组织的情感倾向，是以人的社会需要为中介、以某种思想和社会价值观念为中心的高级情感。它由情绪、情感和思想观念等复杂的心理成分综合形成，包括理智感、道德感、美感等。情操作为感情与操守的统一，与人的思想观念、理想、信念、世界观和个性密切相关。奥地利心理学家弗兰克尔指出，“人所需要的实际上不是一种无焦虑的状态，而是为了一个有价值目标所作的努力和斗争，一种自由选择的任务。他所需要的不是不惜一切代价的排遣焦虑，而是呼唤一种等待他完成的潜在意义。”[③] 受教育者超越发展的过程是培育奋发有为的积极情感，陶冶高尚的思想道德情操的过程。正是由于“激情、热情是人强烈追求自己对象的本质力量”，高尚的思想道德情操不仅是一个人情感上是否成熟的根本标志，也是一个人能否不断超越自我的根本保障。

3．意志过程

意志是“人在对自身需要、欲望、情感凝聚及在实践基础上自觉地确定目的，并进而根据目的积极地激活和调节自己的力量与活动以掌握一定对象、实现预定目的的非理性的精神力量”。[④] 受教育者的超越发展是受教育者面对现实、面向未来超越发展的实践活动，表现为受教育者克服困难，迎接挑战并力求实现超越目标的意志活动。受教育者面对挫折、战胜困难的主体性能力，是受教育者人格要素中智慧力量、道德力量和意志力量的集中体现。

意志的决断力是对抗困境、抵制消沉、实现目标的力量保证。马克思

---

① ［德］雅斯贝尔斯：《存在与超越——雅斯贝尔斯文集》，余灵灵译，生活·读书·新知三联书店1988年版，第126页。

② 胡凯：《现代思想政治教育心理研究》，湖南人民出版社2009年版，第152页。

③ ［奥］弗兰克尔：《追寻生命的意义》，何忠强等译，新华出版社2003年版，第107页。

④ 何颖：《非理性及其价值研究》，中国社会科学出版社2003年版，第205页。

在分析人的劳动意志时曾经指出，“有目的的意志”是“专属于人的劳动”的重要特征，“这个目的是他所知道的，是作为规律决定着他的活动的方式和方法的，他必须使他的意志服从这个目的。但是这种服从不是孤立的行为。除了从事劳动的那些器官紧张之外，在整个劳动时间内还需要有作为注意力表现出来的有目的的意志，而且，劳动的内容及其方式和方法越是不能吸引劳动者，劳动者越是不能把劳动当作他自己体力和智力的活动来享受，就越需要这种意志。”① 超越自我是一个充满痛苦和幸福的旅程，自我实现的人无一例外的都是具有坚强意志的人。思想政治教育过程中，受教育者意志的强弱决定了超越发展的方向和道路。受教育者按照自己的期望、目的来认识和改造客观对象，根据内化了的未来期望和理想要求塑造身心素质，消除或克服自我超越中出现的心理障碍，调节超越发展过程中形成的矛盾和张力。

社会生活中，理想、信念、人格作为承载人的生命本质力量的重要载体，是人们开展意志行动的基础。理想、信念是人们对于未来事物的想象或希望，是人们希望达到的人生目标和奋斗前景。作为认知、情感和意志的有机统一体，理想信念是人们在一定的认识基础上确立的对某种思想或事物坚信不疑并身体力行的心理态度和精神状态。没有理想信念，人们就不会有意志，更不会有积极主动性的行为。同样，人格即个性，是个体心理倾向及其特征的总和。作为能力、气质、性格、动机、兴趣、理想、信念等心理特征的集合体，个性形成了人格的动力结构，对人的意志行为进行着调节和控制。思想政治教育过程中，随着受教育者关于未来的期望和追求的实现，受教育者在意志的不断锤炼中获得丰厚的情感体验，展现和培育出超越发展的心理能量和个性特征，在实践催化中树立理想信念，不断地完善自己的个性与人格。

心理生活是人的生活的核心内容，是人的生活的实际走向和精神主宰。在个体心理发展的意义上，受教育者的超越发展作为认知超越、情感超越和意志超越的统一，展现为受教育者自我发展的心路历程。正如瑞士心理学家荣格在阐释心理的超越功能时指出的，人性中具有一种有分裂性力量相抗衡的“凝聚性”力量，形成了人格固有的整合趋势，“只要心理

① 《马克思恩格斯选集》（第2卷），人民出版社1995年版，第178页。

的超越功能尚未停止发挥其作用，重返精神家园的道路并未完全被堵塞”。[①] 只有意识到自己的生存状态，确立起生活目标并实施个人的意志努力，人才会成为未来生活的主导者。促进受教育者的超越发展，要始终关注受教育者的心理生活，把握受教育者超越发展过程中可能出现的心理压力和思想冲突，通过思想疏导、情感教育、社会支持等方法和手段，克服受教育者可能产生的社会焦虑，培养他们乐观、自信的心理品质。

（二）社会行为层面

受教育者的超越发展并不是个体心灵的匠心独运，而是面对社会及其未来发展要求的现实超越，个体与社会、现实与理想、自发与自觉、现在与未来之间的内在张力形成了受教育者超越发展的社会性。社会生活中，由于有效的接触、沟通和接受是人的政治社会化发展的前提条件，受教育者的超越发展展现为社会适应—社会认同—社会参与的过程和环节。

1．社会适应

社会适应是人们获得社会生存的基本法则，是个体以自身的各种心理资源组成的自我系统与各种刺激因素组成的社会情境系统交互作用的过程。社会适应“既是个体满足自身需要，发挥自身潜能，树立自我形象的个性化过程，也是个体通过掌握各种社会规范，形成适应社会的行为模式的社会化过程，更是个体在必要的时候协调自我的需要与外在环境要求的关系的过程。”[②] 社会适应是受教育者实现超越发展的起点。离开了社会适应，受教育者由现实自我到理想自我、由自发行动到自觉行动的超越必然走向虚妄。

社会适应是促进受教育者社会化发展的客观要求。社会化是个人学习知识、技能、规范，取得社会生活资格的过程，也是社会将一个自然人转化为一个能够适应一定的社会文化、参与社会生活、履行一定角色的社会人的过程。受教育者作为超越发展的实践主体，根据自身的尺度诠释、重建个体与社会中现在的、现实的和未来的事物和事件的关系，实现自身的政治社会化、道德社会化发展。受教育者的超越发展，是受教育者在新的环境、新的机遇中重新选择和迎接挑战的过程。为了超越发展，受教育者

① ［瑞士］荣格：《荣格文集》，冯川译，改革出版社1997年版，第514页。

② 陈建文：《人格与社会适应》，安徽教育出版社2009年版，第42页。

必须作出思想和行动上的适应性改变，在遇到新情境、新挑战的时候，受教育者或者改变思想观念使之适合个体自身的需要；或者改变自己的态度、价值观，接受和遵从新情境的社会规范和准则；或者采用心理防御机制掩盖由新情境的要求和个体需要的矛盾产生的压力和焦虑的来源。受教育者超越发展目标的实现，既是受教育者人生理想和奋斗目标的实现，也是受教育者社会适应能力形成并提升的过程。

受教育者的社会适应是一个由心理适应到认识适应再到行为和人格适应的过程。其心理结构包括心理优势感、心理能量、人际适应性和心理弹性等四个维度。其中，心理优势感是主体在比较人与环境的基础上形成的一种人格上的心理积淀，它表现为主体的自尊、自信、自强；心理能量也即主体内心的稳固的心理动力、发展活力和行为能力；人际适应性体现为主体的群体意识、合作意识、信任能力和利他倾向；心理弹性是主体的个体人格面对压力时表现出来的人格素质，体现为受教育者的自制、灵活、乐观等心理品质。社会适应是一个不断被打断又不断趋于完整的过程。个体从自我的自在状态进入一个需要与之交互作用的社会情境系统，并最终达成社会适应状态，至少要经历起始比较、心理发动、内容操作、适应评价四个环节。个体在经历了一定的社会适应过程之后，最终会达到具有特定健康和发展意义的社会适应状态。① 思想政治教育过程中，一定的社会适应能力是受教育者超越发展的主体性条件。受教育者关于个人奋斗与社会发展目标的理解和领会，是内在的认知、情感、动机、态度相互整合的结果。随着受教育者社会适应能力的提高，不断实现自身的超越发展便具有了人格适应的最高条件。

2. 社会认同

认同即“对事物、行为的意义和价值的承认、接受”，包括心理认同、自我认同、身份认同、社会认同、价值认同、文化认同、政治认同等复杂的社会层次。社会认同指“个体知晓他/她归属于特定的社会群体，而且他/她所获得的群体资格会赋予其某种情感和价值意义”。② 在本质上，社会认同指人们的集体观念，是社会成员共同拥有的信仰、价值和行动取向的集中体现。受教育者的超越发展过程中，社会认同作为“个体

① 陈建文：《人格与社会适应》，安徽教育出版社2009年版，第89页。

② ［澳］豪格等：《社会认同过程》，高明华译，中国人民大学出版社2010年版，第7页。

内水平、人际和情景水平、社会位置水平、意识形态水平”的有机统一，是较之于社会适应过程的更高的发展环节。

社会认同具体表现为通过“我”和“我们”的差异寻求自我认同，通过“我们”和“他们”的差异寻求社会认同。思想政治教育过程中，受教育者确立超越发展的目标行动是其开展社会比较，进行社会选择，建构社会认同的过程。受教育者的需要及其满足反映了超越发展的社会价值取向。如果受教育者的思想行为长期不能得到社会的认同，就会产生社会认同威胁，从而“以一种悲观、颓伤的心态看待本群体的一切，对本群体的地位、文化、习俗等充满了自卑”，甚至可能“产生某种深深的污名感，在心理上产生一种疏离感、剥夺感和自卑感”①。在这一意义上，广泛而充分的社会认同是受教育者实现超越发展的重要环节。受教育者的超越发展离不开必要的文化认同、价值认同和政治认同。

文化认同是社会认同过程的起点。文化包括知识、信念、艺术、道德、法律、习俗以及由一个社会成员的人所获得的任何其他才能。文化认同是人们对一定文化的理解、接受、保护和实践过程。人的文化生命具有自我超越、自我生产、自我参照、自我批判和自我创造的特征。受教育者的超越发展是人的生命超越性存在的根本体现。受教育者的超越发展同社会文化的建构紧密地联系在一起。思想政治教育过程中，受教育者超越发展的目标行动始终以不同层级的文化形态而存在，以一定的文化价值观反映出受教育者超越发展的坚定信念，形成受教育者超越发展的行为模式和生活方式。文化认同作为文化再生产的条件，孕生出受教育者的文化生命，使受教育者的超越发展成为一种无限可能的活动。

价值认同是社会认同过程的关键。价值认同是文化认同的内核和基石，决定着个体对社会认同体系的选择和内化。受教育者的超越发展是一个克服价值冲突，重构核心价值的过程。受教育者超越发展的价值认同过程，表现为不同价值主体之间通过对话、交往而重新定位和调整自己的价值观念或价值结构的过程。无论哪个层面的价值认同，都要求“人们在自己的社会实践活动中能够以某种共同的价值观念作为标准规范自己的行动，或以某种共同的理想、信念、尺度、原则为追求目标，并自觉内化为

① 管健：《社会认同复杂性与认同管理策略探析》，《南京师范大学学报》2011 年第 2 期。

自己的价值取向"①。思想政治教育正是这样的一种价值观教育活动，引导受教育者实现对价值关系的认同和价值规范的接受、遵从，是思想政治教育的实践目标。思想政治教育过程中，教育者的价值引导与受教育者的价值认同发挥着价值定位、价值导航的作用，调控、规范和激励着受教育者的超越发展。

政治认同是社会认同过程的目标。政治认同是"政治主体对政治体系开展的认识、判断、评价和行动过程，是人们在社会政治生活中产生一种感情和意识上的归属感"②。思想政治教育过程中，政治认同反映了受教育者超越发展的政治取向，是受教育者作为政治主体的生成和发展过程。受教育者超越发展的过程是受教育者重塑政治理想、政治信念和政治立场的过程。受教育者只有认同特定阶级或社会集团的政治权力、政治组织、政治制度、政治决策、政治文化，形成"对它的'合法性'的信仰"③，才能逐步规范自己的政治行为，提高政治沟通、政治参与、政治动员的能力，实现政治向度的超越发展。

3. 社会参与

社会参与是受教育者超越发展的最终环节。思想政治教育过程中，受教育者的超越发展直接体现为受教育者对社会环境与自身现状的改变。离开了积极的社会参与，受教育者的超越发展将成为镜花水月。

社会参与是受教育者在参与特定公共事务和政治活动中接受政治道德规范并确立政治道德信仰的过程。受教育者的社会参与包括公共参与和政治参与两种类型。公共参与大多与地方社会的生活需求相关。公共参与有利于受教育者形成集体或社会的意义认同，促进受教育者对社会公共政策的理解，形成对个人与社会组织的新认识，提升个人参与公共事务的意识和能力。不同于一般的公共参与，政治参与往往与国家和地区的权力结构配置相关，指公众参与政策的制定并影响政策设置的政治行为。因此，较之于公共参与，政治参与是社会参与的高级形态，有着更为丰富的形态、渠道、层次和强度，是对受教育者超越发展的更高要求。

有效的社会参与能够实现受教育者在政治社会化水平上的超越发展。

① 贾英健：《认同的哲学意蕴与价值认同的本质》，《山东师范大学学报》2006 年第 1 期。

② 《中国大百科全书·政治学》，中国大百科全书出版社 1992 年版，第 501 页。

③ ［德］韦伯：《经济与社会》，林荣远译，商务印书馆 1997 年版，第 239 页。

思想政治教育是我国经济社会发展的中心环节，是党的各项事业的生命线。思想政治教育的政治社会学本质突出地表现在它“一方面指向其成员，通过严格的章程和仪式，以及常设的政治教育机构和经常性的政治信息沟通活动，使其成员在参与政党活动中培养和形成一定的政治能力，认同并支持其主张；另一方面指向全体社会成员，执政党借助发达的现代大众传媒，通过强大的舆论宣传和各种政治活动，向全体社会成员宣传自己的政治主张和传达各种政治信念，以获得广泛的认同和支持。”① 正如美国政治学家亨廷顿指出的，“政治现代化最基本的方面是整个社会的各种社会集团在村镇以上层次参政，以及发展了诸政党那样的新的政治体制以组织参政”。政治秩序也部分地取决于政治制度的发达程度和新兴社会势力被动员起来参与政治的程度二者之间的关系。② 受教育者只有通过社会参与，才能认同社会公共生活的合理性，自觉地维护社会公共秩序，才能不断内化有关政治体系的知识、价值、规则和规范，成为符合一定社会发展所需要的、具有一定政治认知、政治情感、政治态度和政治倾向的政治人。

受教育者关于思想观念的内化、外化和反馈检验是相成相继的有机过程，受教育者的认知、情感和意志活动与社会适应、社会认同和社会参与不可能截然分立。正如列宁在运用唯物辩证法时指出的，“如果不把不间断的东西割断，不使活生生的东西简单化、粗陋化，不加以划分，不使之僵化，那么我们就不能想象、表达、测量、描述运动。思想对运动的描述，总是粗陋化、僵化。”③ 上述关于受教育者超越发展的过程分析只是一种理论抽象。这种“粗陋化和僵化”的过程描述是分析受教育者超越发展过程及其规律的理论需要。

二　受教育者超越发展过程的矛盾体系

受教育者的超越发展体现了思想政治教育的过程本质，反映了思想政治教育矛盾运动的趋势和要求。思想政治教育过程中，受教育者总是要依

① 王邦佐：《中国政党制度的社会生态分析》，上海人民出版社2000年版，第237页。

② ［美］亨廷顿：《变化社会中的政治秩序》，王冠华等译，上海人民出版社2008年版，第40页。

③ 《列宁专题文集：论辩证唯物主义和历史唯物主义》，人民出版社2009年版，第143页。

据一定社会的发展需要和受教育者自身发展的要求，提出思想政治教育活动的预期目标。这一目标反映了受教育者超越发展的预期目的，形成了思想政治教育的预期目标与受教育者现实状态、现有水平之间的矛盾。随着这一矛盾的运动变化，受教育者的超越发展呈现出循序渐进、螺旋式上升的发展趋势。

（一）基本矛盾

基本矛盾即事物内部“规定事物的根本性质并对事物的全过程运动发展起支配作用的矛盾”。① 促进社会现实向社会未来的跨越发展，实现受教育者面向未来社会的发展，形成了思想政治教育的目标体系。思想政治教育的预期目标和受教育者的现有水平和现实状态之间构成了应然与实然的矛盾。思想政治教育过程中，正是这一矛盾规定和影响着思想政治教育过程的其他矛盾，形成了受教育者超越发展过程的基本矛盾。

思想政治教育的预期目标是一定阶段的社会和人的进步发展对共同体的成员在思想上、政治上、道德上的规范和要求。思想政治教育过程中，受教育者超越发展的目标与受教育者的现有水平、现实状态之间的矛盾总是要通过其他一系列矛盾表现出来。如，个人认识与社会认识、现实自我与理想自我、社会理想与社会现实之间的矛盾，社会要求与受教育者思想行为之间的矛盾，教育要求与社会环境之间的矛盾、教育要求与受教育者的思想行为之间的矛盾、教育者与社会要求之间的矛盾、教育者与受教育者之间的矛盾，等等。但不同于受教育者超越发展的预期目标与受教育者现实状态之间的矛盾，这些矛盾只是思想政治教育过程的某一阶段、某一环节或某一系统要素中的矛盾，它们只能作为非基本矛盾而存在于思想政治教育的某一阶段、某一环节。即使在一定时期、一定条件下，这些矛盾转化或上升为思想政治教育过程中的主要矛盾，但它仍然不可能贯穿于思想政治教育过程的始终，也不可能决定和支配着受教育者超越发展过程的最终实现。与之相反，思想政治教育的预期目的与受教育者的现有水平和现实状态之间的矛盾，作为基本矛盾贯穿于思想政治教育过程的始终，它决定和支配着受教育者超越发展过程的实现。

思想政治教育的预期目标与受教育者的现有水平、现实状态之间的矛

① 冯契：《哲学大词典》（修订本），上海辞书出版社2001年版，第584页。

盾，实质上是社会发展的客观要求与受教育者的现实状况之间的矛盾。这一矛盾制约和主导着思想政治教育过程中其他具体矛盾的运动发展，是思想政治教育过程中其他一切矛盾产生、运动和变化的根源。思想政治教育过程中，诸如理想自我与现实自我之间的矛盾、理论与实践之间的矛盾、自发意识与自觉意识之间的矛盾、个体认识与社会认识之间的矛盾、个性化发展与社会化发展之间的矛盾、物质利益与精神追求之间的矛盾、近期目标与长远目标之间的矛盾、受教育者的需要与社会预期目的之间的矛盾、思想政治教育载体与思想政治教育活动要求之间的矛盾、人的思想认知与思想行为之间的矛盾，等等，都只能由这一基本矛盾派生并始终受到其支配和制约。

思想政治教育的预期目标就是要不断提高受教育者的思想政治素质，使之发展成为具有更高素质、更高能力的新人。当受教育者的现有水平和现实状态不能适应和满足思想政治教育目标要求的时候，两者就构成了受教育者超越发展过程的内在矛盾。思想政治教育过程中，教育者只有依据这一矛盾的特点和状况组织、设计、开展思想政治教育活动，才能有效地指导和帮助受教育者通过主观能动性的发挥不断超越自我、完善自我，实现受教育者的思想行为由实然状态向应然状态的超越发展。随着思想政治教育预期目标的实现，教育者将根据社会和人的发展的新要求提出思想政治教育活动的新的预期目标。这一新的预期目标与受教育者阶段性的超越发展构成了新的矛盾运动，成为受教育者实现更高目标的内在动力。这对矛盾的不断产生、不断解决，推动思想政治教育过程的不断运动，形成了受教育者超越发展的“第一推动力”。

（二）具体矛盾

理解受教育者超越发展过程的基本矛盾，需要分析受教育者超越发展的外部条件、社会要求、实践运作和主体需要，探讨受教育者超越发展过程中的具体矛盾，把握思想政治教育过程中教育者和受教育者之间的受教与施教关系、教育内容社会环境之间的稳定与开放关系、社会现实社会发展之间的肯定与否定关系、教学要求教学方法之间的坚持与创新关系（见图5—1）。

1．现实性与理想性

现实性与理想性是受教育者超越发展的过程特性。思想政治教育是按

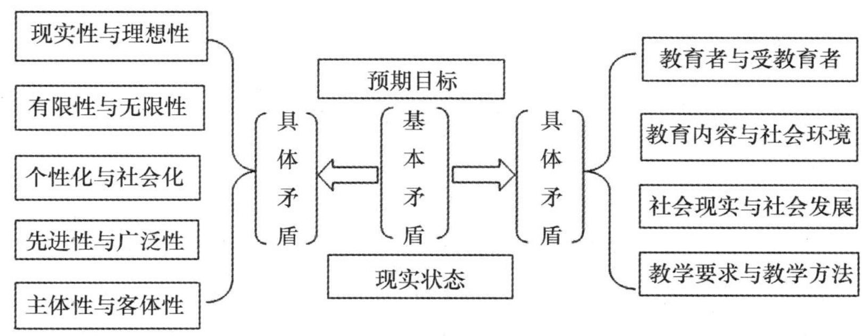

图5—1　受教育者超越发展过程的矛盾体系

照某种超越现实的政治道德理想去塑造受教育者并促进社会发展的实践活动，是受教育者通过对现存自我与现实社会的辩证否定，从而在创造理想生活的基础上实现个体与社会发展的过程。现实性与理想性之间的对立统一形成了受教育者超越发展的内生动力。

现实性指受教育者面向现实利益和需要的发展特性。现实是受教育者超越发展的基础和条件。思想政治教育过程中，受教育者是一种“现实的存在”，他“不是处在某种虚幻的离群索居和固定不变状态中的人，而是处在现实的、可以通过经验观察到的、在一定条件下进行的发展过程中的人。”① 受教育者由自然人到社会人、由社会人到政治人的超越发展始终不能脱离受教育者的实际状况。受教育者超越发展的实质在于克服现实自我的局限性、现实社会的不完满性，以及改变社会现实中存在的不合理、不健康的诸种事物和现象。教育者只有引导受教育者充分地认识自我、关注社会，根据不断变化着的现实确立超越发展的目标内容、方法手段，才能使思想政治教育活动符合受教育者与社会发展的需要。

理想性指受教育者面向未来发展的发展特性。现实是理想的基础，理想是对现实的超前反映，是关于自我与社会的未来设想及其意识反映。理想性是人的超越性存在的直接体现，“现实的人却总是不满足和不满意于人的现实，总是要把现实变成人所希望的和人所向往的现实”。受教育者的超越发展是人与社会的理想目标的现实化过程，是个人与社会的理想由主观的精神因素展现为现实的社会图景的过程。思想政治教育过程中，由

① 《马克思恩格斯文集》（第1卷），人民出版社2009年版，第525页。

于现存的客观实际并不符合受教育者及其社会发展的未来要求，通过对现实自我、现实社会的批判性反思，受教育者从职业理想、生活理想、社会理想、道德理想等方面提出了超越发展的目标要求，丰富着超越发展的思想行为。

现实性与理想性的矛盾表现为现实自我与理想自我的矛盾。每个人的自我都有现实自我和理想自我两种形态。现实自我是个体当前的心理、生理、社会等方面的现实表现。理想自我是个体关于自我定位的标准与理想期待。社会生活中，每个人都有实现自我和超越自我的愿望和需要，个体关于现实自我的判断、评价决定了理想自我的生成，并为现实自我的发展提供了理论指导和实践动力。受教育者的超越发展正是个体基于现实自我设定和完成理想自我的思想行动。正如哲学人类学家兰德曼所言的，“自然把尚未完成的人放到世界之中，它没有对人做出最后的限定，在一定程度上给他留下了未确定性，正是这种未确定性使人类永远处于一种不断追求发展和完善的冲动之中。”① 人的不确定性、未完成性形成了现实自我和理想自我之间的冲突与矛盾，形成了受教育者超越发展的内在需要。

现实性与理想性的矛盾表现为现实价值与理想价值的矛盾。价值是事物满足人们需要的属性。现实价值是事物已经存在的满足主体需要的属性。理想价值是事物具有的潜在的、尚待开发的满足人们需要的属性。社会生活中，现实价值与理想价值的矛盾反映了人们对于眼前利益与长远利益、个人利益与集体利益之间的矛盾。人们需要的层次不同，关于事物的价值判断和价值追求就有所不同。人们从自己的需要出发，依据个体对客观对象的认识及其对事物现实价值的理解，通过价值判断、价值选择、价值建构，确立事物的理想价值目标和人类实践活动的目的。由于人的利益和需要是一个随着实践的发展而不断产生的过程，实践只能部分地满足人的需要，这种改造对象性事物使之符合自身主观需要的价值追求，形成了现实价值与理想价值之间的矛盾。

现实性与理想性的矛盾表现为现实生活与理想生活的矛盾。生活的含义和样态极其丰富，既包括维持个体生存和再生产的日常消费活动、交往活动和观念活动，也包括维持社会再生产或类的再生产的非日常生活。②

---

① ［德］兰德曼：《哲学人类学》，阎嘉译，贵州人民出版社2006年版，第192页。

② 衣俊卿：《论日常世界与非日常世界》，黑龙江教育出版社1995年版，第373—375页。

不管是个体生活还是社会生活，不管是日常生活还是非日常生活，从其存在的方式看，都是现实生活与理想生活的统一。究其实质，生活是具体的、真实的，这构成了生活的现实性。生活又是创造的、常新的，这构成了生活的理想性。正如人们常说的，生活的理想不等于理想的生活，现实生活与理想生活之间的矛盾构成了思想政治教育以及受教育者超越发展的内在张力。在生活的维度上，受教育者的超越发展是对个体理想生活的创造及其对社会生活理想的追求。

正确处理理想性与现实性的矛盾，首先要确立人与社会发展的高远理想，从人与社会全面发展的高度把握现实的人与社会发展的状况，准确分析自我与社会发展中面临的实际问题，探寻思想政治教育过程中理想与现实相统一的依据。其次要树立思想政治教育实践观，积极创造条件、利用条件，引导受教育者认识与变革现实，通过实践活动规范、引导受教育者的思想行为，在不断克服和超越现有状态的局限中，实现现实对理想的趋近、理想对现实的超越。

2. 有限性与无限性

有限性和无限性是受教育者超越发展的能力特性。正如黑格尔指出的，“所谓行为，就在于使不动的东西动起来，使当初封闭着的可能性实现出来，并从而把无意识到和有意识的、不存在的和存在的东西联结起来”①，受教育者的超越发展是一个“应然不断地代替实然，可能不断地代替现实”的过程。受教育者在正确的思想意识的指导下，通过积极能动的实践活动，实现着改造主观世界与改造客观世界的统一。受教育的超越发展受到各种不同条件的限制，形成了有限性与无限性的对立统一。

有限性指受教育者的超越发展受到主客观因素的限制和束缚，在一定阶段和环节上存在着不可能性。首先，受教育者超越发展的有限性体现为人的生命存在的时空有限性。生命是一段旅程，生命的短暂和渺小使得人们只能在特定的社会境遇下活动，有限的时间只可能完成有限的超越发展目标。其次，受教育者超越发展的有限性体现为人的认识能力的有限性。人的认识受到社会条件和认识能力本身的限制，人们永远无法穷尽关于事物的认识，这种局限使得人类永远不会放弃对真理的追求。此外，受教育者超越发展的有限性还表现为主体实践能力的有限性。尽管人们总想早日

---

① ［德］黑格尔：《精神现象学》，段远鸿编译，中国华侨出版社 2012 年版，第 120 页。

实现日常生活与社会发展的各种理想目标，但由于各种自然因素、社会因素和主观因素的制约，人们的社会实践能力总是有限的。

无限性指受教育者的超越发展展露出生命意识的精神意向和实践行动的无限可能性。首先，无限性体现在受教育者超越有限的意识。人的生命的自我意识具有永不满足的根本特征，具有追求精神永恒的生命境界。人在实践活动中不断改造外部世界的同时也在不断地改造自身，在改造客观世界的同时也在改造自己的主观世界。其次，受教育者从个体存在到类存在的超越性追求反映了人类生命绵延力量的无限性。受教育者的超越发展是个体由生命的个体存在向类的存在转变提升的过程。社会生活中，人们通过在实践活动中建立起的各种社会关系把自身的存在同其他人或整个人类的存在联系在一起，“通过实践创造对象世界，改造无机界，人证明自己是有意识的类存在物，……它把类看作自己的本质或者说把自身看作类存在物。”① 个体生命存在形态的转化使得人类的生命得以绵延，个人的发展会随着生命的进程而消亡，但人的种族的延续和同代人之间的交往合作形成的类的发展是无限的。此外，受教育者超越发展的无限性还表现在人类认识和实践活动的无限性。人类思维着的精神是地球上最美丽的花朵，人类思维的至上性使得人类认识世界、改造世界的实践活动永不停止。

有限性与无限性的矛盾表现为受教育者的超越发展与社会发展之间预定性与生成性的矛盾。受教育者超越发展目标的实现始终处在生成变化发展之中。一方面，受教育者在面向未来敞开的实践活动中改造着自身的思想观念，这种不断否定、超越和更新着价值观念和生存方式的实践方式使得自身处于一种未完成的状态，存在不断被认识、被改造的无限可能性。另一方面，社会发展是“一个自然历史过程”，有着不以人的意志为转移的客观规律性。这种社会历史发展的客观规律性决定了受教育者超越发展的有限性。思想政治教育过程中，受教育者超越发展的预期目标并不是一成不变的，随着思想政治教育活动的展开以及受教育者及其社会发展的变化，这种预设的目标要求必须坚持具体的历史的统一，成为一种不断生成和发展变化的目标要求。

有限性与无限性的矛盾表现为物质满足的有限性与精神满足的无限性

① 《马克思恩格斯文集》（第 1 卷），人民出版社 2009 年版，第 162 页。

之间的矛盾。相对于物质需要的满足，精神的满足是人们生存发展的更高要求。在物质资源充裕的条件下，人们的物质需要能够得以满足和实现，而满足了物质需要的人们一定会有更高的精神需要。正如马克思指出的，“吃、喝、生殖等等，固然也是真正的人的机能。但是，如果加以抽象，使这些机能脱离了人的其他活动领域并使它们成为最后的和唯一的终极目的，那它们就是动物的机能。”① 人不能只停留在“饮食男女”等自然需要的满足和“动物的机能”阶段。“欲壑难填”，人们的物质欲望必须有限；“精神至上”，人们的精神需要永不满足。从物质需要的满足到永不停息的精神追求，不仅形成了受教育者超越发展的精神向度，也使得思想政治教育成为一种具有无限可能性的活动。

正确认识有限性与无限性的矛盾，首先需要准确地把握受教育者超越发展的社会限度，既要充分认识思想政治教育的精神性作用，又要正确认识思想政治教育的有限性；既要反对思想政治教育功能上的“万能论”，更要反对思想政治教育功能上的“无用论”。其次还要在思想政治教育过程中充分关注和把握人与社会发展的有限性，引导受教育者自觉地反思现实生存状况，以科学的、彻底的理论为他们的现实生活提供合理的思维方式、思想方法和精神动力，引导受教育者参与社会实践，在社会生活的创造中实现自我调整和超越发展。

3. 个性化与社会化

个性化与社会化是受教育者超越发展的主体特性。人的发展是人的社会化程度不断提高的过程，也是人的个性不断地丰富和发展的过程。有个性的个人，即获得全面发展的具有主体精神的个体，而偶然的个人即处于异化和自我分裂状态的个体。社会的发展需要“有个性的个人”，这种个性发展的实现带来的将是更多的“有个性的个人”和整个社会的“个性”。正如马克思、恩格斯指出的，“有个性的个人和偶然的个人之间的差别，不是概念上的差别，而是历史事实。”② 个性化发展与社会化要求构成了受教育者超越发展的外在矛盾。

个性化指受教育者作为个体发展的独特性、主体性和创造性的趋势和要求。作为人的各种心理倾向的总和，个性以个人风格成为个体区别于他

---

① 《马克思恩格斯文集》（第1卷），人民出版社2009年版，第160页。

② 同上书，第574页。

人的标志。这种独特性反映了个体自我的感受和经验，对自我价值的觉识以及对自我尊严的要求。任何个性既是个体发展中不可取代的内在品质，也是个体存在的特殊价值所在。正如存在主义哲学家海德格尔指出的，“此在存在的超越性是一种与众不同的超越性，因为最彻底的个性化的可能性与必然性就在此在存在的超越性之中”①，人的主体性的形成和发展是人的发展的重要条件和基本内容，而个性的形成发展过程也正是人的主体性和创造性形成的过程。在个体发展的层面上，受教育者超越发展的过程就是个体不断开发生命潜能，提升自身思想行为能力从而不断形成、发展和丰富个性的过程。思想政治教育过程中，随着社会环境的日益开放，人们思想活动的独立性、选择性、多变性、差异性日益增加，受教育者的超越发展表现出越来越多的个性发展需求。

社会化指受教育者的超越发展具有适应并促进社会发展的社会性趋势和要求。人不能脱离社会而孤立生存，个体的有限的个人只有具有社会团结精神、掌握一定的社会资源才能适应并促进社会发展。正如教育家杜威指出的，“一个人的活动和别人的活动联系起来，他就有一个环境。他所做的和所能做的事情，有赖于别人的期望、要求、赞许和谴责。一个和别人有联系的人，如果不考虑别人的活动，就不能完成他自己的活动。这些活动是实现他的各种趋势的不可缺少的条件。”② 思想政治教育过程中，受教育者的超越发展是一个去除不利于个体与社会发展的反社会性，培养有利于集体和社会发展的利他性、服从性、合群性等社会性品质的过程。只有当受教育者具有了符合人类整体运行发展要求的思想政治素质时，受教育者超越发展的理想目标才能得以实现。

个性化与社会化的矛盾贯穿于受教育者超越发展的全过程。作为存在于人的发展过程中的矛盾着的两个方面，服从社会化与尊重个性化是相辅相成的统一体。一方面，个性即人格，个性成为人。正如马克思指出的，“即使在一定的社会关系里每一个人都成为出色的画家，但是这决不排斥每一个人也成为独创的画家的可能性。”③ 受教育者只有能够正确地张扬个性，具有独立意志和自律意识的个体，才能不断实现自我的超越发展。

---

① ［德］海德格尔：《存在与时间》，陈嘉映译，生活·读书·新知三联书店 1987 年版，第 44—45 页。

② ［美］杜威：《民主主义与教育》，王承绪译，人民教育出版社 2005 年版，第 18 页。

③ 《马克思恩格斯全集》（第 3 卷），人民出版社 1960 年版，第 460 页。

另一方面，个体的自我设计并不是任意的，社会化趋势是个性化发展的前提条件，社会化要求制约着个性化的性质和水平。也正如马克思指出的，“个人怎样表现自己的生活，他们自己也就怎样。因此他们是什么样的，这同他们的生产是一致的——既和他们生产什么一致，又和他们怎样生产一致，因而个人是什么样的，这取决于他们进行生产的物质条件。”① 受教育者只有尊重社会发展的规律性要求，坚持一切从实际出发，才能形成超越发展的独立人格。

处理个性化与社会化的矛盾，需要创新个性化与社会化相互交融的实践基础，并不断促进思想政治教育的个性化与社会化发展。一方面，要坚持培养具有鲜明个性特征与良好素养的人格目标，在思想政治教育过程中注重人文关怀，尊重、关心和实现个体的利益及其发展需要。另一方面，要坚持理论联系实际的方法论原则，不断拓展思想政治教育的实践空间，通过更加广泛的社会交往和人际互动，使思想政治教育活动适应不断变化发展的社会实际，成为个性化主体参与下的全社会共同的事业。随着社会经济的发展与网络技术的进步，人们社会活动的内容不断丰富，社会交往的范围逐步扩展，思想政治教育实践活动的社会空间也越来越广泛。运用新媒体开展网络思想政治教育，为实现思想政治教育的个性化与社会化创造了相互统一的条件。

4. 广泛性与先进性

广泛性与先进性是受教育者超越发展的目标特性。受教育者对于自我与社会的发展有着多方面的、不同层次的主观愿望，既可能是仅仅反映与个人利益、当前利益相关联的一般的、普遍的思想政治道德要求，也可能是体现着集体利益、国家利益甚或人类利益的少数人的、特殊的思想政治道德要求。这种目标要求的层次差异形成了受教育者超越发展过程中广泛性与先进性之间的矛盾。

广泛性指受教育者超越发展目标要求的一般性、普遍性，这些目标要求是根据社会大多数成员的发展要求提出的基础性要求，是受教育者现阶段发展所必须而且能够具备的思想政治道德素质和行为要求。受教育者的超越发展必须坚持从人们的现实的经济社会关系出发，尊重和考虑大多数社会成员的接受程度和觉悟程度。先进性指受教育者超越发展目标要求的

① 《马克思恩格斯全集》（第3卷），人民出版社1960年版，第24页。

特殊性、进步性，这些目标要求是根据受教育者中的少数人的发展要求提出的发展性要求，是对先进层次、先进人物提出的思想政治道德要求。思想政治教育过程中，受教育者超越发展目标的广泛性与先进性是辩证统一的。广泛性作为受教育者超越发展的一般规定和普遍要求，是先进性要求的一般基础。广泛性以先进性为导引，广泛性的产生、发展以及发挥作用的方向与程度，都离不开先进性的导引。随着受教育者超越发展目标的实现，具有先进性的目标要求在一定条件下又可能转化为广泛性的目标要求。

广泛性与先进性的矛盾体现为受教育者超越发展目标的层次性和方向性之间的矛盾。受教育者的超越发展是受教育者由低层次的普遍的思想政治素质要求上升为较高层次的特殊的思想政治素质要求的过程。当前，我国还处在社会主义初级阶段，生产力尚不能满足人们日益增长的物质文化水平的需要。以公有制为主体、其他经济成分并存，以按劳分配为主体、其他分配方式并存的市场经济体制，决定了人们的思想认识和思想觉悟在发展水平上还有较大的不平衡性和差异性。这种不平衡性和差异性形成了受教育者超越发展的社会条件。由于人们所拥有的政治、经济、教育条件和个人努力程度的差异较大，社会群体的利益和需要也不断分化，社会的分层发展形成了受教育者超越发展的不同价值标准和评价尺度。这种不同的价值标准和评价尺度，形成了思想政治教育目标要求的广泛性和先进性，体现了受教育者超越发展目标的层次性和方向性。

广泛性与先进性的矛盾体现为受教育者超越发展目标的多样性和主导性之间的矛盾。受教育者超越发展的目标要求受到思想道德基础与现实表现的制约。正如恩格斯指出的，“人们自觉或不自觉地，归根到底总是从他们阶级地位所依据的实际关系中——从他们进行生产和交换的经济关系中，吸取自己的道德观念”①，社会生活、社会关系的复杂性形成了思想关系、政治关系和道德关系的多样性。思想政治教育过程中，受教育者的思想政治道德素质及其现实表现的多样性体现在超越发展的目标要求上，它可能是一种超越基础与现实的向上追求，也有可能是一种甘于堕落的向下追求，还可能是一种无导向性的维持性追求。② 由于受教育者思想政治

① 《马克思恩格斯选集》（第3卷），人民出版社1995年版，第434页。

② 郑永廷：《现代思想道德教育理论与方法》，广东高等教育出版社2003年版，第134页。

道德素质的现实水平和现存状态具有多样性，受教育者超越发展的目标要求的广泛性离不开先进性指向的规范，离不开在全社会范围内具有先进性的思想政治道德要求的主导。坚持多样性与主导性的统一，既要坚持以共产主义的价值理想、社会主义的价值立场引领人与社会的发展超越，防止和反对任何以多样性冲击、淹没主导性或以多样性否定主导性的倾向，又要在坚持主导性的前提下实现受教育者的不同主体利益和发展取向，防止出现“教条化”、“抽象化”、“口号式”的脱离实际的形式主义现象。

处理广泛性与社会性之间的矛盾，需要将受教育者超越发展的先进性要求同广泛性要求结合起来，引导和帮助受教育者形成和发展一切有利于国家统一、民族团结、经济发展、社会进步以及个人发展的思想政治道德素质。正如邓小平指出的，“我们要求所有的人都努力上进，但毕竟还要看各个人自己是否努力，集体的努力也是各个人努力的综合表现。这种个人努力程度的差别，即使到共产主义社会也会存在。……我们在鼓励帮助每个人勤奋努力的同时，仍然不能不承认各个人在成长过程中所表现出来的才能和品德的差异，并且按照这种差异给以区别对待，尽可能使每个人按不同的条件向社会主义和共产主义的总目标前进。”① 促进受教育者的超越发展，既要防止以广泛性的名义否定思想政治教育的政治方向性，出现放任自流的思想政治教育，又要防止“一刀切”，提出千篇一律的不切合受教育者实际需要的思想政治教育目标要求。

5. 主体性与客体性

主体性与客体性是受教育者超越发展过程的实践特性。主体性指思想政治教育者和受教育者在教育活动中的主体性以及二者的主体性有机整合而使思想政治教育活动所具有的主体性。② 思想政治教育过程中，受教育者是思想政治教育的目标内容、方法手段等实践要素的承载者和实现者。受教育者的主体性的生成是思想政治教育价值实现的基础，也是实施思想政治教育评价的直接标准。客体性指思想政治教育的目标要求、价值理想和生态环境等思想政治教育要素作为一种客观存在的“自在之物”制约着受教育者的超越发展，具有思想政治教育主体之外的自在性、对象性和制约性。思想政治教育过程中，主体性与客体性之间是制约与被制约、改

① 《邓小平文选》（第2卷），人民出版社1994年版，第106页。

② 张彦：《思想政治教育主体性研究》，广东人民出版社2006年版，第17页。

造与被改造、创造与被创造的对立统一关系。主体性与客体性之间互为条件、互相促进、互相转化的双向运动形成了受教育者超越发展的结构动力。

主体性与客体性的矛盾体现为受教育者超越发展过程的目的性与规律性之间的矛盾。受教育者的超越发展是目的性与规律性、能动性与受动性的有机统一，是受教育者的主观性与超越目标的客观性之间的双向互动。受教育者的超越发展是受教育者不断提升主体性，发展主动性、积极性和创造性，并以鲜明的自主性、自为性确立超越式发展取向的过程，也是其不断提高自身的对象性能力，逐步掌握自我与社会发展的客观规律的实践过程。正如恩格斯指出的："在社会历史领域内进行活动的，是具有意识的、经过思虑或凭激情行动的、追求某种目的的人；任何事情的发生都不是没有自觉的意图。"① 受教育者的超越发展是受教育者主观能动性的反映，主体的主观愿望和内在需要通过受教育者的超越发展物化为具体的现实。然而，受教育者能否实现超越发展的目标，并不取决于主观能动性的发挥，而是取决于主体的愿望、理想、目标是否符合人类社会的发展规律，受教育者的超越发展始终受到既定的、现实的社会关系的制约。只有将目的性与规律性有机地统一起来，才能将主体的超越意识转化为巨大的精神动力，将受教育者思想观念中"自在"形态的"主观存在"转变为"自为"形态的、直接现实的存在。

主体性与客体性的矛盾体现为受教育者超越发展目标的价值性和真理性之间的矛盾。价值是事物是否具有满足主体需要的属性。人的一切活动都直接或间接地指向自身的存在和发展，形成了主体关于对象性事物的价值判断。受教育者超越发展的目标要求是教育者从特定社会的需要和自身的主观立场上形成的关于受教育者超越发展的应然性判断。超越发展的目标要求一经受教育者确认，将成为受教育者超越发展的内在需要和价值追求。而这种应然的价值判断受到对象性客体的状况和事物发展规律的制约，必须首先能够作为具有客观存在的、真理性的实然判断，作为主观和客观相符合的真理，才能发挥思想先导、思想先行的作用。既要符合主观需要，又要符合客观规律，形成了受教育者超越发展过程中价值性与真理性之间的对立统一。

---

① 《马克思恩格斯选集》（第4卷），人民出版社1995年版，第247页。

处理主体性与客体性之间的矛盾，需要坚持发挥主观能动性与尊重客观规律性相统一的规律，实现思想理论教育与社会实践参与的有机统一。思想政治教育过程中，一方面，要充分发挥思想理论的先导作用，切实加强思想理论教育，不断丰富思想政治教育内容的真理性，增强受教育者的超越发展意识，使其能够全面准确地认识社会发展的客观规律与条件；另一方面，要遵循规律性与目的性、真理性与价值性的辩证统一，实现理论与实践、教育与政治、自我与社会的有机衔接，充分地解决好思想政治教育系统要素中主体性与客体性之间的矛盾。

三　促进受教育者超越发展的过程规律

受教育者超越发展的过程规律反映了受教育者超越发展的外部条件、社会要求、实践运作、主体需要等内容之间的固有的、本质的必然联系。上述关于受教育者超越发展的过程及其矛盾关系的分析表明，受教育者的超越发展是一个社会主导、内在驱动和互动共进的过程。

（一）社会主导

社会主导体现了思想政治教育的社会性本质，指受教育者的超越发展始终受到特定社会生产方式和一定社会阶级结构的制约，受到一定社会的政治、经济、文化和价值的主导。无论是作为意识形式还是实践活动，在社会存在面前，受教育的超越发展都是第二性的，它既要受到一定社会的政治、经济、文化发展状况制约，又要为一定社会的政治、经济、文化发展服务。这是受教育者超越发展过程的基本规律，也是受教育者超越发展的根本依据。

人的政治社会化是思想政治教育的逻辑起点。作为“上层建筑”的有机组成部分，思想政治教育总是代表着某一阶级或集团的特殊利益，总是表现着一定的社会关系，并为其产生的社会经济基础服务。受教育者的超越发展受到政治价值立场的制约，而这种政治价值立场的选择并不来自于受教育者的主观的好恶，而是取决于受教育者关于社会制度、社会理想、社会利益的认同。正如马克思指出的，“从物质生产的一定形式产生：第一，一定的社会结构；第二，人对自然的一定关系。人们的国家制度和人们的观念由这两者决定，因而人们的精神生产的性质也由这两者决定。”① 由于“物质生活的生产方式制约着整个社会生活、政治生活和精神生活的过程”，受教育者超越发展的过程始终受到社会生产方式的规定和制约。社会生产方式形成了受教育者超越发展的环境和条件，决定了受教育者超越发展的性质、水平和趋势。现存的社会性质、社会关系、社会生产和社会生活始终是受教育者不断地改造自我与环境的出发点。受教育者超越发展的目标要求、方法手段必须符合经济社会发展的实际要求，才能获得充分的社会支持，才有不断得以实现的条件和可能。

受教育者超越发展过程的社会主导包括思想主导、政治主导、文化主导、价值主导等不同类型。思想主导是促进受教育者超越发展的理论前提。“没有先进的理论，就没有科学的行动。”思想认识是人们对自身的社会存在及其与周围世界各种利益关系的反映。正确的思想和科学理论是受教育者超越发展的社会主导力量。政治主导是促进受教育者超越发展的核心内容。作为社会人，任何人都不能离开政治生活而存在。受教育者对特定阶级的利益的表达和需求必然受到社会政治本质的规定，尤其是统治阶级的经济利益和政治需求的主导。文化主导是促进受教育者超越发展的重要途径。文化是人的精神外化的产物，也是影响人的思想观念的要素之一。受教育者超越发展的实现需要先进文化的指导和规范，文化引领形成了受教育者超越发展的柔性力量。价值主导是受教育者超越发展的重要保障。价值是主体对事物是否具有满足自己需要的属性的判断。只有满足主体需要的价值追求才能形成超越发展的直接动力。社会生活中，面对利益和需要的多样性，人们的价值立场也日趋多元。社会核心价值观作为代表社会发展要求的价值立场，主导着人们的价值选择。

遵循社会主导规律，应当处理好思想政治教育过程中“一元主导与多元并存”的关系。当前，我国思想政治教育的主导性面临着经济市场化、政治民主化、信息网络化、文化多元化、社会分层化等现实的挑战，客观上存在着偏离主导要求、弱化主导价值等不良的倾向。随着现代社会开放性的增强与透明度的增加，思想政治教育的直接社会化将成为主要的教育形式。顺应思想政治教育发展的外部环境，只有切实地推进思想政治教育的社会化，才能坚持“用人们的存在说明他们的意识”，实现思想政

① 《马克思恩格斯全集》（第33卷），人民出版社2004年版，第346页。

治教育与社会组织、社会制度、社会管理、社会工作、社会建设的融通，以广泛参与的社会实践引领和规范受教育者的超越发展。

（二）内在驱动

受教育者的超越发展过程是受教育者发展自我和改造社会的统一。主体的内驱力是受教育者超越发展的永续动力。受教育者是思想政治教育活动的认识主体、实践主体、价值主体，其主体性及其发挥的程度决定了受教育者超越发展的性质、趋势和水平。受教育者的超越发展取决于受教育者能否形成超越自我的主体性、能动性和创造性，真正成为“使用实践力量的人”。

思想政治教育过程中，受教育者的主体性通过受教育者的精神状态、认知能力、情感特质、实践能力得以体现和展示。受教育者的超越发展是受教育者作为个体的人在与他人的相互关系中认识、发现并不断确证自我，形成主体意识并自我教育、自我发展的过程；是受教育者的主体意识不断生成并发展为社会实践主体的过程。受教育者超越发展的预期目的不仅要反映受教育者的利益和需要，还要转化为“被追求着的自己的目的”。正如马克思指出的，“思想永远不能超出旧世界秩序的范围。在任何情况下，思想所能超出的只是旧世界秩序的思想范围。思想本身根本不能实现什么东西。为了实现思想，就要有使用实践力量的人”①，只有当受教育者形成了一定的社会主体意识、社会主体能力、社会主体人格，他们才能积极能动地参与社会生活，成为社会历史活动的真正主人。

利益和需要形成了受教育者超越发展的内在动力。利益是人类社会发展的原始动力，也是每个人从事社会实践活动的直接动力。人在创造性的劳动中形成自己的需要，人的创造性活动越多、越频繁，越会发现自己不同层次的需要，并用各种需要驱使自己不断进行新的创造。正如马克思指出的，“人们奋斗所争取的一切，都同他们的利益有关”，“任何人如果不同时为了自己的某种需要和利益和为了这种需要的器官而做事，他就什么也不能做”。② 个人利益—集体利益—国家利益—人类利益等不同层次的利益体系，形成了受教育者超越发展的不同价值标准，产生了以生存、发

---

① 《马克思恩格斯文集》（第1卷），人民出版社2009年版，第320页。

② 《马克思恩格斯全集》（第3卷），人民出版社1960年版，第286页。

展和享受为特征的需要体系。随着实践工具的更新、自身能力的提高以及价值取向、审美情趣的变迁等因素，实践主体又必然形成新的利益判断和实际需要。受教育者的超越发展正是基于一定的利益和需要，通过主体性实践不断改造主观世界和客观世界，实现受教育者自身多层次、多方面的利益和需要的过程。

受教育者超越发展的内在驱动本质上是一种精神动力驱动。精神动力是人的生存发展的类特性的集中体现，是人在生活中无法回避的现实存在。精神动力经由人在生产与生活实践中不断感悟、不断提炼而生成，并对人的认识与实践活动产生指导和推动作用。精神动力包括“理智动力、情感动力、意志动力”等不同形态的微观层面，通过相互联结形成了“精神创造力、精神凝聚力、精神约束力”等具体的形态。① 相对于物质需要可以满足的特性，人的精神需要具有无限性，形成了绵延不绝的精神动力。正如恩格斯指出的，“推动人去从事活动的一切，都要通过人的头脑。外部世界对人的影响表现在人的头脑中，反映在人的头脑中，成为感觉、思想、动机、意志。总之，成为‘思想的意图’，并且通过这种形态变成‘理想的力量’”②，精神动力的生成是受教育者超越发展的不竭动力。受教育者接受的思想理论、理想信念、价值观念、思想方法构成了自身的理智动力，在社会交往中形成的情绪、情感及其养成的情操形成了强烈的情感动力，在认识与改造世界的实践活动中形成了坚强的意志动机、意志信念、意志毅力。这些动力系统通过对受教育者超越发展中遇到的各种问题进行意义判定，平衡和调控着他们的思想行为，形成了超越发展的方向和强度。

遵循内在驱动规律，必须坚持以人为本的教育理念，充分关注受教育者的物质利益和精神需求，坚持个人需要和社会需要相一致、物质激励与精神激励相结合的原则，以各种方法途径引导、调节或满足人们的利益和需要。受教育者的超越发展是受教育者实现其潜在利益和各种需要的过程，受教育者超越发展的目标与价值取向必须与个体的热情、兴趣、爱好相符合，与社会发展的实际需要相联系。正如列宁在谈到如何把千百万人引向共产主义时曾经指出的，“不是直接依靠热情，而是借助于伟大革命

① 骆郁廷：《精神动力论》，武汉大学出版社 2004 年版，第 177 页。

② 《马克思恩格斯文集》（第 4 卷），人民出版社 2009 年版，第 285 页。

所产生的热情，依靠个人兴趣，依靠个人利益……”①，社会主义市场经济条件下，思想政治教育更应尊重人的正当的利益追求，尊重受教育者自我价值的实现，在尊重和保障社会实际利益的基础上把握各种利益和需要的内在逻辑，将受教育者的利益需要升华为更高的精神需要和价值追求。

（三）互动共进

受教育者的超越发展是思想政治教育实践目标及其效果的实现，是各种思想政治教育要素及其系统以及思想政治教育系统与非思想政治教育系统之间实现信息的充分交流、功能的相互为用、机制的有效协同、效果的高度集成的过程。思想政治教育系统及其要素的互动共进构成了受教育者超越发展的重要条件。

现代系统论认为，系统能否发挥协同效应决定了系统的整体性功能。如果一个系统内部，人、组织、环境等各子系统内部以及其他要素之间能够协调配合，就能产生“1+1>2”的协同效应。如果一个系统内部相互掣肘、离散、冲突或摩擦，则会造成整个系统内耗的增加，致使整个系统陷于一种混乱无序的状态。思想政治教育是由教育者、受教育者、教育环境、教育介体等要素构成的有机系统。其中，每一个系统要素都具有超越发展的特性和要求，只有在系统要素不断完善、系统的结构和功能不断优化、系统和环境之间相互和谐、系统的输入与输出环节的动态平衡中，才能实现思想政治教育的目标要求。同样，受教育者的超越发展不仅是思想政治教育系统内部因素相互作用的结果，也是思想政治教育系统与外部系统相互作用的结果。如果思想政治教育系统与非思想政治教育系统及其内部各要素之间相互孤立、相互排斥，受教育者的超越发展将会失去环境、制度以及理论与实践方面的支撑。

受教育者的超越发展离不开教育者与受教育者的互动共进。思想政治教育过程中，教育者与受教育者作为思想政治教育的主体性要素，担当着社会教育与自我教育的不同职能。教育者要由知识的传授者、灌输者转变为受教育者主动建构世界观、价值观、人生观的引导者、促进者，受教育者要由外部信息刺激的被动接受者转变为思想政治教育信息加工的主体与思想政治教育价值意义的主动建构者。由于受教育者的思想政治道德素质

---

① 《列宁专题文集·论社会主义》，人民出版社2009年版，第247页。

是在社会实践基础上，在主客体的互动以及思想矛盾运动的转化过程中产生、发展和变化的，教育者必须及时了解和掌握受教育者的思想状况。正如德国思想家哈贝马斯指出的，理解任何一种符号表达，基本上都要求参与到一个沟通过程中去。……在一个不具有交往能力的观察者看来，这个空间必定是封闭的，不可理解的。生活世界只会向那些具有言语能力和行为能力的主体敞开大门。而主体要想进入生活世界，就必须有能力参与到生活世界成员的交往当中……①教育者对受教育者的了解既不能是一种“唯我式”的理解，也不能是一种“单子式”的独白，它需要教育主客体双方能够坚持平等基础上的对话、沟通、理解、合作，积极开展思想信息的差序互动、社会角色的认知转换、思想情感的表达沟通。

受教育者的超越发展离不开思想政治教育与社会治理的互动共进。思想政治教育是一种“软”约束，它通过思想价值观念的引导形成一种柔性的力量，通过思想政治教育管理将“软”要求转化为“硬”约束，并成为一种稳定有效的社会治理方式。思想政治教育活动集思想与行为、政治与教育、教育与管理于一体，是教育育人、管理育人、服务育人的有机统一。没有充分的思想政治教育管理，思想政治教育可能沦为一种权宜之举或应景之作。思想政治教育过程中，只有通过稳定有效的思想政治教育管理，才能够充分地认识和解决受教育者在超越发展过程中面临的心理、认识、情感等不同层面的障碍和问题；只有通过思想政治教育与外部环境治理、社会组织治理的互动，才能提供受教育者超越发展的实践空间，形成了思想政治教育与社会治理互动的有效模式；只有在思想政治教育与社会治理的互动共进中形成受教育者超越发展的体制和机制保障，才能使得思想政治教育成为“党和国家各项工作的中心环节”，成为“一切经济和社会工作的生命线”。在这一意义上，校园文化建设、社区文明建设、企业文化建设、基层民主建设等与思想政治教育的结合，本质上都反映了这种教育与管理协同治理的思路和要求。

受教育者的超越发展离不开思想政治教育活动与思想政治教育环境之间的互动共进。环境是由不同层次的环境因素相互联结而构成的有机整体。人的思想政治素质的提高与自然环境、社会环境的美化、净化是耦合

① ［德］哈贝马斯：《交往行为理论》（第1卷），曹卫东译，上海人民出版社2004年版，第112页。

与同构的关系。一方面，“环境决定人”，环境作为现实的社会存在影响和制约着人的发展。对环境的积极适应和正确选择是受教育者不断超越发展的重要条件。另一方面，“人也创造环境”，受教育者的超越发展绝不是被动地、机械地接受现存环境的影响和作用，而是能动地反作用于现存环境，是对现存环境开展的积极能动的净化和改造。受教育者的超越发展始终需要根据环境的变化和要求，不断地调整自我与社会发展的目标要求。现代社会，随着思想政治教育环境的日趋开放，环境已成为影响思想政治教育效果的重要因素，通过社会实践促进思想政治教育与思想政治教育环境之间的互动，成为促进受教育者超越发展的基本路径。近年来，思想政治教育学界提出并强调的思想政治教育生态观、思想政治教育社会化发展、思想政治教育中政党意志与政府管理的统一，等等，正是对思想政治教育与思想政治教育环境互动共进规律的遵循和应用。

遵循互动共进规律，需要充分认识我国社会分层结构变迁对思想政治教育互动带来的机遇和挑战，积极应对社会发展中存在的不良舆论环境、消极的社会心理乃至反动的社会思潮。当前，随着经济全球化的发展、经济市场化的深化以及人们社会交往的网络化，我国的社会结构发生了巨大变迁，人们的思想观念日趋多元，超越自我的主体性不断增强。多样化的社会生态格局的形成，深层次的社会矛盾的凸显，很大程度上促进了思想政治教育组织单元的不断分化。坚持思想政治教育系统及其要素的互动共进，必须加强思想政治教育的生态研究，树立主体间性思想政治教育理念，围绕社会治理体系的创新开展思想政治教育，形成以公共生活为平台和载体的思想政治教育共同体。

四　促进受教育者超越发展的施教过程

受教育者的超越发展是施教过程和受教过程的统一，是内隐的思想境界提升和外化的实践行为进步的统一。思想政治教育过程中，教育者站在一定的阶级与集团的立场，引导和调控着受教育者的心理活动，改变着他们的认知结构、思想状况和思维方式，实现思想政治教育引领人与社会发展的超越功能。在施教过程上，促进受教育者的超越发展包括准确认识对象、科学确立目标、全面促进超越和及时实施反馈等四个环节。

（一）把握超越发展的现实状况

有效的思想政治教育，是引导和帮助受教育者认识自我、悦纳自我，从而展现自我和超越自我的过程。正如研究者指出的，教育是引导个体从个人走向他人、社会、民族、国家，是“敞开个人自我认识发展，同时也敞开个体人性卓越的路径”①，掌握受教育者的自我认识是引导受教育者走向个体与他人的社会关系，实现自身超越发展的前提条件。思想政治教育过程中，促进受教育者的超越发展始终要以“现实的人”为对象，充分把握受教育者的现实状态、现有水平，从受教育者生存发展的实际出发提出超越发展的目标要求。

准确认识对象就是要对受教育者的思想政治素质和综合素质展开全面的分析，了解受教育者对现实自我、理想自我以及社会现实和社会理想的基本认识。心理学研究认为，个体有着维持各种自我知觉之间的一致性，以及协调自我与经验之间关系的功能。如果人的各种自我知觉之间出现冲突，个体就会体验到内心的紧张和纷扰。由于人的自我认识不是自我圆满的、自满自足的，理想自我和现实自我之间的差异成为衡量一个人心理是否健康的重要指标。思想政治教育过程中，受教育者通过思想政治教育活动开展对现实的自我及其社会环境的评价，形成了关于自我与社会的思想认识。随着认知活动的逐步展开，受教育者在思想评价、政治判断、道德分析的过程中强化着自身的情绪体验和心理倾向，在认识深化和情感激发的基础上形成超越发展的行动意向和实践能力。

准确认识对象，需要运用社会观察、深度访谈、问卷调查等方法和手段掌握受教育者及其社会发展的现实情况，从社会关系、空间范围和时间序列三个角度全面分析受教育者的人格特征、认知风格、内在动机、思想状况和发展需要。

从受教育者的社会关系、社会活动、社会影响中掌握受教育者的自我认识。人的思想行为在社会关系中产生和发展。正如马克思指出的，“在我个人的生命表现中，我直接创造了你的生命表现，因而在我个人的活动中，我直接证实和实现了我的真正的本质，即我的人的本质，我的社会的

① 刘铁芳：《自我认识的提升与个体价值精神的超越——论当代教育中的价值引导》，《高等教育研究》2006 年第 12 期。

本质。"[①] 只有深入受教育者的社会生活实际，从受教育者的生存状况、生存境遇、发展要求，全面把握影响受教育者思想政治素质现状及其未来发展的因素，才能科学地把握受教育者超越发展的预期目的，围绕政治方向、理论素养、思想境界、道德品质、心理素质、审美情趣等要求，确定理论教育、思想引导、行为示范的参照系统，并以此制定受教育者超越发展的具体目标。

从时间的一维性考察受教育者自我认识的发展变化。人的成长的阶段性、人的全面发展的要求以及社会的不断发展，对受教育者提出了不同的思想政治道德素质要求。受教育者发展的连续性和非连续性以及社会发展要求的层次性和差异性，往往通过受教育者的自我认识的发展变化得以体现出来。在不同的阶段和不同的时期，受教育者的思想政治道德素质发展水平往往有着较大的差异。只有将受教育者思想行为的过去与现在加以比较，运用联系和发展的观点来分析受教育者思想行为的变化，才能全面地获得受教育者的自我认识，把握受教育者思想政治道德素质变化发展的状态和趋势。

从特定的空间范围对受教育者的思想政治道德素质和综合素质进行比较。思想政治教育过程中，受教育者由个体人向社会人、由现实自我向理想自我、由自在自发向自由自觉的超越发展具有空间建构的意义。现代社会，空间的多样化、立体化、信息化、网络化、虚拟化和全球化形成了受教育者空间存在的复杂性。准确地认识受教育者，需要从空间上对受教育者所属的群体和层次、所处的环境进行考察。一方面，这些环境、群体及其层次的空间特性使自身成为衡量受教育者超越发展的参照系统；另一方面，受教育者是在与群体、社会、环境的互动中实现超越发展的。通过受教育者发展空间的横向考察，进行思想政治道德素质的对比，能够更加准确地把握受教育者的超越发展。

（二）制定超越发展的具体目标

受教育者超越发展的预期目标是教育者依据特定社会发展的要求以及受教育者发展的实际状况，对受教育者在某一时期、某一阶段思想政治道德素质发展上所期望达到的结果。作为受教育者超越发展的出发点和归

---

① 《马克思恩格斯全集》（第 42 卷），人民出版社 1979 年版，第 37 页。

宿，预期目标反映了一定社会的阶级和集团对受教育者在思想、政治、道德、心理等方面素质的综合要求，对受教育者的超越发展过程起着导向、凝聚、纠偏、激励作用。思想政治教育过程中，人与社会发展的不平衡性、渐进性要求教育者能够从受教育者的实际状况出发，将思想政治道德素质的先进性要求和广泛性要求结合起来，针对不同阶级、阶层、群体以及受教育者的个体差异，制定出符合受教育者超越发展需要的目标体系。

受教育者超越发展的预期目标的制定，建立在对思想政治教育过程的基本矛盾及其运动趋势的正确反映基础之上，遵循着“明确性、衡量性、可实现性、相关性、时限性”① 等目标管理的基本原则。思想政治教育过程中，教育者只有积极地开展观察、实验、访谈、问卷、咨询等研究活动，充分地运用文献资料、抽样分析、数理统计等研究方法分析和把握受教育者超越发展的过程特征和影响因素，才能科学地制定出符合受教育者超越发展需要的思想政治教育目标体系。具体而言，制定受教育者超越发展的预期目标，应按照思想素质、政治素质、道德素质、心理素质等有序进行目标分类设计，从现实与理想、个体与社会、政治与经济三个维度把握受教育者超越发展的实际需要。

坚持现实目标和理想目标的统一。受教育者超越发展的预期目标分为现实目标和理想目标。现实目标是受教育者在较短时间内必须达到的目标，也是近期内必须而且能够实现的目标。受教育者超越发展的现实目标与受教育者近期的阶段性发展紧密相连，是对受教育者基本的政治立场、道德品质、思想观念、能力素质、心理素质等方面的具体要求，直接关系着受教育者现阶段的思想政治道德素质的性质、水平和发展趋势。受教育者超越发展的理想目标是受教育者面向未来发展的理想性要求，通常表现为政治信仰的确立、道德人格的形成、理论素养的提高、思想境界的提升等。完善自我认识，塑造理想人格、坚定社会信仰、追求社会理想等在时间的向度上划分为不同阶段的预期目标。

坚持个体目标和社会目标的统一。个体目标是思想政治教育对于受教育者个体所要达到的显性预期效果，具体包括思想素质目标、政治素质目标、道德素质目标和心理素质目标。社会目标是指思想政治教育在促进社

① 参见［美］德鲁克著《德鲁克管理思想精要》，李维安等译，机械工业出版社 2009 年版。

会进步所要达到的显性预期效果，具体包括经济发展目标、政治发展目标、文化发展目标和社会发展目标。正如马克思指出的，“只有在共同体中，个人才能获得全面发展其才能的手段，也就是说，只有在共同体中才可能有个人自由。”① 制定受教育者超越发展的预期目标，必须自觉掌握马克思主义的社会有机体理论，运用社会系统论的观点方法，坚持从个体与社会的整体关联上建构超越发展的目标体系。

坚持经济目标和政治目标的统一。思想政治教育既具有调动受教育者追求利益的积极性，也要引导和帮助受教育者树立正确的利益观。毛泽东曾经指出，党的思想政治教育“反对自私自利的资本主义的自发倾向，提倡以集体利益和个人利益相结合的原则为一切言论行动的标准的社会主义精神”②，坚持思想政治教育的物质利益原则，树立以为人民服务为核心的、集体主义的社会主义道德原则，决定了必须将受教育者的利益取向、实现利益的能力和政治觉悟程度作为受教育者超越发展的重要目标。坚持经济目标和政治目标的统一，需要把握思想政治教育在社会利益关系中的调节、整合和利益导向功能，建立受教育者超越发展的利益评价标准和目标管理机制。

（三）实施超越发展的全面引导

实施受教育者超越发展的全面引导，需要引导和帮助受教育者克服超越发展过程中形成的焦虑心理，通过榜样激励、精神激励、拓展训练等方式方法培养受教育者超越发展的自信心、乐观心。全面促进受教育者的超越发展，包括促进目标内化、强化目标意向、建构教育机制等主要环节。

促进受教育者超越发展目标的内化。促进受教育者的超越发展，首先要将受教育者超越发展的预期目标灌输给受教育者，通过思想政治道德观念的传导对受教育者提出超越发展的具体要求，通过目标的内化强化受教育者超越发展的心理动机和实践意志。思想政治教育过程中，受教育者超越发展目标的内化实际上是将社会认识转化为个体认识的过程，是解决受教育者思想认识中的主观与客观、感性与理性之间矛盾的过程。只有被认同、接受、内化的思想政治教育目标才能转化为受教育者超越发展的思想

---

①《马克思恩格斯选集》（第1卷），人民出版社1995年版，第119页。

②《毛泽东文集》（第6卷），人民出版社1999年版，第450页。

观念，并在思想观念的外化过程中发挥出思想认同、行为激励和实践锤炼的作用。促进受教育者超越发展目标的内化，应掌握受教育者的接受心理，把握灌输契机，激发驱动因素，坚持思想政治教育的开放性原则、创新性原则、实践性原则、主体性原则、全面性原则、循序渐进原则，尤其要提高受教育者从经验中学习和适应周围环境的能力，重视培养受教育者与人沟通、交往的人际智能以及建构自我意识，善于规划、引导人生的内省智能。①

强化受教育者超越自我的目标意向。美国哲学家摩尔认为，意向性是心灵能够以各种形式指向、关涉世界上的物体和事态，并使我们的主观状态与世界的其他部分相联系的一般性名称。② 人的超越发展意识是由认知、情感、想象、意志为纽带形成的心理结构，信念、愿望、意图、知觉等心理表征构成了人的超越发展的心理条件。自我目标意向是个体对于自我未来发展目标的认知与把握，具有评价、调控、反馈个体行为价值的特殊功能。思想政治教育过程中，现实与理想、个体与社会、现在与未来之间的矛盾体现为受教育者自我意识的矛盾运动。受教育者的超越发展归根结底要通过主体内在的思想矛盾运动才能实现。思想政治教育活动的效果直接地体现在受教育者自我意识的不断分化和积极统一上。③ 强化自我目标意向，要求教育者深入受教育者的内心世界，关注受教育者自我意识的矛盾运动，指导受教育者建立正确的自我发展坐标和参照系统，形成受教育者自我评价、自我调适的内省机制，激发受教育者实现自我成就的动机和内驱力。随着受教育者自我意识的分化，自我意识的认识、评价、调控的功能不断增强，超越发展的预期目标转化为自我教育、自我超越的内在需要和行为动力，超越发展的目标意向由潜能变为显能、由可能变为现实。

建构促进受教育者超越发展的教育机制。促进受教育者超越发展的教育机制包括目标融合机制、心理和社会调适机制、思想行为激励机制、监督管理机制，等等。建构受教育者超越发展的教育机制，实质在于通过一定的思想政治教育方法实现受教育者超越发展目标的具体化，将思想政治

---

① 参见［美］加德纳《重构多元智能》，沈致襄译，中国人民大学出版社 2008 年版。

② ［美］摩尔：《意向性——论心灵哲学》，刘叶涛译，上海世纪出版集团 2007 年版，第 5 页。

③ 陈秉公：《思想政治教育学基础理论研究》，吉林大学出版社 2007 年版，第 235 页。

教育目标转化为受教育者超越发展的主观目的、心理动机和实践意志。思想政治教育过程中，受教育者的超越发展包含着政治信仰、道德人格、心理素质、利益关系、社会能力等不同方面的发展要求，教育者必须通过思想政治教育系统要素的分析，选择那些与受教育者超越发展的目标最为相关的方式方法，建构促进受教育者超越发展的教育机制。如，人际能力的改善可以利用群体动力开展集体教育；道德修养的提高可以利用榜样示范实现典型带动；思想境界的提升可以利用思想教育、舆论引导、价值引导加强社会教育；心理素质的提高可以开展意志教育、心理辅导、情绪疏导促进自我教育；理论素养的提高可以通过理论争鸣、思维训练、专题研究激发学习潜能。

（四）开展超越发展的过程评估

受教育者超越发展的过程不会一帆风顺，不会按照阶段性和连续性相互统一的最佳状态进行，相反随时可能出现超越发展过程的中断，甚或出现长期走不出失败与困顿的恶性循环的情形。因此，促进受教育者的超越发展，需要对受教育者超越发展的实现程度、实际水平开展及时的评估反馈，把握受教育者超越发展的程度、性质和水平，调控思想政治教育活动的过程和环节。

受教育者超越发展的评估反馈促成了受教育者和教育者的相互接触、相互认知、相互评判、相互选择和相互反馈评估，发挥着调节、控制、优化思想政治教育过程的重要作用。正如美国学者泰勒认为，预定的目标决定了教育教学活动的发展，而评估能够找出实际活动偏离目标的程度，通过评估信息的反馈，促进教育教学活动尽可能地逼近目标。① 思想政治教育过程中，由于受教育者的超越发展具有复杂性、动态性和渗透性，思想政治教育在实践效果上包括显性与隐性、直接与间接、近期与远期等不同的层面。开展受教育者超越发展的过程评估，需要坚持定性评估与定量评估、静态评估与动态评估、全面评估与重点评估的有机结合，从“方法整合、疏导调适、政策导向、技术调节”等方面建立完备的评估反馈机制，克服过程评估反馈结论的主观性、片面性。

受教育者超越发展的过程评估包括分解指标体系、建构评估反馈机

---

① ［美］泰勒：《课程与教学的基本原理》，施良方译，中国教育出版社 1994 年版。

制、选择评估反馈方法、实施评估反馈活动、应用评估反馈结果等一系列环节。受教育者超越发展的评估反馈以思想政治教育效果以及受教育者思想政治道德素质的发展变化为内容，以受教育者的思想素质、政治素质、道德素质、理论素质、智能素质、身心素质为指标体系。开展受教育者超越发展的过程评估，要合理地确立各项指标的权重和权集，在运用目标对照、素质测量、实验评估和实践评估等方法时尤其要重视理想层次、利益取向、觉悟程度和实践能力等方面的权重。此外，受教育者超越发展的过程评估是对思想政治教育的价值关系和实践效果的判断分析，因而要重视结合具体的思想政治教育过程开展评估，充分发挥评估反馈的诊断、调适和咨询功能，使受教育者能够以正确的心态介入评估反馈，实现过程评价的矫正、引导和激励功能。

第六章　促进受教育者超越发展的路径与方法

在阐释受教育者超越发展的科学内涵、理论渊源、多维意蕴及其本质规律之后，研究将清晰而自然地指向受教育者超越发展路径的探寻。受教育者超越发展的方法路径，是思想政治教育主客体为了实现超越目标而形成的实践路线，体现了受教育者超越发展的理论逻辑和实践要求。本章通过描述思想政治教育系统及其社会运行的现状，建构促进受教育者超越发展的方法路径。

一　激发超越发展的精神动力

思想政治教育过程中，受教育者是超越发展的主体，受教育者的超越发展实质上是受教育者形成超越式发展取向的过程。促进受教育者的超越发展，必须引导受教育者激发精神动力，塑造理想人格，提升精神境界，坚持“以人的主体性发展为前提，以人的自觉能动性发挥为基础，以人的超越性彰显为深层动因”①。

（一）加强自我教育，廓清超越发展的愿景

自我教育指受教育者在自我意识的支配下，发挥积极能动性，遵循特定社会集团及其教育者的要求，通过自我选择、自我内化、自我调控等方式提高自身素质和能力的全部活动。自我教育过程中，受教育者是教育活动的主体，教育目标由特定的社会要求转变为个体的自我发展取向，教育

① 许文贤：《个体发展取向建构的人学基础研究》，《学术论坛》2008 年第 6 期。

的目标内容不再是纯粹的外部信息，而是经由受教育者认识、选择、反映并内化为自身思想意识结构的有效信息。受教育者在自我意识的支配下，通过自我体验、自我调节、自我控制，实现着自己预定的思想和行为目标。不同于社会教育的他育性、他控性，自我教育具有主体性、自控性、内向性、终生性、自觉性、创造性。① 思想政治教育过程中，自我教育是受教育者“按照一定社会的规范和要求，通过自我选择与自我内化，有目的、有计划地改造和提高自我的思想道德品质的一种自觉、自律、自主的活动”。②

加强自我教育有利于廓清受教育者超越发展的目标愿景。相对于其他外部动力的推动，自我超越精神作为主体意识结构的内核，是受教育者长期坚持自我教育的精神支撑与精神积淀。自我教育依靠和形成的是主体自身的内在动力，通过持续的“自我激活、自我定位、自我设计、自我更新”，形成了主体自我超越的思想智慧和精神自觉。西方学习型组织理论的提出者彼得·圣吉指出，自我超越是组织生命力的源泉。自我超越作为融入生命的修炼活动，包含着“建立个人愿景”、“保持结构性张力”、“看清结构性冲突”、“诚实地面对真相”、“运用潜意识”等一系列原理。③ 正如雅斯贝尔斯认为，教育就是唤醒，“只有导向教育的自我强迫，才会对教育产生效用。”④ 这种不断厘清自我发展“愿景”与廓清生命终极目标的自我教育，通过心智结构的改善和生命动能的累积，形成了受教育者超越发展的智慧和信念，引导着他们不断明晰自我超越的心理取向和发展路向，全面把握自我超越的预期目标和发展方位。

加强自我教育有利于增强受教育者的自我效能感，保持超越发展的乐观和自信。美国心理学家班杜拉认为，自我效能感是指人们实现特定领域行为目标所需能力的信心或信念，体现为人的自我悦纳、自我归因、自我评价和社会适应能力。受教育者的超越发展是自我否定、自我认识和自我更新的统一，乐观和自信的心理态度，是实现超越发展所必不可少的心理

① 骆郁廷：《当代大学生思想政治教育》，人民大学出版社 2010 年版，第 286 页。

② 徐志远、季爱民：《自我教育：现代思想政治教育学的重要范畴》，《中国青年政治学院学报》2007 年第 5 期。

③ 参见［美］彼得·圣吉《第五项修炼——学习型组织的艺术与实务》，郭进隆译，上海三联书店 2010 年版，第 10 章。

④ ［德］雅斯贝尔斯：《什么是教育》，邹进译，生活·读书·新知三联书店 1991 年版，第 6 页。

品质。只有在自我教育中，受教育者才能正确地对待失败，结合预期的改变进行目标调整，保持超越发展的适应性。教育家苏霍姆林斯基指出，“任何理性教育，形象的感染，都是外部的客体，都只是通过主体的心理过程才能起这样或那样的作用，如果没有主体内心的心理过程的发生，任何教育都等于零。……没有自我教育就没有真正的教育，唤醒人实行自我教育，按照我的深刻信念，乃是一种真正的教育。”① 20 世纪 90 年代，联合国教科文组织也多次强调，“未来的学校必须把教育的对象变成自己教育的主体，受教育的人必须成为教育他自己的人；别人的教育必须成为这个人自己的教育，教育必然是从学习者本人出发的”。② 加强自我教育，需要坚持主体间教育的理念，在理论教学、思想交流、生活关怀、社会调查、网络互动、心理咨询、舆论引导的过程中建立一种平等、信任的关系，创设受教育者自我教育的环境，使受教育者由被动地接受教育转变为主动地自我教育。

（二）建构精神家园，奠立超越发展的精神寓所

思想是行为的先导，理论总是先于实践。任何个体的超越首先表现为人的思想观念的变化，任何社会的发展首先发端于社会思想文化精神的重构。在这一意义上，存储人们思想文化的精神领域是实现人的超越发展的重要阵地，人的超越发展取得实质性突破的关键在精神领域。建构精神家园，关心受教育者的精神成长，成为促进受教育者超越发展的重要途径。

建构精神家园，是以丰富的精神食粮促进受教育者超越发展的客观要求。精神家园是心灵获得安慰的地方，是人的精神的寓所。作为一种精神实体，精神家园以比较完整的思想体系向人们展示着具有普遍价值和意义的世界图景。建构思想政治教育的精神家园，就是要追问生命的意义与价值、人生的尊严与幸福、社会的理想与真理，从而形成“给心灵以秩序、温情、希望和力量的社会价值观念体系和意义解释框架”③。超越不是

---

① ［苏］苏霍姆林斯基：《给教师的建议》，杜殿坤译，教育科学出版社 1984 年版，第 350 页。

② 联合国教科文组织国际教育发展委员会编：《学会生存——教育世界的今天和明天》，华东师范大学出版社 1996 年版，第 200—201 页。

③ 魏延秋：《人本理念下的思想政治教育与精神家园建构》，《中国延安干部学院学报》，2010 年第 2 期。

“孤傲、清高、狂妄”，不是“虚伪、叛逆、矫情”，而是“凌居于肉体之上，昂然于平庸之外”的“心灵的飞翔、超脱的潇洒、跨越的从容”。当主体在精神世界中形成了被视为生存根本、生命意义的终极价值和目标体系时，精神家园将成为安身立命的根基。在个体价值和人文精神的层面上，思想政治教育是人们心理和精神世界的导航系统，是引导受教育者不断自我超越的教育实践活动。建构思想政治教育的精神家园，就是要为受教育者的超越发展奠立安身立命的精神寓所，使思想政治教育提供的意义系统和解释框架能够作为“主体的精神支柱、情感寄托和心灵归宿”。

建构精神家园契合了受教育者精神与文化成人的超越性内涵。人是一种社会性的精神性动物。人在有限的时空存在中总是力求超越物质时空的存在局限，寻找现实世界无限发展的诸种可能，这种心灵境界的追求形成了人的超越意识和精神生命。尽管人们的精神生活并不总是指向精神家园，它还包含着各种现实的物质或名利追求，但精神生活的价值指向必然是超越现实并面向未来的。受教育者的超越发展是受教育者转变思想观念、改变心智模式，提升生命境界的思想活动。促进受教育者的超越发展，需要关注受教育者的心理生活，帮助他们形成“稳定成型的精神心理模式”和“求真、臻善、达美”的精神动力系统。这种以“超越性和内隐性、驱动性和指引性、支持性和关怀性、动态性和发展性”① 为特征的精神动力系统，能够使受教育者在精神成长的过程中催化出超越的实践行动。

建构精神家园是促进受教育者超越发展的境遇性要求。现代社会，经济的发展、科学的昌明、物质的富裕使人们更加注重外在的物质利益需求，这种醉心于物欲与功名的追逐由于忽视了人的精神的超越性需要，形成了“经济繁荣与思想淡出并行，物质富裕与精神贫困接轨”的现代性病灶。市场经济理性压缩和挤占着文化价值生活的可能性空间，现实或物化了的实在不断被人们加以理想化，而理想和精神的实在不断地被现实化、功利化。与此同时，社会发展中伴生的大量自然灾害、群体性事件与公共危机，加剧着人们对生活世界的不确定感、无意义感。诚如吉登斯在描述现代性危机的总体性风貌时形象地指出的，“在晚期现代性的背景下，个人的无意义感，即那种觉得生活没有提供任何有价值的东西的感

① 陈杰：《论精神家园的建构》，《湖湘论坛》2007 年第 3 期。

受，成为根本性的心理问题。”① 由于我国还处在社会转型发展的关键时期，规避这一现代性危机仍然是社会跨越式发展中面临的风险挑战。以人的超越性需求为指引，引导人们形成生命超越的价值理念，显得尤为迫切。

建构精神家园，需要丰厚思想政治教育的文化含量，凸显思想政治教育的文化属性与人文认知功能。思想政治教育以促进“人的政治社会化”为目标，存在着为特定阶级、集团利益服务的价值指向和实践诉求。现代社会，倡导思想政治教育的人文关怀，不是对思想政治教育社会本质的背离，而是强调在实现政治本质的同时坚持“以人为本”，在关注人的精神世界的建构中探寻“文化教育”的方法路径。当前，整合文化资源、营造文化环境、引导社会思潮、开发文化国力，培育社会发展的政治文化资源和政治合法性，构成了新时期我国思想政治教育发展的鲜明的文化境遇。促进受教育者的超越发展，建构思想政治教育的精神家园，需要积极地开发思想政治教育的文化资源，切实提升思想政治教育的文化品位，增进人们的文化自信、文化自觉。

（三）加强理想信念教育，培育超越发展的信念智慧

理想信念是理想中的最高层次和信念中的最高形式的有机统一。理想信念是人们关于理想的信念，指人们将追求理想中的最高目标“作为最高价值，高度信服和敬仰，并且用它来统摄自己的精神生活，作为自己的精神寄托，矢志不渝、自觉追求的一种精神状态”。② 受教育者的超越发展是受教育者在理想目标指引下对现存状况的改变与突破。由于理想信念是人的思想行为的最高调节器、“总开关”，加强理想信念教育成为激发受教育者精神动力的重要途径。

理想信念是受教育者超越发展的精神支撑。人是形而上的精神性动物，他始终为自己和社会的发展设定未来。没有理想信念，人便失去了生命的价值品性，人的超越性存在与发展都将无从可能。列宁曾经精妙地指出，“如果一个人完全没有这样幻想的能力，如果他不能在有的时候跑到

① ［英］吉登斯：《现代性与自我认同：现代晚期的自我与社会》，赵旭东、方文译，生活·读书·新知三联书店 1998 年版，第 9 页。

② 陈锡敏、张云莲：《加强“90 后”大学生理想信念教育的指导和研究——“90 后”大学生理想信念教育专题研讨会综述》，《思想理论教育导刊》2011 年第 3 期。

前面去，用自己的想象力来给刚刚开始在他手里形成的作品勾画出完美的图景，那我就真是不能设想，有什么刺激力量会驱使人们在艺术、科学和实际生活方面从事广泛而艰苦的工作，并把它坚持到底……”① 一个有理想信念的人，也是一个拥有完整精神家园的人。理想的图景、生活样式、发展目标使他能够在面对个体与社会、现实与理想、自发与自觉的矛盾冲突时因心有所依、神有所寄而充实有力，勇于超越。

理想信念教育奠定了受教育者超越发展的思想基石。理想信念作为个人与社会发展的美好愿景与实践追求，发挥着内在驱动和社会凝聚的功能，成为人与社会超越发展的精神支柱。理想信念教育体现了生命的品性，是个体生命超越性发展的需要，是对价值生命的特殊关怀。② 作为思想政治教育的核心内容，理想信念教育在本质上是一种引导和帮助人们实现超越性发展的活动。加强理想信念教育，要以人的超越性存在为教育基点，通过对话沟通、行为观察、思想预测等方式把握受教育者的思想行为状况，通过理论教育、心理疏导、实践指导等方式引导受教育者坚定理想。尤其需要结合受教育者的生活需要和社会发展状况培养受教育者的理想认识、理想情感、理想意志、理想信念，引导受教育者在冲破陈旧观念和体制的障碍、突破利益固化的藩篱中解放自我、战胜自我、超越自我，形成超越发展的心智模式和实践智慧。

理想信念教育的实际效果影响着受教育者超越发展目标的实现。理想信念教育只有贴近受教育者及其社会生活发展的实际，依循人与社会发展的客观规律，才能成为引导人们进行价值建构与实践选择的活动。随着经济全球化、文化多元化、信息网络化、社会分层化的发展，人们的思想观念呈现出多元化、异质化的发展趋势。由于个体的生命觉悟程度、身心发展水平以及教育环境的差异，理想信念教育在目标层次上具有了日益复杂的序列结构。在社会世俗化、价值功利化、信息碎片化等现代性因素的不良影响下，理想信念教育受到虚无主义、功利主义、拜金主义、享乐主义的影响，存在着疏离社会理想、关注工具理性的现实主义倾向。面对这一情形，把握理想信念教育的方向性、开放性、整体性、实践性，在价值引导、思想教化、自我规约、情感体验、培育信念智慧中加强理想信念教

---

① 《列宁选集》（第 1 卷），人民出版社 1995 年版，第 448 页。

② 钟璞：《信念教育论》，西南交通大学出版社 2008 年版，第 57—58 页。

育，成为促进受教育者超越发展的重要任务。

二　培养批判性思维能力

"人的否定性、批判性、超越性的'向度'，深深地植根于人类自己的存在方式——实践活动及其历史发展之中。"① 只有解放思想，才能重塑理想自我与理想社会，实现精神的自律和实践的自由。培养受教育者的批判性思维能力，是引导其转变思维方式、思想观念，掌握思想方法，重新认识自我与社会，不断实现超越发展的重要途径。

（一）批判性思维对于受教育者超越发展的意义

批判性思维是建立在质疑和独立思考之上、追问现象背后之本质的思维方式，是在联系、比较、反思中培养理智品格的手段。主体运用批判性思维去把握人的思想观念和社会问题，形成了一种"有意识地进行评判的心理准备状态、意愿和倾向"，并在理论思考和实践探索中形成了勇于探索真理、坚持真理的批判精神。批判性思维不是"简单的赞成这个，反对那个，拥护这个，推翻那个"，也不是"无原则的怀疑一切、推翻一切、打倒一切"，而是强调通过客观的、全面的研究，给予公正的评价、恰当的批评、合理的审视。

培养受教育者的批判性思维能力，是促进受教育者自主地建构思想观念体系，增强理论武装，丰富思想宝库的重要途径。人的思想、态度、价值观是在与他人的交往中发展起来的，这一过程既依赖于社会的引导与帮助，更离不开主体积极自主的建构。社会生活中，人们总是希望透过现象把握本质，希望超越对事物的感性认识而具备理性思维能力。批判作为辩证的否定的环节，是建立事物之间相互联系的方法和手段。批判性思维包含了"独立自主、充满自信、乐于思考、不迷信权威、头脑开放、尊重他人"等心理和人格方面的要素，能够激活个体的思维意识和思想观念，促使个体以辩证审视的眼光看待问题，建立起与自然、他人、社会之间的新的伦理关系，并从而形成超越发展的社会实践精神。

培养受教育者的批判性思维能力，是适应人与社会及其未来发展要求

---

① 孙正聿：《属人的世界》，吉林人民出版社2007年版，第136页。

的现实需要。面对知识爆炸、信息海洋、信息垃圾、信息污染，以及工业化进程中的“现代性问题”、信息化时代的“后现代问题”，批判性思维对人的心理发展、思想观念的变革以及现实生活的改造具有非常重要的意义。现代社会，处理信息的能力、解决问题的能力、学习能力以及全球意识和批判性思维，已成为未来社会的公民必须掌握的五大技能。① 当前，在我国的教育体系中，批判性思维的培养还处于被冷落的状态，“分数至上，精神缺氧”的现象仍然十分突出。通过学校教育、社会舆论和网络传媒进一步把握人们的批判性思维的能力状况，发挥批判性思维在激活思想、改造思想、批判社会、创造社会中的重要作用，成为教育和引导受教育者超越发展的重要内容。

（二）发挥思想政治教育的批判性功能

发展批判性思维能力，必须遵循思维发展的规律，改变传统的教学文化、教学方式和方法，通过有意义的接受学习和探究学习，将教学过程由单纯的给予与接受转变成为教育主客体双方的“知识与知识、思维与思维、智慧与智慧、灵魂与灵魂”的碰撞过程。提倡交往、对话、互动，开展案例教学、理论争鸣、教育对话是培养批判性思维能力的重要策略。反对“灌输”，反对“话语霸权”，开展主体间性的思想政治教育，成为思想政治教育培养批判性思维能力的现实要求。而实现这一目标的前提在于把握思想政治教育的批判性，发挥思想政治教育活动所具有的激活思想、锻炼思维的作用。

思想政治教育的批判性是马克思主义实践精神的体现和要求。马克思主义是在“理论批判、实践批判和自我批判”中确证思想理论的生命与活力的。资产阶级学者大多普遍承认，“正是马克思，而且首要的是马克思，仍在为我们提供批判现存社会的最锐利的武器。”② 英国学者伊格尔顿指出，“马克思主义在道德和文化批判方面的作品十分丰富，这本身就是他留给我们的宝贵遗产，值得我们尊重和珍惜。人类不断异化、社会生活愈发‘商品化’、我们的文化鼓吹贪婪、攻击性、不加思考的享乐主义

---

① 刘儒德：《论批判性思维的意义和内涵》，《高等师范教育研究》2000 年第 1 期。

② ［英］沃尔夫：《当今为什么还要研读马克思》，段忠桥译，高等教育出版社 2006 年版，第 2 页。

和日益严重的虚无主义，我们正逐渐失去自身存在的意义和价值：要对上述问题进行富有成果的讨论，离不开马克思主义传统的积淀。”① 当前，随着经济全球化和市场经济的深入发展，工具理性的僭越、人际关系的疏离、消费主义的流行、生态环境的失衡等资本主义生产方式下的“现代性问题”，在我国的社会生活中也都不同程度地存在着。促进受教育者的超越发展，必须传承马克思主义思想政治教育的批判性，提高受教育者的批判性思维能力。

思想政治教育活动离不开思想观念的批判性的确证。一定社会发展的客观要求与人们实际思想品德水平间存在的矛盾是思想政治教育活动的发生依据。捍卫正确的思想观点，批判错误的思想行为，是思想政治教育的实践起点。思想政治教育过程中，只有对现存的思想、观念、行为等开展分析、评价的批判性活动，对落后、愚昧、专制现象以及教育过程中的落后现象进行批判，才能将一定社会、一定阶级所需要的思想品德逐步内化为受教育者的思想行为。只有将社会领域的各种错误观念与受教育者的联系纳入学科视野，甄别良莠、激浊扬清，才能实现思想政治教育对个体价值选择与社会价值取向的主导。只有遵循社会发展规律、教育内在规律和受教育者身心发展规律，自觉开展关于学科要素的批判，才能不断寻找学科建设的生长点，提高学科实践系统运行的质量。

当前，思想政治教育的批判特性并没有上升到实践运作的高度。② 长期以来，人们认为批判是对某一事物或某一特性的否定性判断，是对原先认识的否定或补充，甚或被理解为政治上互相攻击、互相贬斥的武器。由于马克思主义政党在思想政治教育史上曾简单地将批判等同于强制、压服，将批判的反思变成了控诉与彻底的否定，犯过严重的“左”的错误。特别是我国“文化大革命”时期的革命大批判产生了巨大的消极影响，导致现实社会中的人们不愿提及批判。随着社会的不断开放，人们的社会生活和思想日益多元化，价值选择的空间不断拓展，社会发展批判的合理性更是引起了争议。这一情形直接导致了思想政治教育过程中批判主体的缺位，形成了批评教育法在现实运作中的误区，由曾经的滥用批评发展到批评的弱化并走向缺席。正如英国学者希特在论述公民教育时指出的，

---

① ［英］伊格尔顿：《马克思为什么是对的》，李扬等译，新星出版社 2011 年版，第 4 页。

② 邓纯余：《基于思想政治教育批判特性的研究综述》，《湖北社会科学》2010 年第 4 期。

"……在一个最需要培养批判的公民社会中，教师承担这项工作的机会是最少的，危险确是最大的。但是这种严酷的现实并不能破坏这一职业原则"。① 引导受教育者面向自我与社会未来的发展，必须继承加强对思想与社会关系的批判性审视，发挥社会批评对于强化正确观念、规范舆论导向、约束社会行为的作用。

（三）阐扬马克思主义的超越思想和超越性特征

正如德国思想家雅斯贝尔斯指出的，"思想家伟大的标志是他尽可能地同时与所有的人一道取得成就，他所说的能够超越时间，唤起人类的多种可能性，成为人类的鉴戒。"② 阐扬马克思主义的超越思想和超越性特征，追踪马克思主义者的思想和行为历程，是建设思想政治教育学科，加强马克思主义理论教育的重要任务，也是培养受教育者的批判性思维，促进受教育者超越发展的重要途径。

马克思主义理论体系中包含着丰富的超越思想。马克思主义认为，人的意识的对象性活动形成了认识与实践、主体与客体之间的内在张力，使得实践成为人的自我否定、自我超越的根本方式。马克思不仅在认识论中强调，"思想永远不能超出旧世界秩序的范围"，但却"能超出旧世界秩序的思想范围"③，而且在实践论中指出，实践的目的即人的需要、能力及其与对象的关系。理论对于实践的先导性、人的意识的超越性和独立性，都是马克思主义实践性思维的重要内容。正是人与社会超越发展的必要性和可能性思想，支撑着马克思主义全部的理论建构、思想试验和社会行动，渗透在马克思主义的社会历史观、人生价值观及其理论和实践的方方方面，熔铸为马克思主义的理论内核和思想精华。马克思主义作为一种与"改变世界"的实践密切关联的政治负载，其突出意识能动和理论先导作用的认识论、立足人的主体性生成的实践观、强调社会有机构成的历史观、基于社会批判的公正观、朝向人类解放的共产主义理想信念及其面向世界、面向未来的理论视野，都充满着

---

① ［英］希特：《公民身份：世界史、政治学与教育学中的公民理想》，郭台辉、余慧元译，吉林出版集团2010年版，第486页。

② ［德］雅斯贝尔斯：《大哲学家》，李雪涛等译，社会科学文献出版社2005年版，第31页。

③ 《马克思恩格斯文集》（第1卷），人民出版社2009年版，第320页。

丰富而深刻的超越思想。

马克思主义是先进的、科学的理论体系，不仅在于它创立了崭新的世界观和方法论，开启了人类社会发展的新时代，更在于它始终用不断发展的理论超越理论本身，以理论的超越发展保有理论的时代性和生命力。马克思在理论的批判和扬弃中超越了黑格尔、费尔巴哈，超越了形而上的"玄思哲学"、"体系哲学"以及传统的本体论哲学，挺立起面向人的现实生活世界的崭新的唯物史观，创造了一个超越以往一切旧有的哲学同质性的神话。① 从马克思早期的哲学思想的形成与发展、人学现象学的历史建构与社会主义理论的提出，到总体性的社会历史科学的建构，以及马克思深入到经济学、人类学以及无产阶级解放事业中的确证过程，都无比精彩地展示了马克思思想历程的超越性特征。② 同样，马克思、恩格斯所开创的思想解放、人类解放的事业，在理论超越和实践超越的不断催化中，形成了以列宁主义、毛泽东思想和中国特色社会主义理论为标志的理论成果和实践进程。这种一脉相承的理论成果、前后相继的理论发展和实践超越在暗合着超越思想的同时，彰显出马克思主义的超越性特征。

阐扬马克思主义理论与实践的超越性，不仅有助于形成受教育者的批判性思维能力，促进受教育者的超越发展，也有助于优化马克思主义理论教育的接受效果，帮助受教育者更加完整地理解马克思主义，在人生理想信念的塑造中坚持马克思主义，追求更加高远的超越发展。诚如研究者指出的，"在超越性提示下的人的自我解读和全面发展，具有更加成熟的人生运思和信念支撑"③，只有结合鲜活的生命、鲜明的人格阐释思想的放逐与时代的进步，才能理解"马克思为什么是对的"、"马克思主义为什么是对的"。脱离时代或脱离人物本身去理解时代的精神与伟人的思想，往往会影响马克思主义理论教育的效果。我国学者张曙光认为，当前，我国的马克思主义研究在取得较大成绩的同时，存在着重视"现实性"、轻视"超越性"的倾向，在与现实性的对抗中马克思主义的超越性居于

① 杨学功：《超越哲学同质性神话：马克思哲学革命的当代解读》，北京大学出版社 2010 年版，第 121—122 页。

② 张一兵：《马克思哲学的历史原像》，人民出版社 2009 年版。

③ 蔡志军：《马克思哲学超越性思想研究的当代意义》，《辽宁师范大学学报》2011 年第 2 期。

“被低估的状态”。① 这一现象的持续既不利于引导人们全面准确地理解马克思主义，一定程度上也弱化了人们对马克思主义批判性特征的认同。

阐扬马克思主义理论与实践的超越性，既不能丢掉马克思主义的批判性特征，一味地掩盖矛盾、回避问题，又要防止“自由地抛弃任何完整的和周密的理论”，违背马克思主义的立场、观点、方法。发挥马克思主义批判功能的目的不是为了推翻一个旧社会，而是为了净化、简化和平衡当下社会的环境，通过“理论批判、实践批判、自我批判”促进社会变革、社会创新、社会进步。审视马克思主义思想政治教育的批判特性，目的在于从受教育者及其社会生活的实际状况出发，通过日常生活批判、意识形态批判、社会思潮批判、社会文化批判，化解当前社会生活中不利于社会主义核心价值观建设的消极因素。② 当下，教育者只有自觉地将政治、经济、文化、科技等不同领域的环境变化纳入思想政治教育的视野，对思想政治教育环境进行反思、批判、预测和重构，才能为受教育者的超越发展提供明晰的价值目标和实践路径。

三　把握超越发展的社会限度

受教育者的超越发展是自我发展与社会发展的统一。受教育者的发展始终受到社会的政治发展程度、经济发展状况和文化发展水平的制约。思想政治教育过程中，只有把握受教育者超越发展的社会需要和社会限度，才能促进受教育者的超越发展。

（一）政治发展程度与受教育者的超越发展

政治发展是人的发展的条件，是社会发展的重要组成部分，人的发展需要借助政治发展实现“人向自身、向社会的人的复归”。政治发展包括合理政治模式的建构、公民政治参与能力的增强、政治民主化程度的提高、政治文化的发展、政治行政效能的提高以及政治系统权能的增强等不同内容。一个国家和地区的生产方式是社会变革和政治发展的终极原因，

---

① 张曙光：《马克思主义哲学研究应有的现实性与超越性——一种基于人的存在及其历史境遇的思考与批评》，《中国社会科学》2006 年第 4 期。

② 邓纯余：《马克思主义思想政治教育批判特性的当代审视》，《学校党建与思想教育》2010 年第 2 期。

生产交换的发展、社会财富的积累和劳动的普遍解放创造了政治发展的条件，使政治发展成为一个渐进、曲折的上升过程。一定阶段的社会政治运行有着自身的合法性、合理性。随着社会有机系统内部逐渐发展起来的新的、更高的条件，旧有的政治制度、政治系统将不得不让位于更高的阶段和更好的制度。政治系统的权能及其变迁状况制约着受教育者的超越发展。

政治发展作为受教育者超越发展的社会限度，反映了思想政治教育的政治性本质。社会政治的发展进程中，民主政体、集权政体、权威政体等政治统治形式有着不同的思想基础、社会基础、经济基础，形成了社会、国家、政党之间的不同界限和关系。① 这种界限和关系构成了受教育者超越发展的政治基础。如果一国的政党、政策、制度缺乏权威、民主和良好的形象，受教育者只能出于对意识形态的怀疑、疏离甚或拒斥而成为被统治阶级或者其他社会集团的成员。现代社会，随着政治民主化进程的发展，社会已经实现了多数人对少数人的统治。社会流动与社会分层的加快、公共空间与公共领域的不断拓展以及网络政治、网络民主的发展，创造了受教育者超越发展的政治条件。

长期以来，中国共产党始终坚持思想政治教育的生命线地位，坚持“思想政治工作的本质是群众工作”，坚持改善和加强党对思想政治工作的领导，运用不断发展着的马克思主义锻造思想政治教育的理论支撑和实践机制。一方面，思想政治教育对于维护的党的执政权威，宣传党的方针政策，形成社会共同理想，建设社会主义核心价值体系，发挥了极为重要的作用。另一方面，作为社会系统工程，思想政治教育有着广泛的群众基础、政策导向和制度支持。随着我国改革开放的深入，社会组织结构的分化和扩散以及新的社会阶层和利益集团的形成，人们已经进入了一个多元利益主体的博弈时代。② 随着我国政治文明建设的发展，不同行业、不同领域纷纷建立了公共参与机制，社会的公共性建设逐渐得到了国家制度建设的呼应。以国家为主导、凝聚和吸引社会多元力量共同参与社会建设和管理的新格局为受教育者的超越发展创造了良好的政治条件。当然，强调

① ［美］奥罗姆：《政治社会学导论》，张华清等译，上海人民出版社 2006 年版，第 102 页。

② 孙立平：《博弈：断裂社会的利益冲突与和谐》，社会科学文献出版社 2006 年版。

受教育者的超越发展具有良好政治条件的同时，也不容回避我国上层建筑的发展水平还不是很高，政治发展中仍然存在着舆论监督体系不够完善、社会参与制度不够健全、公民素质和参与能力有待提高等现实的社会问题。

（二）经济发展水平与受教育者的超越发展

经济发展是一国政治发展、文化发展的基础，因而也是制约受教育者超越发展的根本限度。马克思指出，“当人们还不能使自己的吃喝住穿在质和量方面得到充分保证的时候，人们就根本不能获得解放”①。列宁多次强调，“现在我们主要的政治应当是：从事国家的经济建设，收获更多的粮食，开采更多的煤炭，解决更恰当地利用这些粮食和煤炭的问题，消除饥荒，这就是我们的政治。正应当根据这些来安排整个鼓动工作和宣传工作。应当少说空话，因为空话满足不了人民的需要。”② 毛泽东指出，“我们不能饿着肚子去‘正谊明道’……离开经济工作而谈教育或学习，不过是多余的空话。离开经济工作而谈‘革命’，不过是革财政厅的命，革自己的命。”③ 邓小平也多次指出，“讲多劳多得，不重视物质利益，对少数先进分子可以，对广大群众不行，一段时间可以，长期不行。”“如果只讲牺牲精神，不讲物质利益，那就是唯心论。”④ 这些论述都从经济与政治的关系视角分析了经济发展状况与受教育超越发展的关系。

受教育者能否超越狭隘的物质利益需求，形成促进经济发展的政治自觉，取决于一个国家经济发展的水平和经济运行的效能和性质。美国政治学家亨廷顿在大量的实证基础上指出，“社会经济发展促进政治参与的扩大，造成参与基础的多样化，并自动导致自动参与代替动员参与”⑤。改革开放以来，我国经济的高速增长奠定了社会发展的物质基础，社会流动、社会分工的加快，为人的超越发展创造了良好的社会经济条件。在这样的时代背景下，引导受教育者实现对物质利益的超越，对品质生活的追

① 《马克思恩格斯文集》（第1卷），人民出版社2009年版，第527页。

② 《列宁选集》（第4卷），人民出版社1996年版，第308页。

③ 《毛泽东著作选读》，人民出版社1986年版，第565页。

④ 《邓小平文选》（第2卷），人民出版社1994年版，第146页。

⑤ ［美］亨廷顿著：《难以抉择——发展中国家的政治参与》，汪晓寿译，华夏出版社1988年版，第69页。

求，对共同理想的构建，无疑具有了一定的物质经济基础。同样，强调良好的社会经济条件的同时，也不能忽视我国还处于社会主义初级阶段的现实国情。随着我国工业化和社会分工的发展，社会的异质性和个性不断增长，以及外在于社会制度的不平等的产生，个人与群体活动之间的紧张构成了危害社会团结的主要威胁。由于社会生产力水平还不是很高，多种经济成分的长期存在，城乡差距、地区差距、贫富差距依然比较突出，市场竞争以及经济上的不平等带来的人际疏离，以及无视经济运行规律的经济自发行为的普遍存在，这些都制约着受教育者的超越发展。

（三）文化发展状况与受教育者的超越发展

文化发展是人的发展的重要条件，文化发展状况制约着受教育者的超越发展。列宁在强调文化革命的重要性时指出，“在一个文盲充斥的国家是建不成社会主义的”，“只要在我国还存在文盲现象，那就很难谈得上政治教育。这并不是政治任务，这是先决条件，没有这个条件就谈不上政治。文盲是处在政治之外的，必须先教他们识字。不识字就不可能有政治，不识字只能有流言蜚语、谎话偏见，而没有政治。”① 社会文化环境和文化发展水平制约着受教育者超越发展的性质和水平。长期以来，思想政治教育在政治教育为主中过多地突出了政治性。由于缺乏不同文化资源的累积和开发，思想政治教育活动缺少丰富文化养分的滋养，给人留下了一种空洞的政治说教的社会印象。近年来，随着文化软实力理论的传播和应用，探研思想政治教育的文化属性、文化功能、文化环境，发挥思想政治教育的文化价值主导、文化传承创新功能，开发思想政治教育的文化载体、文化资源、文化力量，已成为思想政治教育发展的文化自觉。②

党的思想政治教育有着丰厚的文化基础和历史传统。无论是革命战争年代，还是社会主义建设时期，党始终重视结合时代条件和中心任务，提出科学的文化纲领、奋斗目标和方针政策。改革开放以来，建设社会主义先进文化，促进人的全面发展已成为党的各项工作的根本出发点和落脚点，关注文化国力、文化竞争已成为新时期维护国家安全和推进社会建设

---

① 《列宁专题文集·论社会主义》，人民出版社2009年版，第267页。

② 谢晓娟：《思想政治教育：一种文化的分析视角》，《马克思主义与现实》2010年第5期。

的重要内容。党的十七届六中全会指出，文化是民族的血脉，是人民的精神家园。文化越来越成为民族凝聚力和创造力的重要源泉、越来越成为综合国力竞争的重要因素、越来越成为经济社会发展的重要支撑。繁荣发展社会主义先进文化，培养高度的文化自觉和文化自信，增强国家文化软实力，努力建设社会主义文化强国，将不断创造出受教育者超越发展的良好文化环境。当然，从我国文化发展的现实国情看，物质文明与精神文明的发展失衡、意识形态主导文化边缘化趋势的客观存在、文化产业结构不够合理、社会文化建设主体素质有待提高、文化国力、文化竞争力、文化话语权还不够强大，等等，都仍然是制约受教育者超越发展的文化因素。

四　实施受教育者超越发展的时空观

提高受教育者的时间意识，拓展受教育者超越发展的空间维度，构成了受教育者超越发展的重要实践主题。正如英国社会学家吉登斯指出的，“社会科学研究的主要领域既不是行动的经验，也不是任何形式的社会总体的存在，而是在时空向度上得到有序安排的各种社会实践”①，从时间的向度和空间的维度建构受教育者超越发展的方法支撑，是促进受教育超越发展的重要路径。

（一）引导受教育者树立超越发展的时间价值观

如何利用时间以及利用社会时间的数量、质量反映出一个人融入社会的意识和能力。促进受教育者的超越发展，需要关注受教育者的时间管理倾向，开展“生命教育、终身教育、历史教育、闲暇教育”，引导受教育者把握自身的生存结构和发展状态，参与社会时间的开发和管理，成为占有和支配时间的真正主体。

促进受教育者的超越发展，要积极关注受教育者的时间管理倾向。时间管理倾向是一种具有多维度多层次心理结构的人格特征，包括时间价值感、时间监控观和时间效能感。② 其中，时间价值感是指个体对时间的功

---

① ［英］吉登斯：《社会的构成：结构化理论大纲》，李康、李猛译，生活·读书·新知三联书店 1998 年版，第 40 页。

② 黄希庭、张志杰：《论个人的时间管理倾向》，《心理科学》2001 年第 5 期。

能和价值以及时间对个体人生和社会发展意义的稳定的态度和观念。时间监控观是个体利用和运筹时间的观念和能力，体现为计划安排、目标设置、时间分配、结果检查等一系列外显活动。时间效能感指个体对自己利用和运筹时间的信念和预期，反映了个体对于时间管理的信心及其对于自身时间管理能力的评价。时间价值感、时间监控观和时间效能感分别反映了价值观、自我监控和自我效能在个体运用时间上的心理和行为特征。时间管理倾向与人们的主观幸福感、工作满意度以及抑郁、焦虑、紧张等情绪密切相关。关注人们的时间管理倾向，不仅是训练和提高人们时间管理技能的社会要求，也是通过时间人格维度的分析和把握，促进受教育者超越发展的实践要求。

引导受教育者树立超越发展的时间价值观，需要广泛开展“生命教育、终身教育、历史教育、闲暇教育”。时间的流逝是个体生命存在的重要表征，时间管理能力是衡量主体生命质量的天然标尺。每个人的生命中都有一系列具有可能性的“危机”、“遭遇”和“偶然”的因素，它们直接或间接地影响着受教育者的超越发展。开展生命教育，就是要展现受教育者的生命质量和生命价值，提高受教育者关于时间生命的洞察力，在确立生活理想与社会信仰中架构起生命成长的支点。开展终身教育，就是要根据人的思想政治品德结构形成与发展的不平衡性，构建一种服务于受教育者生涯发展的思想政治教育体系。开展历史教育，就是要通过人与历史的对话，探寻历史发展的规律，引导受教育者确立超越发展的未来向度。开展闲暇教育，就是要提高受教育者关于时间的理解力、洞察力、执行力，通过“被正确理解的自由”树立健康合理的生活方式。

（二）聚焦受教育者三度空间的超越发展

空间是属人的空间。人们通过日常生活的叙事和阐释赋予生活空间以意义，通过主体的实践创造完成新的空间的生产和维护，建立崭新的生活方式和社会关系。社会空间的发现和重构是受教育者超越发展的重要体现。现代社会，随着空间的多样化、虚拟化、差异化，需要聚焦日常生活空间、虚拟空间和公共空间，实现受教育者在非日常生活空间、现实空间和私人空间中的超越发展。

聚焦日常生活空间，促进受教育者在非日常生活空间建构中的超越发展。人们的社会生活分为日常生活和非日常生活。日常生活是指以传统习俗、经验、常识为认知图式，以生存本能、血缘关系、天然情感等文化因素为基础的生活领域。非日常生活是指以科学、艺术、哲学等为表现形态的精神生产，以社会化大生产、经济、政治、公共事务等为内涵的有组织的社会活动。① 社会生活中，由于个人总是按照一定社群的习惯系统所提供的节奏、秩序和规则融入日常生活。实现个体向类的成长发展，必须超越以血缘关系和自然情感为基础的日常生活空间。在这一意义上，从日常生活空间到非日常生活空间的建构，也正是受教育者扩大社会参与，实现社会认同，创造理想社会的超越发展过程。正如社会学家韦伯曾经指出的，“最本真意义上的‘日常生活’的肤浅恰恰在于，在日常生活中混日子的人意识不到，尤其是不想意识到部分地受心理制约、部分地受实用制约的各种价值的混杂。”② 聚焦受教育者的日常生活空间，赋予日常生活以内在而超越的政治关怀和生存理解，有利于引导受教育者充分地扬弃日常生活的“肤浅”之处，促进受教育者在非日常生活空间的建构中超越发展。

聚焦虚拟空间，促进受教育者在现实空间中的超越发展。虚拟是标志人的超越性和自由度的哲学范畴。“在狭义上，当代语境中的虚拟特指当代的数字化的表达方式、构成方式和超越方式，……而在广义上，虚拟指的是人借助于符号化或数字化中介系统超越现实、观念地或实践地建构‘非现实的真实世界’的能力、活动、过程和结构。”③ 信息化时代，网络主体的组合、联系、互动，形成了一个基于生活想象和网络建构的虚拟社会，构成了人类生存的第二空间。虚拟社会作为人类超越自身和现实社会的创造物，以其主体的虚拟性、空间的流动性，提供了人们表达思想、传达信息、交流情感、讨论话题、商品交易、媒体评论、政治参与的平台。正如研究者指出，虚拟社会“不是单个人在虚拟空间中无序的简单的集合”，而是“在虚拟实践中按照一定的方式彼此发生的各种虚拟社会联系和关系的领域”④，虚拟社会中的数字化生存构成了人的意义生存和虚拟发展的重要维度，成为人们创造可能性生活，超越和扬弃现实生活的

① ［匈］赫勒：《日常生活》，衣俊卿译，重庆出版社 1990 年版，第 3 页。

② ［德］韦伯：《社会科学方法论》，李秋零等译，中国人民大学出版社 1999 年版，第 124 页。

③ 张明仓：《虚拟实践论》，云南人民出版社 2005 年版，第 60 页。

④ 曾令辉：《虚拟社会人的发展研究》，人民出版社 2010 年版，第 42 页。

一种方式。开展网络思想政治教育，关注虚拟空间与虚拟社会的发展，创造具有发展价值的虚拟生活，实现虚实和谐发展，成为促进受教育者超越发展的重要途径。

聚焦公共空间，促进受教育者在私人空间中的超越发展。社会科学中，空间不是单纯的位置和场所，而是由言语和行为在社会互动中构成的公共场域。社会空间理论的重要代表，法国社会学家布迪厄认为，“社会空间的建构方式乃是位居此空间的行动者、群体或制度的接近”①，行动者对空间的看法植根于他在空间中的位置，行动者的性情、习性以及他们理解社会世界的心智结构，正是内化了那个世界结构的结果。随着我国经济体制改革的深化与发展，传统社会的同构差序格局已彻底地嬗变为领域分离的市场整合模式。个人的集体依附、单位依附都已极大程度地被瓦解。政治活动的开放性、经济成分的多样性、文化生活的多元性，赋予了人们生活的自主性、独立性、选择性、差异性。随着社会流动的加快与新的社会阶层的形成，社会空间被越来越多地分割为特定人群的公共空间，聚焦公共空间，就是要关注受教育者在社会空间建构中的分异情况，提供具有针对性、差别化的思想政治教育，调适受教育者的社会认知和价值选择冲突，促进受教育者在私人空间中的超越发展。

五　构建受教育者超越发展的社会支持系统

社会支持作为一种重要的弹性资源，具有价值增进、工具性帮助、陪伴支持、情感救助等不同的功能。社会支持包括物质的直接援助和社会网络、团体关系的存在和参与，也包括个体在社会中受到尊重和理解的情感支持。② 受教育者超越发展的过程中可能面临着各种风险挑战，不仅会产生不同程度的思想困惑、心理压力和文化阻抗，甚或可能因超越之旅的坎坷、因长期的焦虑和不安而引起思想的偏执、人格的分裂甚或政治的狂妄。促进受教育者的超越发展，需要坚持思想政治教育的人文关怀，改进思想政治教育实践教学，加强社会思想政治教育，构建受教育者超越发展

① 高宣扬：《布迪厄的社会理论》，上海同济大学出版社2004年版，第34页。

② Orford J. Community Psychology [M]. *Theory and Practice*. Chieester: Wiley and Sons, 1992.

的社会支持系统。

（一）坚持思想政治教育的人文关怀

思想政治教育，说到底是做人的工作。为了人、依靠人、服务人、发展人是思想政治教育的价值指向。注重人文关怀，就是要进一步了解“现实的人”的各种需要以及他们的特殊利益和发展要求。在思想政治教育过程中进行价值引导、精神呵护和生存关怀，是构建受教育者超越发展的社会支持系统的基本要求。

坚持人文关怀，就是要结合人的生存状况、生存境遇、生活条件、发展要求，从人的生存、安全、自尊、发展、享受等不同层级的需要出发，给予人的发展以充分而全面的关心、理解、帮助、引导和支持。倡导人文关怀，要求思想政治教育者自觉贯彻以人为本理念，把尊重人、理解人、关心人、帮助人作为思想政治教育的首要原则，以受教育者的实际利益和生存发展作为判断实践成效的直接标准，以开发受教育者的潜力，促进受教育者的全面发展为思想政治教育的价值坐标和实践指向。党的十七大报告提出的“加强和改进思想政治工作，注重人文关怀和心理疏导，用正确方式处理人际关系”①，从根本上把握了我国市场经济条件下人的主体性不断增强的现实，既体现了以人为本、科学发展的时代要求，也阐扬了思想政治教育的渗透原则、激励原则和主体性原则。

人文关怀的宗旨在于“助人自助”，使人能够自觉调控生存环境和主体自身，达到自我完善和功能的充分发挥。受教育者超越发展作为生命本质力量的丰富和发展，是受教育者由“片面的人”向“全面的人”的无限发展过程，是受教育者内在需要的不断满足和实现过程。坚持思想政治教育的人文关怀，本质上就是要坚持以人为本，尊重人的主体地位和个性需求，以培养人的自主意识和主观能动性，促进人的健康成长和全面发展为思想政治教育的实践目标。充满人文关怀的思想政治教育，坚持了“人性化、个性化、生活化、幸福化”的教育原则②，有利于防止思想政治教育活动出现“泛政治化”和“去政治化”的误区，能够赋予受教育

---

① 胡锦涛：《高举中国特色社会主义伟大旗帜为夺取全面建设小康社会新胜利而奋斗——在中国共产党第十七次全国代表大会上的报告》，人民出版社 2007 年版。

② 邹安乐：《人文关怀：思想政治教育发展的价值坐标》，《南京政治学院学报》2009 年第 2 期。

者关注人生与世界意义的能力，培植和发展个体内心世界的价值需求，并在生活的方方面面去实践这种超越精神。

当代社会，随着政治多极化、经济全球化、文化多元化、信息网络化、社会分层化的发展，人们的生存发展置身于一个异质多变、混沌多元的时空境遇中，物质的贫困、人际的疏离、功利的至上、思想的钝化、精神的虚脱、网络的放逐、科技的异化、风险的迭出……构成了禁锢当代人之生存发展的种种枷锁，而对个性、自由、解放、发展的向往，又无时不在地渴求打破这些枷锁，"超越'单子式'的生存，超越'物化'的占有生存，协调群体生存与人类生存，弥合现实生存与虚拟生存，领航人的风险生存"，构成了当代思想政治教育人文关怀的重要内容。促进受教育者的超越发展，尤其需要关注受教育者在学习、就业、生活、工作等不同方面产生的心理负荷和社会压力，结合经常性的心理调查、人格测量和社会调查充分了解受教育者在主体性发展中出现的身份焦虑、人格焦虑、考试焦虑、社交焦虑等各种现象和问题，并围绕这些现象和问题开展相应的心理辅导、情绪疏导和意志教育，培养受教育者自信、乐观的心理人格和超越精神。

（二）加强社会思想政治教育

社会思想政治教育是以公共生活为基础，以个体主动参与社会活动，以活动和经验为主要载体，以隐性教育为主要教育形式，以社会性或思想道德发展为主要内容的教育活动形式。① 受教育者的超越发展是人的社会化尤其是政治社会化的充分实现和展开过程。加强社会思想政治教育，契合了思想政治教育社会化的本质要求，有利于形成和完善受教育者超越发展的社会支持系统。

加强社会思想政治教育是改进思想政治教育实践教学的需要。受教育者的超越发展不能居留于任何观念形态的理想王国，而要展开为受教育者改造主客观世界的生动实践。作为受教育者主体性、超越性提升的结果，受教育者的超越发展具体表现为受教育者从"一个环境"移入并适应"另一个环境"，这种社会位移体现了受教育者社会关系的改善及其社会

① 佘双好：《青少年思想道德现状及健全措施研究》，中国社会科学出版社 2010 年版，第 207 页。

服务能力的提高。只有加强和改进思想政治教育实践教学，才能通过思想政治教育的内容、环境、载体、方法等教育要素的协同创新，扩大思想政治教育的辐射面、受益面，并由此克服教育过程中可能存在的信息错位和路径依赖，使受教育者能够在社会生活实践的丰富与发展中砥言砺行，不断超越自我。马克思指出，“……要真正地、实际地消灭这些词句，从人们意识中消除这些观念，就要靠改变了的环境而不是靠理论上的演绎来实现。”① 列宁在论述教育与政治的关联时强调，无产阶级政党的政治活动中，“现在和将来始终有某种教育学的因素……但不要把我们的理论变成枯燥乏味的教条，不要光用书本教他们理论，而要让他们参加日常的斗争”，“训练、培养和教育要是只限于学校以内，而与沸腾的实际生活相脱离，那我们是不会信赖的。”② 加强思想政治教育实践教学，关键在于突破思想政治教育的时空限制，丰富思想政治教育活动过程的基本要素，坚持从实践到认识再到实践的认识论，为受教育者的超越发展提供必要的实践参照和实践平台。

加强社会思想政治教育是增强受教育者的领悟社会支持能力，克服超越发展过程中可能产生的社会心理焦虑，保持良好的社会心态的客观要求。领悟社会支持是社会心理学研究中提出的重要概念。相对于个体面临压力时周围人提供的实际支持，领悟社会支持是指个体对社会支持的期望和评价，是对可能获得的社会支持的信念。较之于实际社会支持，领悟社会支持具有维护个体心理健康的增益性功能。③ 受教育者的超越发展是在社会中的超越发展。随着受教育者社会角色、社会生活的变化，其思想政治道德素质的发展与社会的政治、经济、文化系统发生了新的联系，形成了受教育者超越发展的新空间和新要求，也必然会产生超越发展过程中的阵痛和焦虑。尤其是随着我国社会竞争的加剧，社会焦虑心理呈现出由个体转向群体、由单一转向多样、由表层转向深层特点。④ 在全民焦虑的现实境遇中，受教育者的超越发展也难免地会产生一种面对未来的紧张不安

---

① 《马克思恩格斯文集》（第 1 卷），人民出版社 2009 年版，第 545 页。

② 《列宁专题文集·论无产阶级政党》，人民出版社 2009 年版，第 289 页。

③ Orford J. Community Psychology [M]. *Theory and Practice*. Chieester: Wiley and Sons, 1992.

④ 刘捷：《社会焦虑心理的认知与疏导对策》，《福建论坛》（人文社会科学版）2013 年第 9 期。

甚或茫然、悲观。社会思想政治教育以其“主体的多样性、对象的广泛性、内容的丰富性、形式的多样性、方式的补偿性、领域的广阔性”，满足了受教育者超越发展的社会需要。广泛开展社会思想政治教育，通过思想政治教育实践路径的社会化建构，实现思想政治教育与社会工作、社会管理、社会治理的有机结合，有助于增强受教育者的社会支持感，形成和完善受教育者超越发展的社会支持系统，形成和保持受教育者超越发展的适应性、开放性。

第七章　思想政治教育者的超越发展

思想政治教育者是思想政治教育活动的承担者、发动者和实施者。思想政治教育者的超越发展不仅关系着思想政治教育理论与实践发展的趋势，也直接影响着受教育者的超越发展。本章通过审视思想政治教育者的生存和发展状态，分析思想政治教育者的感情趋向、价值取向和行为导向，把握思想政治教育者超越发展的目标要求。

一　思想政治教育者超越发展的内涵

引领受教育者的未来发展，离不开思想政治教育者的超越发展。正如雅斯贝尔斯指出的，“真正的教育总是要靠那些不断自我超越以不断超越的教育家才能实现”①，思想政治教育者只有作为有效的施教主体，才能在思想政治教育过程中体现主导性，发挥创造性，作为积极的、活跃的因素发挥主导和支配的作用。

思想政治教育者的超越发展是教育者主体素质和能力的质变和飞跃。思想政治教育的主体素质是思想政治教育者在先天素质和后天实践中形成的在思想政治教育实践活动中长期发挥作用的素养，包括政治素质、人格素质、理论素质和能力素质、身心素质等方面。在党和国家的培养下，思想政治教育者成长为代表特定阶级、政党、集团的利益而从事思想政治教

① ［德］雅斯贝尔斯：《什么是教育》，邹进译，生活·读书·新知三联书店1991年版，第24页。

育的社会工作者，成为促进受教育者社会化发展的“重要他人”①。为了掌握思想政治教育的科学艺术，思想政治教育者需要经常性地接受社会组织的管理和培训，并通过自我教育、自主学习实现主体思维模式的变更、研究方法的转换、实践能力的提升。形成良好的知识结构和知识储备，建立真心喜欢思想政治教育的情感，培育从事马克思主义理论教育的实践意志，形成全面的思想政治教育能力，进行广泛的社会实践参与，是思想政治教育者超越发展的目标要求。

思想政治教育者的超越发展直接地表现为思想政治教育者的角色转型和职业能力的提升。思想政治教育者只有不断提升思想境界，开阔知识眼界，才能创造性地开展思想政治教育。这种境界和眼界的提升是思想政治教育者进行角色调适与转换的过程。正如列宁指出的，发展无产阶级的政治意识，应当“既以理论家的身份，又以宣传员的身份，既以鼓动员的身份，又以组织者的身份‘到居民的一切阶级中去’。”② 现代社会，在特定的学校教育、社会教育活动中，思想政治教育者很难担当理论家、宣传员、鼓动员、组织者的多重角色。然而，社会分工体系的发达以及思想政治教育较为完善的社会组织建制，对思想政治教育者的角色身份、角色转换、角色行为提出了更加广泛的要求。从党和国家各项方针、政策的代言人转变为具有公共意识，推动公共领域建构的社会人，从单一的思想政治理论教育者转变为多元文化的传播者、引领者，从“经验型角色”发展为“专业型角色”，成为思想政治教育者调适角色冲突，实现超越发展的专业成长要求。

思想政治教育者的角色是特定社会要求与主体自我塑造的共同产物。思想政治教育者关于教育现实与教育理想的认知不可避免地受到自身工作属性、生存现状以及社会现实的影响。美国教育家帕尔默指出，“真正好的教学不能降低到技术层面，真正好的教学来自于教师的自身认同与自身完整”③，思想政治教育过程中，如果思想政治教育者只是机械地根据和

---

① “重要他人”是美国社会学家米尔斯在米德的自我发展理论基础上提出的重要概念，指对个体的社会化发展具有重要影响的具体人物，相对于由社会期待与规范体系构成的“概括化他人”而被使用。

② 《列宁选集》（第1卷），人民出版社1995年版，第366页。

③ ［美］帕尔默：《教学勇气——漫步教师心灵》，吴国珍译，华东师范大学出版社2005年版，第10页。

服从于社会需求来塑造自身，将在被动滞后的角色定位、角色转换中沦落为政治教育的工具。这种工具型角色的长期依附必然带来角色能力的钝化甚或角色的虚化，从而在角色冲突中引起角色模糊、角色缺陷、角色中断、角色紧张、角色失败。也正如社会学家韦伯指出的，“无论是就表面还是本质而言，个人只有通过最彻底的专业化，才有可能具备信心在知识领域取得一些真正完美的成就”①，思想政治教育者只有不断地观摩、分析、体验、反思、探索和创新思想政治教育，才能实现从工具性角色到创造性角色，从新手到熟手再到专家的专业化成长。增强理论自觉，丰富实践体验、打造专业文化，拓展实践空间，显扬着思想政治教育者的超越性存在。

二 思想政治教育者全面的职业素质要求

思想政治教育是一项具有思想性、政治性、教育性的实践活动，形成了对教育者全面的素质和能力的要求。正如恩格斯在批判卡·海因岑的鼓动宣传时指出的，“除了一定的经验、善良的愿望和洪亮的嗓音而外，……党的政论家还需要更多的智慧、更明确的思想、更好的风格和更丰富的知识。”② 思想政治教育者全面的职业素质包括优秀的思想品质、创新的主体意识和良好的能力素质，表现在知识、情感、意志和行为等各个方面。

思想政治教育者要有较强的知识生产、知识育人的能力。知识是人们在实践中积累起来的经验和理论体系，是主体对客体的性质、状态、规律等内容的主观反映。思想政治教育的知识体系包括社会控制的政治性知识、思想观念转变的教化性知识以及实践生存的体验性知识。③ 思想政治教育是一门学科，它的科学性建立在丰富的理论知识基础之上。正如列宁强调的，马克思主义是人类知识的典范，是从人类知识的总和中产生的。思想政治教育者的知识生产和知识育人能力尤为重要。美国批判教育学的代表，教育家吉鲁在教师专业发展的论述中指出，教师应该发展一种跨越

① ［德］韦伯：《学术与政治》，钱永祥等译，广西师范大学出版社2009年版，第23页。
② 《马克思恩格斯选集》（第1卷），人民出版社1995年版，第203页。
③ 邓纯余：《思想政治教育学科的知识论视角》，《内蒙古社会科学》2011年第4期。

边界的策略，以跨学科、跨文化的课程内容与组织来容纳多重叙事与文化差异，通过质疑习以为常的文化习惯和理论实践所形成的知识边界，以抗拒与转化的观点介入传统，从未曾习得的学科领域中获得超越现状的洞见，创造新的学术连接。① 随着人文社会科学发展的深度分化与高度综合，思想政治教育学科呈现出渗透、交叉、分化的趋势，这就客观上要求思想政治教育者注重知识更新和知识创造，在自觉吸纳新经验、新思维、新思想的基础上优化知识结构，尤其要广泛学习关于人的心理及其行为发展的科学，形成解释思想政治教育活动的知识谱系和知识能力。

思想政治教育者要有强烈的职业认同感、荣誉感、使命感。情感是主体由于对客体的认识而产生的对客体是否符合自己需要的态度的深刻体验，常常以满意或不满、肯定与否定，赞成或厌恶、吸纳和拒斥等相互对立的心理状态表现出来，并以极化的方式形成积极与消极的情感效应。正如马克思指出的，“如果你想感化别人，那你就必须是一个实际上能鼓舞和推动别人前进的人”②，思想政治教育者从事着改造和提升人们的思想政治素质，促进人与社会超越发展的特殊实践活动。思想政治教育者开展思想政治教育活动的自主意识、责任意识，来源于自身对职业价值、职业荣誉、职业使命的认同。思想政治教育者只有具有强烈的职业认同感，荣誉感、使命感，才能在理论研究和实践活动中做到实事求是、互助合作、敬业奉献。

思想政治教育者要有坚强的意志、坚定的信念。意志和信念是主体在精神力量的支配下，开展实践活动并有意识地支配、调节其思想行为的心理因素。作为主体自我意识的产物，意志和信念是影响主体活动的非智力因素，构成了人们发动、延续或中止某种思想观念及其行为的内在动因和持久动力。思想政治教育者的专业成长总是伴随着超越发展的情感体验和意志努力。一方面，思想政治教育者只有具有坚强的意志，才能以丰富的情感、旺盛的精力和坚强的毅力，在理论和实践活动中排除各种困难和障碍，从思想灌输、理论引导、人文关怀等方面给予受教育者必要的帮助和支持。另一方面，掌握马克思主义的理论体系，捍卫马克思主义的价值立

① 转引自胡春光《教师角色：从吉鲁的批判教育学中反思》，《华中师范大学学报》2008年第6期。

② 《马克思恩格斯全集》（第42卷），人民出版社1979年版，第155页。

场，推进马克思主义理论体系的中国化、大众化、时代化，都需要教育者具有坚强的意志和坚定的信念。

思想政治教育者要有良好的行为能力。人的行为能力“是在社会实践中形成而又潜在于主体内部并在主体和客体的对象性关系中表现出来的客观的能动的力量，是作为主体的人所具有的为了满足自己的一定社会需要而在一定的社会关系中从事对象性活动的内在可能性。”① 开展思想政治教育，离不开必要的理论研究、实践引导、社会反思和行为评价。思想政治教育者只有积极地融入社会生活，才能够触摸到社会的“物质关系”，了解不同阶级、阶层和社会集团的“意见”，把握思想政治教育活动背后的“物质利益”、“法的关系”和“国家的形式”。在这一意义上，创造的想象、敏锐的洞察、开阔的思维、新颖的表达、丰富的实践，构成了思想政治教育者不可或缺的社会行为能力。

三 关注思想政治教育队伍建设中的问题

思想政治教育是一项系统的社会工程，需要一支全覆盖、多领域、强有力的工作队伍。列宁曾经指出，“无产阶级要想战胜资产阶级，就必须造就自己的、无产阶级的‘阶级的政治家’，而这些政治家同资产阶级政治家比起来应该毫不逊色”②。改革开放时期，江泽民也多次强调“不重视、不会做思想政治工作，不可能成为成熟的领导干部”，提出了“努力培养一批全面掌握中国特色社会主义理论，学贯中西，联系实际的理论家”的党建目标。③ 新世纪以来，党的思想政治教育队伍建设尤其是学科队伍建设取得了非常大的成绩，但面对“执政、市场经济、改革开放以及外部环境”的考验，一些思想政治教育者仍然存在着“精神懈怠、能力不足”的实际问题，与“打造一支既精准掌握马克思主义理论，同时又懂得思想政治教育方法的队伍”的要求还有一定的距离。

一些思想政治教育者面对社会环境的变化与角色冲突产生了角色紧张和职业倦怠。现代社会，随着经济全球化、文化多元化、信息网络化的发

① 欧阳康：《社会认识论导论》，中国社会科学出版社 1990 年版，第 162 页。

② 《列宁选集》（第 1 卷），人民出版社 1995 年版，第 189 页。

③ 江泽民：《论社会主义精神文明建设》，中央文献出版社 1999 年版，第 403 页。

展，各种层出不穷的思想观念、经济文化、社会思潮与意识形态之间越来越多地呈现出显性碰撞的情形，统一思想的政治诉求与人们的多元、异质的社会需求形成了鲜明的矛盾和内在张力。社会价值取向的多元化、理想与现实张力的弥散化以及教育主体社会角色的多样化，对思想政治教育者的素质和能力提出了更多、更高的要求。与此同时，伴随着价值规律向不同领域急剧渗透和扩张的态势，人们仿佛进入了一个“去政治化”时代，重智轻德、重科技轻人文的功利主义倾向始终占据着上风。思想政治教育的主阵地不同程度地遭受着蚕食，轻率地对待思想政治教育，漠视、忽视甚或人为的异化和遮蔽思想政治教育的本质和宗旨，形成了对思想政治教育者及其工作的无形压力。职业理想、职业声望、职业期待之间的冲撞使思想政治教育者形成了一定的心理压力和职业倦怠。一些思想政治教育者缺乏职业身份认同和职业成就感。

一些思想政治教育者的理论与实践工作存在着脱离受教育者的实际与社会需要。作为一门社会科学，思想政治教育的发展需要深厚的理论支撑和丰富的实践反哺。近年来，思想政治教育在研究方法上获得了明显的发展，在自觉运用实证研究、量化研究、质性研究、跨学科研究、实务研究、行动研究等方法基础上，改变了以往相对单一的经验研究、思辨研究。但与此同时，研究中出现了只盯着课题申报、成果获奖的功利主义、机会主义跟风倾向，存在着沉溺于书斋问学的文本主义不良倾向。一些研究者只关注精致的理论思考而忽视广阔的社会运动，一些研究者只关注微观的实践运作而忽略了变动不居的社会需求。一些思想政治教育领域的专家疏于社会关注，忙于专业发展，迎合市场的功利逻辑，追求文化利润。由于缺乏对思想政治教育实践定域的关注，缺少对人与社会发展问题的聚焦和全面思考，一些思想政治教育者尚不能以自己的理论水平和实践经验支配和调节自身与受众之间的张力，其理论和实践水平还远不能满足受教育者及其社会发展的实际需要。

一些思想政治教育者缺乏公共化的社会情怀和责任担当。革命战争年代和计划经济时期，思想政治教育者往往集领导者、组织者、宣传者的多重角色于一身，以其鲜明的公共性保有着思想政治教育的人格、制度和组织权威。改革开放以来，伴随着我国经济社会的转型发展，思想政治教育的组织系统出现了不同程度的离散现象，思想政治教育者“面向社会发声、为公众而思考”的公共性呈现出较低的水平。在社会思潮跌宕起伏的价值观公共舞台上，“几乎很难听到主流意识形态代言人——思想政治教育从业者的声音……”。[①] 一些社会组织、社会团体的领导缺乏意识形态的战略高度，轻视甚或忽视思想政治教育。一些高校青年教师分析问题的视角由底层立场转变为学术立场，从富有公共性的“精神贵族”转变为仅具专业性的“知识工人”[②]。由于过多地依赖于理论宣传和学校教育，思想政治教育中的批评教育、理论争鸣、意识形态批判及其所具有的社会干预、社会规范和社会设置功能一定程度上出现了退隐或式微。一些思想政治教育者降格为受教育者日常生活的“心灵牧师”、“思想导师”，矮化为党和国家意识形态建设的“应声虫”、“吹鼓手”。

思想政治教育队伍合力不足，尚未建立严格的准入机制和科学的考核评价机制。以大学生思想政治教育为例，大多数高校尚未真正形成学校党政干部和共青团干部、思想政治理论课和哲学社会科学课教师、辅导员和班主任之间交流合作的平台和机制，思想政治教育资源的整合与开发还不能满足“全员育人、全程育人、全方位育人”的需要。在工作队伍的构成上，中青年骨干教师比较缺乏，学科带头人数量不足，一些领导和老师“借船出海”、“乱靠码头”、“临时上岸”，角色定位模糊、专业意识不强。一些年轻教师缺乏必要的理论素养和实践经验，思想政治理论课教学效果不够理想。辅导员队伍的知识结构、年龄结构、学历结构存在一些不合理现象：专业化水平不高，“深度辅导”流于形式；心理健康教育师生比不达标、经费投入不足、专业水平参差不齐。

四　思想政治教育者超越发展的实践取向

职业化、专业化、专家化作为发展的层级序列，反映了思想政治教育者超越发展的行动取向。只有实现思想政治教育者的职业化、专业化、专家化成长，才能增进思想政治教育者的身份认同、职业认同，抛弃自在自发的经验性存在，在反思中收获理性，在学习中收获创造，以高尚的职业情操、扎实的专业功底和丰富的专家形象展现自由自觉的创造性存在，实现思想政治教育的个体价值、社会价值，通过自身的社会示范和行为引

① 金林南：《思想政治教育学科范式的哲学沉思》，江苏人民出版社 2013 年版，第 298 页。

② 廉思：《工蜂：大学青年教师生存实录》，中信出版社 2012 年版。

导，提高思想政治教育效果，引领受教育者的超越发展，并由此实现思想政治教育学科发展。

（一）“职业化、专业化、专家化”的取向

职业作为人们谋生的手段，是劳动者参与社会分工，利用特定知识和技能创造社会财富，丰富社会生活并获取合理报酬的工作的工作与岗位。劳动者的社会角色、职业岗位、职业内容形成了职业的具体规定。职业化作为社会分工和行业发展的趋势和要求，要求劳动者形成终身职业选择的价值认同。在现代意义上，专业往往与学科或课程有关，特指高等学校及其相应的教育机构设置的学科或课程等教育基本单位或组织形式。在广义上，专业指某一职业不同于其他职业的特点，体现为特定人群开展某一实践活动所要掌握的具体行业规范。专业化是特定的职业群体在职业生涯中逐渐把握具体专业标准，并在从事专门职业的过程中获得相应专业地位的过程。专家是具备专业技能，并依赖特定知识和技能谋生的职业人士，专家是专业化的人才培养结果，专家化是劳动者在职业化与专业化成长中实现自我发展，在成就事业中达到职业高峰与获得社会声誉的过程。职业化是专业化的基础和前提，专业化是职业化的发展趋势和目标要求，专家化是职业化与专业化的有机统一，是职业化和专业化的最高要求。

思想政治教育者的职业化、专业化、专家化，就是要求思想政治教育者积极围绕职业选择、职业认同、职业创造等方面进行相应的职业准备，并依托专门的机构与终身培训体系对思想政治教育者进行科学的管理和培养，使他们掌握特定的思想政治教育知识和技能，树立专业信念，积累专业知识，提高专业能力，成为拥有强烈的敬业精神、高超的工作能力、丰厚的学术素养的专家型人才，从而实现专业自主，确立专业权威，全面有效地履行思想政治教育职责。

这一取向体认了思想政治教育者生命存在的超越性。在生命理念的观照下，思想政治教育者的工作不仅是一种职业和“谋生”的手段，也是个体生命存在的一种方式，是通过思想政治教育使社会、他人和自己获得美好生活可能的生命超越活动。思想政治教育者只有形成职业生命的主体自觉意识，才能在职业活动中积极地开展关于职业与自我的“批判和超越”。坚持职业化、专业化、专家化的超越发展取向，有利于激发思想政治教育者自我发展的需要和动机，在反省职业使命、反思职业活动、创造

专业知识中，增强专业体验并不断强化职业责任感、使命感，成长为“具有自主选择、自主反思、自主建构、可持续发展”的思想政治教育者。

这一取向承扬了党的思想政治教育历史经验。重视政工干部队伍建设，是党的思想政治教育的重要历史经验。在长期的革命战争时期，党在军队中坚持“把支部建设在连上”，高度重视思想政治工作在宣传教育发动中的作用，塑造了良好的思想政治教育形象。新中国成立后，在整个社会主义计划经济时期，由于社会组织的统一性以及国家计划的指令性对于人力资源配置起着关键性的作用，各行各业的政工、组宣系统在组织建制和队伍建设上相对独立和完整，有效地执行着党和国家的思想政治教育职能。“文化大革命”期间，由于党和国家路线和方针的失误，政治高于一切的思想方法论极大地败坏了思想政治教育的声誉和形象。改革开放以后，随着社会组织结构、生产方式、利益主体、就业方式的不断变化，思想政治教育队伍建设在组织建制和人才培养等方面出现了许多新的变化和要求。承扬历史经验，以育人为宗旨，以实践为依托，以高效为目标，推进思想政治教育者的职业化、专业化、专家化发展，锻造一支作风优良、素质过硬的思想政治教育队伍成为新时期推进党的各项事业发展的重要任务。

这一取向有利于破解思想政治教育发展的专业困境。当前，与加强和改进思想政治教育的形势要求相比，思想政治教育发展面临着一些专业困境。在社会认知上，思想政治教育以人为本的教育、管理和服务模式尚未全面确立起来，政治说教的社会印象仍未得以消除。在队伍建设上，专职、兼职、多维后备力量统筹兼顾，党务、行政部门、社会、专家、从业者多位一体，教育、监管、评价、培训、服务有机结合，计划、酬劳、晋升、赏罚、保障跟进到位的路径系统仍需要大力完善。由于缺乏明晰的、可供操作的思想政治教育职业标准，思想政治教育的准入门槛较低，思想政治教育的队伍良莠不齐。一些思想政治教育者缺乏正确的职业认同、专业认同，专业技能薄弱，缺乏社会实践经验，教育教学效果不够理想。在专业建设与人力资源配置中，专业认可度不高，学科边界不清，“乱靠码头、临时上岸、借船出海”的现象非常严重，专业的社会就业空间相对狭窄。突破思想政治教育发展的“瓶颈”，必须坚持思想政治教育者的“职业化、专业化、专家化”发展。

（二）“职业化、专业化、专家化”的实践要求

坚持思想政治教育的职业化、专业化、专家化发展，需要转变观念，高度重视队伍建设，着力创新思想政治教育队伍的选拔、考核、培训和管理模式，加强思想政治教育的学科和学术共同体建设，形成职业化、专业化、专家化发展的体制、机制和组织支撑。

统筹队伍建设，营造成长环境。首先，要进一步完善党委统一领导、党政群齐抓共管、专兼职队伍相互结合的领导体制和工作机制，把政工队伍建设、师资队伍建设有机结合起来，通过统筹规划、分步实施，处理好思想政治教育队伍建设中的“数量与质量、职责与待遇、物质激励和精神激励、动态考察与静态考核、队伍流动与职业稳定、政治素质与业务素质”之间的关系，形成协同推进的整体合力。其次，要营造思想政治教育队伍的成长环境，建立科学合理的评优奖励制度、竞争激励制度、职业流动和晋升制度，尤其要重视对思想政治教育者进行系统培训，完善“岗前培训、日常培训、专题培训、职业化培训”体系，通过政治上的关心、工作上的指导、生活上的帮助，创造思想政治教育者的“工作条件、干事平台、发展空间”，形成“职业化、专业化、专家化”的全面支持。

严格从业资格，规范专业制度。首先，要制定并严格执行资格准入制度，按照“政治强、业务精、纪律严、作风正”的要求，把政治素质过硬、思想作风良好、学历层次高、组织能力强作为思想政治教育者的职业标准，严把入口关，精心选拔思想政治教育者。其次，要完善管理体制，实现规范管理。要建立和完善思想政治教育者的素质、职责、待遇、编制、经费、职称、晋升等方面的考核评价体系，加强思想政治教育专业和学科建设的绩效考核，进一步厘清思想政治教育学科与专业的边界，形成职业发展、专业成长的制度约束和保障激励机制，实现队伍建设中“选拔与考核模式、教育与培训模式以及职业化发展模式”的有机统一，建设出一支政治素质好、思想作风正、知识结构合理、业务技能精湛的专业队伍。

打造专业平台，建设学术共同体。学术共同体具有“共同的学科观和方法论、共同的基本理论假设、原理和观点、共同的研究方向、研究领域和理论主题”，形成了较强的韧性和相对稳定性，有利于促进共同体内

部的专业交流。① 建设学术共同体，体现了学科与专业建设的需要原则、目标原则、能级原则和适应原则，能够以合理的职能结构、专业结构、层次结构打造出一系列促进“职业化、专业化、专家化”的专业平台和学术共同体。如，专业化的学会、专业化的管理机构与培训结构、专业化的职业标准与评价体系、专业化的管理队伍与师资队伍、专业化的知识体系、课程体系与教材体系，等等。这些专业平台和学术共同体建设通过不同类型的组合方式，有利于创新思想政治教育队伍建设的选拔、考核、培训模式，也有利于建构和完善学科体系，增长学科知识的线性逻辑，改善思想政治教育学科建设中存在的“‘软’度明显‘硬’度较淡、‘趋同’度较低‘分野’度较大、‘城市化’较低‘乡村’化较高”② 的问题，形成“职业化、专业化、专家化”发展的学科平台、专业平台、学术环境。

（三）增强思想政治教育者的“公共性”

引领先进文化，达成价值共识，促进社会共同体的建构，形成了思想政治教育的公共性维度。增强思想政治教育者的“公共性”，就是要坚持马克思主义的公共性思想和思想政治教育的社会化方向，通过自我教育、学习培训、组织培养、专业反思、实践锤炼等专业路径，提高思想政治教育者的知识眼界和思想境界，推进思想政治教育的跨学科研究，发挥思想政治教育者在公共生活、公共议题、公共组织中的重要作用，并由此促进思想政治教育者的专业发展，实现思想政治教育者的社会示范价值，提高思想政治教育的实效性和专业地位。

这一要求坚持了马克思主义的公共性思想。马克思主义认为，个体生命只能存在于社会之中。家庭、市民社会、国家正是人的存在的社会形式，是人的社会本质的实现。由于“社会结构和国家总是从一定个人的生活过程中产生的。但这里所说的个人……是在一定的物质的、不受他们任意支配的界限、前提和条件下能动地表现自己的”③，国家需要、社会需要相对于个人需要的优先性形成了思想政治教育调节个人与社会、教育与政治之间矛盾的实践本质。在这一意义上，思想政治教育不是单子式个

---

① 欧阳康：《人文社会科学哲学》，武汉大学出版社 2001 年版，第 265—270 页。

② 沈昕：《思想政治教育学科属性研究——一种社会学学科属性分析的方法》，《安徽大学学报》2006 年第 6 期。

③ 《马克思恩格斯选集》（第 1 卷），人民出版社 1995 年版，第 71 页。

体的思想教化，而是弥补“社会思想道德方面的要求”与“受教育者自身主体性尺度”之间罅隙的特殊实践活动。正如美国社会学家米尔斯认为，由于“个人的问题中已经包含有重要的公共事务。……微观是根植于宏观的”，“作为文科教育者，他的政治职责就是不断地将个人困扰转换为公共论题，并将公众论题转换为它们对各种类型个体的人文上的意义”①，思想政治教育者是社会群体中的“重要公众”，担当着公共舆论“把关”、社会心理“诊疗”、公共议题“设置”、社会思想“发动”的社会角色功能。坚持马克思主义的公共性思想，守护思想政治教育的政治性，必须增强思想政治教育者的“公共性”。

这一要求贯彻了马克思主义理论教育的基本要求。运用马克思主义“占有人类一切先进的成果”，是增强马克思主义理论教育的吸引力和实效性的重要途径。正如列宁指出的，共产主义是“从人类知识的总和中产生的”，认为“只有通过纯粹马克思主义教育这条直路，才能摆脱愚昧状态，那就是最大的而且是最坏的错误”。理论教育必须给受教育者提供“各种宣传材料”、“各个方面的事实”、“用各种方法接近他们……用种种方法从各个方面使他们振作起来。”② 随着社会的不断发展，人们的思想行为日益复杂，社会利益的公共性与差别性也愈加鲜明。这一情形下，加强对受教育者思想行为的协同管理、协同研究，丰富思想政治教育的知识体系和实践系统，客观上要求思想政治教育者能够以跨学科的方式促进学科的知识管理、学术交流。这种创造新的学术连接，获得社会洞见的知识能力，要求思想政治教育者增强自身的“公共性”。

这一要求顺应了社会公共性组织发育的现实需要。改革开放以来，我国社会公共权力的运行出现了许多崭新变化，各种公民自治组织、社会维权组织以及微信、微博等自媒体工具的发展极大地促进了社会公共性的生长。公共环境、公共设施、公共传播创造了崭新的思想政治教育空间，客观上要求加强社会教育，实现思想政治教育的资源共享、机制共建、合力共生。随着我国社会体制改革的深入，人们与单位的契约关系发生了变化，国家权力、社会公共权力的运行出现了许多崭新变化。尽管我国思想

---

① ［美］米尔斯：《社会学的想象力》，陈强、张永强译，生活·读书·新知三联书店2005年版，第203页。

② 《列宁专题文集·论辩证唯物主义和历史唯物主义》，人民出版社2009年版，第325页。

政治教育的社会制度安排取得了显著成绩，但“教育路径依赖”的现象仍没有得到根本改观，思想政治教育的制度安排和资源配置不够合理和充分，以政党意志为基础和前提的思想教育的针对性和实效性出现了弱化的现象。① 顺应我国社会建设的发展要求，引导受教育者树立公共生活观念，参与公共生活实践，必须增强思想政治教育的社会参与性、活动连续性、组织规范性。实现这一目标，必须发挥思想政治教育者在公共性组织中的作用。

这一要求体现了思想政治教育者价值实现的时代需要。思想政治教育者角色担当的意识形态性、角色形象的示范性、角色实践的时代性、角色利益的群众性形成了自身的社会示范价值。② 思想政治教育者“公共性”的增强，是对自身职业身份、专业使命以及社会理想的不断发现。立足专业，放眼天下，用自己的言行参与社会运转，是思想政治教育者的专业责任担当。西方马克思主义的重要代表、无产阶级文化领导权理论的提出者葛兰西指出，无产阶级的有机知识分子不是拘泥于纯粹思辨的理论家，他们的思想行为应是“理论和实践、人民和自身情感、思维科学和解决问题、代言者和批判者、领导者和被领导者”的统一。③ 在日益开放与多元的时代境遇中，思想政治教育者，尤其是居于专业前沿、代表学科形象、拥有专业权威的思想政治教育专家，必须以清醒的学术眼光和鲜明的政治立场介入公共生活，自觉担纲公共利益的守护人、公共活动的组织者和公共论坛的发言人，在自身的价值实现和专业价值的创造过程中，展现出一名卓越的马克思主义者应有的领袖气质、人格风范和公众形象。④

① 李小鲁、袁本新：《政党意志与政府行为结合是思想政治教育实效性的根本保证》，《马克思主义研究》2009 年第 5 期。

② 陈正桂：《现代思想政治工作者角色塑造》，学林出版社 2010 年版，第 89—90 页。

③ ［意］葛兰西：《狱中札记》，曹雷雨等译，中国社会科学出版社 2000 年版，第 5 页。

④ “公共性”的分析揭示了思想政治教育者具有“公共知识分子”的角色特征。但在现实的学术视野中，“知识分子”是个污名化的角色，往往被认为“清高、理想化、乌托邦”。实际上，正视知识分子的社会批评功能，关注当前知识分子群体的分层化、分利化、世俗化产生的问题，批判公共知识分子思潮，发挥思想政治教育的社会批判、社会干预、社会设置功能，是思想政治教育研究应当关注和思考的问题。

第八章　思想政治教育学科的超越发展

作为分化的科学领域，学科具有创造知识、全面育人的功能和价值。以超越发展的态势推进思想政治教育的专业建设、课程建设、队伍建设、组织建设，实现思想政治教育学科系统要素的聚合、整合、融合，是促进受教育者超越发展的重要条件。本章着重从优化学科目标体系、明晰学科发展方向、深化学科理论研究等方面，探研思想政治教育学科的超越发展问题。

一　优化学科建设的目标体系

目标是个人、部门或组织在社会实践中所期望的结果，在社会实践中发挥着导向、凝聚、反馈、评价和激励作用。确立思想政治教育目标，需要坚持人与社会发展相统一的原则，掌握特定阶级或集团的政治诉求，尊重受教育者变化发展着的实际。思想政治教育是以政治教育为核心，以社会科学知识教育为内容的一门教育科学。① “政治化、人文化、生活化”的目标层级契合了受教育者超越性存在的需要，形成了思想政治教育目标体系的“复合性、层次性、系统性”。

（一）确立“政治化、人文化、生活化”的目标层级

思想政治教育学科发展的进程中，关于思想政治教育本质的认识呈现出一幅斑驳的理论图景。以政治属性论、转化论、管理论、“人”学论、精神生产论为代表的一元论观点，以政治属性和管理属性论、政治属性和

① 朱明光：《思想政治学科教育学》，首都师范大学出版社2000年版，第296页。

非政治属性论为代表的二重性观点，形成了思想政治教育“一元本质与多元本质”、“实践本质与关系本质”的分歧。① 这一理论争鸣说明了思想政治教育必须确立目标层级，实现体现国家意志、满足社会需要与尊重受教育者实际的有机统一。

思想政治教育是特定的阶级或集团为了使社会成员服从自己的利益和需要而开展的教育实践活动。它具有社会控制和社会管理的政治性目的。作为思想政治教育主导内容的是反映特定阶级或集团利益的思想理论体系。这种思想理论体系作为社会生活的观念形态和理论反映，往往以执政党和国家的意识形态面貌出现。意识形态性、阶级性、政治性构成了思想政治教育的工具性本质。政治上层建筑规定着思想政治教育系统及其要素的社会性质，规范着思想政治教育参与者的政治态度、行为方式和活动价值。但这种政治本质一经与思想政治教育系统要素彼此耦合存在，便会由于每一个系统要素的特性而形成新的实践规定性。如，思想政治教育的目的性、主体性、思想性、社会性、实践性、时代性、真理性、价值性、客观性、适应性、超越性，等等。这些属性和特征被纳入到思想政治教育本质的认识体系当中，构成了思想政治教育的次生本质、再生本质、终极本质。

确立“政治化、人文化、生活化”的目标层级，是对思想政治教育本质层级化的遵从。“政治化”强调思想政治教育为特定阶级、集团的利益服务的价值指向和实践目标，要求思想政治教育活动必须坚持以马克思主义理论为指导，始终服从和服务于主流意识形态建设的需要。“人文化”强调“人是目的”，重视在关注人的精神世界的建构中探寻“文化化育”的思想政治教育方法路径。“生活化”强调贴近生活、贴近实际、贴近社会，实现意识形态教育和人与社会发展需要的对接互融。在知识信息化、文化多元化的时代背景下，只有贯通各种理论语言，了解社会各色人等，自觉地坚持政治教化、人文引领、生活涵育的有机统一，才能有效地促进受教育者的超越发展。思想政治教育过程中，尽管这种目标层级的设定面临着“一元主导”与“多元并存”的平衡问题，甚或可能会引致思想政治教育的“泛政治化”、“去政治化”现象，但这种目标的层次性预设是思想政治教育本质层级化的内在规定。这种预设遵循了思想政治教育

① 李辉：《思想政治教育本质认识分歧探源》，《思想教育研究》2011 年第 7 期。

理论和实践系统的超越性逻辑。任何单一地突出“政治”、突出“思想”、突出“教育”的目标取向都是不可取的，也必然会由于目标结构的缺失而引致功能上的失衡甚或失效。

（二）统分意识形态建设与人文认知教育的双重功能

功能即事物在实践运用中的作用、效能、结果。功能反映了事物本质的实现程度和发展要求。思想政治教育功能是其本质的外在体现和集中表露，是思想政治教育存在和发展的“合法性”基础。① 思想政治教育的本质总是和不同的系统要素相连接，显露出政治、社会、伦理等不同的本质维度。思想政治教育的政治性、社会性本质决定了自身承载着丰富多样的功能。思想政治教育本质的多维呈现，决定了思想政治教育功能的复合性、多样性、发展性，在客观上要求根据思想政治教育层级化的目标体系统分思想政治教育功能。

随着人与社会的发展，思想政治教育在实践活动中分化、调整和拓展着自身的功能和领域，形成了新的功能特性和实践要求。如，在维护政治稳定的功能方面，由于防范意识形态与执政的风险成为现代国家的重要政治任务，思想政治教育引导社会思潮、加强意识形态建设、促进政治文明、加强社会控制的功能愈发显得重要；在促进经济发展的功能方面，现代思想政治教育的经济功能不仅体现为对经济活动的保驾护航，而且包括开发人的经济能力、规范市场秩序、弘扬经济道德，促进经济既好又快的发展；在促进文化传播和创新的功能方面，现代思想政治教育的文化功能已经不仅仅局限于社会意识形态的建设与传播，而是更多地体现为整合文化资源、营造文化环境、引导社会思潮、提升文化国力。维护主流文化、批判异质文化、传承优秀文化、整合多元文化和创造先进文化，培育特定社会发展需要的政治文化资源和政治合法性，展露出现代思想政治教育鲜明的文化品性。

思想政治教育的功能，在个人与社会的两个维度上，统分为意识形态和人文认知两种类型。② 思想政治教育是特定的阶级、集团为了夺取和巩固政权，维护社会稳定，促进社会发展和培养合格社会成员而进行的综合

① 张耀灿等：《思想政治教育前沿》，人民出版社 2006 年版，第 155 页。

② 刘鑫淼：《关于思想政治教育学科发展的哲学思考》，《江苏高教》2011 年第 2 期。

性实践活动。思想政治教育具有鲜明的政治性，是一种“自上而下的支配力量”，具有意识形态机器的政治本质。正如马克思指出的，一定的连续不断的文化、信念或意识形态是政治共同体存在的“根”，“一定的意识形式的解体足以使整个时代覆灭”①，思想政治教育成为统一思想，构建权力关系的合法性，巩固政治统治，促进社会管理的重要途径。一方面，意识形态理论体系与各种舆论工具、社会组织、教育制度和国家机器相互支撑；另一方面，人对自我、自然、社会的理解、人的理想信念、情操人格的塑造，总是与一定社会的思想文化、价值观念紧密相连。当社会的政治本质展开为每一个人的现实存在时，人的社会化发展成为思想政治教育的逻辑起点。培养人们良好的品德、社会心态、健全的人格和正确的世界观、价值观、人生观，培育、涵化、积淀人与社会发展的超越精神，形成了思想政治教育的人文认知功能。

确立“政治化、人文化、生活化”的目标层级体系，就是要统分思想政治教育的意识形态功能与人文认知功能。正如马克思指出的，“我们的出发点是从事实际活动的人，而且从他们的现实生活过程中还可以描绘出这一生活过程在意识形态上的反射和反响的发展”②，思想政治教育目标的层级设计既要以政治化为中心，服务和服从于政治化，又要以人文化、生活化为价值支撑和实践支持。只有以人文认知功能的发挥为基础，意识形态教育才不至于狭隘、片面；只有以科学的意识形态为指导，人文认知功能的实现才不会迷失方向；只有根植社会生活的土壤，才能把握意识形态理论所反射的现实生活，真实地再现意识形态教育的真理性和价值性。针对思想政治教育活动中存在的功能结构失衡的问题，尤其要以政治化为导向，探寻思想政治教育过程中人文教育与科学教育、知识教育与意识形态教育的有机联系，建立“政治化”、“人文化”、“生活化”的目标层级，实现意识形态的灌输和个人实际生活需要的对接。

二 明晰学科建设的方向

作为一门年轻的学科，经过30多年的辛勤努力，思想政治教育已经

---

① 《马克思恩格斯全集》（第30卷），人民出版社1995年版，第540页。

② 《马克思恩格斯选集》（第1卷），人民出版社1995年版，第73页。

初步形成了以马克思主义理论为基础的科学体系。随着我国经济社会的转型与跨越发展，思想政治教育的环境和要求发生了显著变化，进一步增强学科的社会适应性，丰富、发展和提升思想政治教育学科的功能与价值，需要着力凸显学科发展的社会化取向，提高学科发展的科学化水平，锻造学科建设的制度化支撑。

（一）着力凸显学科建设的社会化取向

社会是人们通过各种各样社会关系联合起来的集合体。社会化是指社会及其组织在人际交往、社会互动中建构社会群体、丰富社会关系的过程。思想政治教育是引导受教育者转变思想观念，成为社会发展所需要的人才的特殊实践活动。思想政治教育社会化是指通过有效的社会整合、社会控制、社会调适，拓展思想政治教育空间，完善思想政治教育的组织机制，建构思想政治教育共同体，实现全员育人、全方位育人、全过程育人的过程。

学科系统与社会组织的全面互动，是思想政治教育学科发展的社会基础和重要途径。思想政治教育是一切社会工作的中心环节和生命线。思想政治教育学科的社会化发展，是体现自身“中心环节”和“生命线”地位的根本保障。正如英国学者特纳指出的，“社会理论只有在紧密参与经验研究和公共论题的时候，才会发育得最好。”① 特定的社会关系、价值体系、意识形态、组织机制与社会心理构成了社会科学发展的“场域”。促进思想政治教育学科的资源配置、分化发展与综合创新，提升思想政治教育学科的社会地位、竞争优势和组织化程度，都离不开思想政治教育的社会化发展。与此同时，社会实践是联系人的主客观世界的桥梁，是人的思想政治品德形成与发展的基础。发挥思想政治教育的导向、保证、育人和开发的功能，开展思想训导、心理疏导、价值引导、行为指导、舆论引导和社会调查，都离不开社会实践系统的构建。随着我国社会发展进入“战略机遇凸显与社会矛盾突发”并存的新阶段，开放多元的社会环境加速了个体社会化的进程，社会对人们思想行为的影响越来越大。普及中国特色社会主义理论体系，促进马克思主义中国化、大众化、时代化，培育社会主义核心价值观，都迫切需要建设思想理论体系向社会实践领域转化

---

① ［英］特纳：《社会理论指南》，李康译，上海人民出版社 2003 年版，第 12 页。

的机制和平台。

而与此不相适应的是，当前思想政治教育社会化发展的程度尚不能满足变化发展的实际要求，存在着过程失范和功能失调的突出问题。综观思想政治教育社会化发展程度的不足，其表现有四：过多的文本解读破坏了理论与实践、文本与人本的有机统一，侵蚀着思想政治教育理论对社会实践的指导与规范作用；“文革”中频繁的政治运动造成的思想政治教育污名化，以及当前思想政治教育活动中存在的“本本主义”，遮蔽了思想政治教育的社会生活底色；思想政治教育缺乏制度和日常生活的支撑，一定程度上存在着国家思想政治教育与日常思想政治教育之间的疏离；由于学术研究系统、党政机关的政策研究系统以及实际工作系统之间相互衔接的缺乏，思想政治教育实践活动中分割了社会生活的“元实践”和教学活动的“亚实践”，背离了解决思想问题与解决实际问题相结合的思想政治教育方法论原则。

聚焦社会现实，关注社会需求，促进社会互动，服务社会管理，形成和保持思想政治教育系统的开放性，是促进思想政治教育社会化发展的关键。一方面，各级党委和政府要遵循思想政治教育服从和服务于社会发展的规律，认真总结党在领导、动员和保障思想政治教育工作中的重要经验，健全管理，加强监督，建立学校、党校、家庭、社区、企业、机关、军队等不同社会单元之间的联结机制，为积聚公共资源，建设公共平台，促进思想政治教育的社会化发展创造必要的条件。另一方面，思想政治教育的社会化发展是一个循序渐进的过程，思想政治教育的社会化发展要处理好“教育”与“政治”的平衡关系。正如托克维尔指出的，“要使人类打算文明下去或走向文明，那就要使结社的艺术随着平等身份的扩大而正比例的发展和完善”①，思想政治教育者要充分把握受教育者所处的环境及其社会化发展的阶段性特点，既要激励公共服务的需求，创造受教育者社会参与尤其是政治参与的机会，又要避免以社会政治参与代替思想政治教育，脱离社会发展的实际水平，将积极的社会参与蜕变为简单的政治盲从或社会盲动。

---

① ［法］托克维尔：《论美国的民主》，董果良译，商务印书馆 1991 年版，第 640 页。

（二）不断提升学科的科学化水平

科学是关于自然、社会以及人的思维的客观规律的知识体系。科学化是指人们在认识问题、解决问题中发现、积累和运用科学理论并不断深化认识的实践过程。思想政治教育科学化是思想政治教育者运用科学的理论去揭示、掌握和运用思想政治教育规律，不断丰富思想政治教育理论及其相关学科知识体系、组织体系和制度体系的过程。提高思想政治教育的科学化水平，是不断“拓展学科领域、丰富学科内涵、增强学科特色、提升学科水平”，实现学科由经验形态向科学形态深化发展的现实要求。

思想政治教育作为一种特殊的社会实践活动，有着自身独立自存的对象、规律和领域，它不能也不应成为科学的盲区。

首先，人类的思想政治教育实践尤其是党的思想政治教育实践提供了思想政治教育科学化的实证基础。列宁曾经指出，“人的实践经过千百万次的重复，它在人的意识中以逻辑的式固定下来。这些式正是（而且只是）由于亿万次的重复才有着先入之见的巩固性和公理的性质。”① 随着思想政治教育活动的开展，一些工作方法和实践经验经历了感性认识到理性认识的飞跃，以思想政治教育的社会事实、实践技术、方法原则等科学的形态呈现出来。其次，马克思主义理论的科学性是思想政治教育科学化的前提。党的思想政治教育以马克思主义理论为基础，以实现马克思主义理论的中国化、时代化、大众化为基本问题，有着广泛而丰富的科学理论支撑。马克思主义理论、中国特色社会主义理论体系是人类知识的结晶，是被中国革命和建设所检验和证明的真理。最后，思想政治教育科学化发展有着坚实的研究基础。自思想政治教育成为专业和学科以来，已经形成了较为完整的知识体系，积累了大量的研究成果，建立了学科发展平台，具有了开展学术研究和社会实践的各种条件。

在学科分化发展的过程中，思想政治教育呈现出自主发展、内涵发展和创新发展的良好态势，培养了大量的社会合格人才，形成了以“原理、方法、历史研究和比较研究”为主干的学科体系，逐步实现了从经验化向科学化、从零散性向系统性的转化。但由于学科建设的时间短、学科定位的不断调整，学科的科学化水平距离现代科学的要求还有一定的差距。

① 列宁：《哲学笔记》，林利等译，中共中央党校出版社 1990 年版，第 243 页。

如，学科的理论研究还存在着学术思维相对缺乏，研究对象不清晰、研究逻辑不严谨、研究范畴和话语体系不统一、研究方法和实践工具比较单一、重复研究多、高水平研究少等问题。学科的基础理论还有待于系统化重构，分支学科建设比较薄弱，承接相关学科最新成果的能力还有待于提升。学科的队伍建设、机制建设、专业建设还缺乏科学管理系统，学科政策与制度的科学性、实效性还有待于增强。

学科是由主体的认知结构与学科对象的互动而形成的。它包括“学科知识”和围绕“学科”建立起来的组织。① 提升思想政治教育的科学化水平，最重要的是完善学科的知识体系和组织体系，提高二者的“综合性”和“系统性”。一方面，要充实学科的研究队伍，围绕“机构设置、职责权限、领导关系、管理方式”优化学科的组织管理体制，制定相应的学科建设和人才培养的评价机制。另一方面，要坚持“职业化、专业化、专家化”的队伍建设思路，在理性建构与经验累积的基础上推进思想政治教育的科学化发展。只有提高了思想政治教育者的科学素养和研究能力，才能掌握思想政治教育学科的分析范式，自觉地运用现代科学技术，把握思想政治教育知识的“客观性、逻辑性、系统性和有效性”。

（三）大力锻造学科发展的制度化支撑

制度是人们参与组织行为的规则和程序。思想政治教育制度是由政策、法律、规则及程序等构成的有机体系，是规范思想政治教育活动的管理体制、实践规则和运行机制的总和。制度化是指人们制定、总结和形成一定社会组织活动规则和程序的过程。思想政治教育制度化是将思想政治教育的社会需要、基本经验和实践要求纳入制度框架，建构思想政治教育规则体系的动态过程。思想政治教育制度化即思想政治教育运行模式和控制方式的程序化、规范化和机制化。②

锻造思想政治教育的制度化支撑，是坚持制度育人、制度管理的现实要求。回顾党的思想政治教育的历史，加强制度教育和制度建设是党的思想政治教育的优良传统和重要的历史经验。长期以来，思想政治教育作为

---

① ［美］克拉克：《高等教育新论——多学科的研究》，王承绪译，浙江教育出版社 2001 年版，第 134 页。

② 宇文利：《论我国当代思想政治教育的制度化建设》，《思想理论教育导刊》2011 年第 1 期。

党领导的、以政治统治为目的的教育形式，思想政治教育的制度本质和制度化建设并未引起过多的关注和思考。近年来，随着学科发展的形势和要求的变化，思想政治教育的制度本质和制度化建设逐渐进入学科研究的视野。

首先，国家的社会制度及其运行状况影响着思想政治教育的实践成效。思想政治教育是建设社会意识形态，加强制度认同，促进社会管理，实现社会控制的重要手段。社会制度是对社会权力关系、社会秩序、社会规范的抽象，影响着思想政治教育的知识传播和实践运行。思想政治教育和国家的政治制度、经济制度、法律制度共同行使着国家机器的职能，维护和促进着社会制度的建设、执行和发展。正如美国经济学家诺思指出的，“制度是一个社会的博弈规则……是一些人为设计的、型塑人们互动关系的约束”①，社会制度运行能够为人们提供稳定、明确的社会活动规则。创造良好的社会制度环境，加强社会制度建设，实现制度化管理，是提高思想政治教育实效性的重要条件和社会保障。当前，坚持党的领导、坚持人民民主专政、坚持依法治国形成了我国思想政治教育制度化的鲜明特征。但与此同时，面对改革过程中伴生的制度脱轨、格局调整与利益分化，加强中国特色社会主义制度的认同教育，迫切需要锻造思想政治教育的制度支撑。

其次，关于社会制度的建设与教育是开展思想政治教育的重要内容和方法。社会生活中，制度反映了组织群体的治理结构和价值取向。任何社会主导的政治观、价值观、人生观都会通过一定的制度与规则呈现出来。文化人类学家格尔茨指出，“思想……为了在社会中找到一个不仅是在知识上的存在，而且还是一个物质的存在，它们必须被制度化。”② 政治学家亨廷顿认为，“所谓制度是指稳定的、受尊重的和不断重现的行为模式。……制度化是组织与程序获得价值的稳定性的过程”。③ 这些论述都精辟地说明了思想政治教育与制度建设、制度教育的内在关系。制度建设和制度教育有利于解决人们的思想问题，增强人们的制度观念，提高思想

① ［美］道格拉斯·C. 诺思：《制度、制度变迁与经济绩效》，杭行译，格致出版社、上海三联书店、上海人民出版社 2008 年版，第 3 页。

② ［美］克利福德·格尔茨：《文化的解释》，韩莉译，译林出版社 1999 年版，第372 页。

③ ［美］亨廷顿：《变革社会中的政治秩序》，王冠华译，生活·读书·新知三联书店 1989 年版，第 12 页。

政治素质。教育哲学家怀特指出，“社会制度一般说来有助于个人思想意识和道德特征的形成……一个社会的法律、政治体系和其新闻媒介、工业组织、家庭和社会生活的惯例与习俗等等，这些和其他因素，都是教育的或好或坏的潜在因素。”① 关注人们在制度面前的利益博弈、价值选择，引导人们参与制度设计、制度管理，结合制度教育、制度建设、制度认同解读人们的利益关系、价值追求，能够提高思想政治教育的实际效果。

最后，加强思想政治教育学科的制度建设，是促进思想政治教育学科发展的重要保障。开展思想政治教育，需要实现政治与教育、思想与行为、理论与实践之间的衔接与转换。好的制度规划、制度评价、制度激励有利于创造良好的学科环境，促进思想政治教育学科的制度化和规范化发展。加强思想政治教育的队伍建设、专业建设、课程建设，改进思想政治教育的方式方法，提高思想政治教育政策的科学化水平和执行力，形成即时应对和长效管理并存的思想政治教育运行机制，克服思想政治教育发展中存在的制度困境，都需要加强思想政治教育学科相关的制度建设。

自 20 世纪 80 年代思想政治工作科学化的命题提出以来，我国思想政治教育在队伍建设、人才培养、专业建设、制度建设等方面取得了显著成绩。但随着新世纪以来全球化、市场化、民主化、信息化、网络化、多元化程度的加深，思想政治教育的环境发生了突变，思想政治教育的地位、功能受到了更多的挑战，学科在队伍准入、课程建设、机制完善、政策制定、规范运作、整体推进等方面出现了与社会要求不相适应的制度困境。如，一些思想政治教育管理制度因不具有刚性的约束力，存在着“囚徒困境”和“公共地悲剧”的尴尬，引致了思想政治教育制度失范和制度失效问题②；一些思想政治教育制度设计缺乏必要的社会张力，在资源配置和政策落实上还不能满足思想政治教育机制建设的实际要求，形成了思想政治教育管理中的制度盲区和制度漏洞；一些思想政治教育制度和政策因缺乏体系性、连续性不能得到有效执行，甚或因思想政治教育过程中长期存在的人治思想和经验论作祟而不能得到有效地贯彻落实。

---

① ［英］怀特：《再论教育目的》，李永宏等译，教育科学出版社 1997 年版，第 159—160 页。

② 蒋达勇：《思想政治教育的制度建构：类型、绩效与启示——基于高校思想政治教育实践的反思》，《民办教育研究》2009 年第 1 期。

加强思想政治教育学科知识生产与社会实践的制度安排，深入开展我国的各项社会制度的认同教育，是促进思想政治教育制度化发展的关键。正如研究者指出的，“拥有以正确的规则程序为基础而形成的一套制度性建构，比知识生产本身更为重要”①。大力锻造思想政治教育的制度化支撑，取决于党和国家的制度建设，也离不开思想政治教育者的制度执行力。思想政治教育的主管部门需要制定和完善思想政治教育的职业准入制度与学科政策制度，形成固定有效的知识生产秩序和连续的知识生产链，实现“学习、训练、交流和沟通”活动的规范化。思想政治教育管理者必须从思想、权力、秩序的关系中把握思想政治教育的制度本质，划清思想政治教育与党的其他工作的界限，消除制度和政策的形成与落实之间的间隙，提高思想政治教育制度、机制和政策的“质量、代表能力和实践程度”。思想政治教育工作者要关注学科环境中的制度变量及影响因素，开展学科政策和制度的评价与反馈，总结学科制度建设与管理的经验教训，促进学科正式制度与非正式制度的转化生成。② 此外，结合当前我国的各项社会制度建设和社会治理活动，加强对受教育者的社会认同教育，引导受教育者学会行使党和国家各项社会制度赋予的权利与义务，也是锻造思想政治教育制度化支撑的重要任务。

三　深化学科的理论发展

提升学术品位，形成学术风格，加强学术交流，推进学术创新是学科超越发展的重要内容和基本途径。深化思想政治教育学科的理论发展，需要依循科学化的逻辑凝练学科研究方向；凝聚各方面力量加强课题攻关；推进思想政治教育学科的元理论研究、超前研究、跨学科研究与学术争鸣。

（一）开展元理论研究

作为西方舶来之词，元理论发端于西方的分析哲学。“元”系前缀

① 李政涛：《教育学科发展中的“制度”与“制度化”问题》，《华东师范大学学报》（教育科学版）2001 年第 3 期。

② 宋俊成、杨连生：《思想政治教育学科政策研究的进展与思考》，《思想理论教育》2011 年第 9 期。

"meta"，是"……之后"、"超越"的意思。元理论是对理论本身的思考，强调以逻辑的形式分析现存理论论证所依赖的各种前提，以更为精细化的方式重新表述理论。元理论代表了一种理论的自我意识和自我认知，构成了凝聚学科理论体系的内核。元理论意识的有无和发达程度，标志着一门学科的理论成型、成熟的进展与境地。在学科发展的意义上，元理论作为反思学科指导思想、方法论、理论体系和实践原则的产物，经由理论的批判、改造而形成了作为学科基础理论的理论，构成了学科结构的"元科学层"。推进思想政治教育的元理论研究，就是将元理论的逻辑形式纳入思想政治教育的理论研究视阈之中，通过重新审视思想政治教育学科的话语体系和理论架构，进一步明晰思想政治教育学科理论发展的趋势、前景和规律性。

开展思想政治教育元理论研究，有利于促进思想政治教育学科的理论发展。正如著者在前文指出的，思想政治教育学科在理论研究中过多地依赖于主体需要的价值思维，附着于历史经验的确证和现实发展的需求。尽管思想政治教育学科在理论研究上已经取得了丰硕的成果，但由于缺少充分的元理论追问，其中的一些理论认识还侧重于生活世界和历史经验的价值建构，处于一种概念模糊、议论浮泛的境地。由于思想政治教育者专业化的标准还不够高，政策执行还不够到位，思想政治教育在理论和实践研究中乱靠码头、临时上岸的现象还很严重，导致思想政治教育的理论园地仿佛是一处没有栅栏的乡野，"谁都可以说，谁都可以做"。受到思想政治教育习惯于经验性思考的理论传统和思维习惯，一些研究者往往忽视对思想政治教育理论的前提性反思，或者机械地套用"理论联系实际"的方法论原则而终结元理论层面的追问，简单地将历史经验复制进思想政治教育的原理与方法，或者以辉煌的历史论证思想政治教育的时代需要，或者以并不具有总体性的社会事实来论证思想政治教育的方法要求。这些都在一定程度上影响了思想政治教育理论的彻底性，导致了学科理论在思维机制与思维品质的真理向度上发展不够充分。近年来，思想政治教育学界关于思想政治教育的本质与范式之争，既体现了学科元理论研究意识的加强，也不同程度上确证了学科理论在真理向度上相对短板的事实。加强思想政治教育的"元理论"研究，就是要以一种寻求基底性的思想方式和理论旨趣清理学科理论体系的不自洽之处，通过丰富和提升思想政治教育的知识性、科学性、真理性，深化思想政治教育学科的理论发展。

开展思想政治教育元理论研究，有助于把握思想政治教育现代性的深层指向。现代性构筑了现代学科发展的背景世界和意义空间，提供了思想政治教育理论和实践反思的动力和要求。开展思想政治教育的元理论研究，就是要通过关注人的基本观念和生活方式的“意向性”改变，以自足的逻辑性言明思想政治教育理论把握现实的方式。现代社会，随着思想政治教育环境的变化，思想政治教育理论的真理性、价值性普遍受到了质疑。一方面，思想政治教育者要由以往的对思想政治教育理论的前反思性接受转向思想政治教育理论自身的反思，通过基本理论和经典文本的分析，转换那些不合时代背景的经验性和政策性话语，纠正在当代意义上被误读的思想政治教育理论，增强思想政治教育理论应有的逻辑性及其对实践的引导力；另一方面，要加快建立思想政治教育理论与实践反思的问题域，着力回答思想政治教育活动在现代社会凸显出来的重大理论和实践问题，以此彰显思想政治教育理论的现实性向度及其独特的社会价值。① 加强思想政治教育元理论研究，需要坚持面向理论和实践的双向维度，以社会发展的现实基础为参照，在与历史的对话中还原思想政治教育理论的现实依据，在理论反思与实践探索中检验和审视思想政治教育理论的知识性、科学性、有效性。

（二）加强思想行为的预测与研究

人们的认识分为回溯性、追踪性、前瞻性三种基本形式，形成了人文社会科学研究中超前研究和滞后研究两种类型。超前研究指研究活动在时间上先于研究现象的实际发生，是根据研究对象存在和发展的规律，对社会生活领域中正在和尚未发生的现象予以前瞻性分析、预测乃至探索描述，通过对影响社会生活的某些潜在因素的揭示和把握，勾画出其基本运行轨迹及其发展模式的一种活动形式。② 人的思想和行为现象具有变动不居的存在特性，形成了思想政治教育研究的滞后性与超前性。相对于滞后研究，超前研究对于思想政治教育学科的发展具有特殊的重要性。

开展思想行为的超前研究是实现思想政治教育目的的内在要求。思想

---

① 胡晶晶、葛涛安：《思想政治教育元理论的双向维度及其路径选择》，《现代教育管理》2011 年第 7 期。

② 欧阳康：《人文社会科学哲学》，武汉大学出版社 2001 年版，第 362 页。

政治教育是启发、引导和帮助人们观念地建构美好未来并付之于实践行动的特殊教育活动。当前，随着经济市场化、政治民主化、文化多元化、信息网络化、社会分层化、风险多样化等时代特征的凸显，社会机遇、社会矛盾、社会风险、社会危机的纷繁交错已成为现代社会存在与发展的常态。社会发展的流动与多变加剧了人们思想观念、价值取向、思维方式复杂多变的趋势。思想政治教育超前研究以预测、探索、引领、关注为特征，在透视人与社会发展的需要中拓展了学科领域和学科功能。面对受教育者思想行为的多变性、多样性、易变性，只有立足变化发展的社会现实，加强思想政治教育的超前研究，才能始终把握思想政治教育的着力点，体现思想政治教育活动的预测性、预见性、针对性、创造性、规范性、探索性。一方面，思想政治教育要坚守阵地，坚持以马克思主义的中国化、时代化、大众化为基本问题，以科学发展观和社会主义核心价值观教育为行动主线，积极开展公民教育、社会思潮教育、廉洁教育、信仰教育、风险教育、闲暇教育、媒介素养教育等思想政治教育内容的研究和实践；另一方面，由于受教育者的超越发展取决于其是否拥有“面向未来”的思维力和实践力，思想政治教育要进一步关注和加强人的心理和行为的科学研究。尤其要借鉴行为科学理论，加强对受教育者的思想行为预测研究，以充分的人文关怀和实践精神开展“未雨绸缪”的防范教育，克服思想政治教育过程中“后知后觉”、“头痛医头”、“痛定思痛”的现象，摆脱思想政治工作者长期处于“救火队”、“消防员”的尴尬境地。

思想行为预测是思想政治教育超前研究的基本方法。① 所谓思想行为预测，指教育者对人的思想行为及其环境系统的各种信息要素进行分析、综合，并据此对思想行为的趋势或后果作出合乎逻辑的预计和推测。事物之间的普遍联系、因果联系构成了人的思想行为发展的一般规律。思想行为预测不是对天象和人事的占卜，而是以马克思主义原理和现代科学为理论基础的科学研究。现代社会，控制论、信息论和系统论作为科学发展的集成物，通过对人的思想和行为的模型建构、数理研究，进一步丰富了思想行为预测的科学方法。列宁曾经指出，“神奇的预言是童话，科学的预言却是事实。”毛泽东不仅反复强调，“凡事预则立，不预则废”，而且在工作实践中形成了“征候分析、经验预测、因果预测、趋势外推、类比

① 孙金华：《思想政治工作预测学》，河南大学出版社1989年版。

预测”等方法。加强对受教育者的思想行为预测，在理论上需要借鉴社会心理学、精神病理学、组织行为学、公共管理学等学科分析思想行为的理论和模型，提高数理研究、跟踪研究在人的思想行为预测中的运用。在思想行为预测的内容上，需要服务于思想政治教育的理论研究和实践展开，自觉地拓展思想政治教育超前研究的视野，加强对信仰教育、社会认同、社会参与、社会舆论、社会思想等思想政治教育宏观维度的调查测量。在思想政治教育的管理过程中，教育者需要自觉地遵循时效规律，增强自身的职业敏感性，坚持思想政治教育的适度超前原则，依靠思想行为预测提供思想政治教育的决策和方案支持，建立思想政治教育的预警机制、调控机制。

（三）推进跨学科研究

跨学科研究是知识生产的新途径，是学科间建立联系的枢纽，也是应对人类经济、文化以及社会问题日益增长的复杂性的有效方式。催生思想政治教育学科的理论和实践生长点，形成和优化其学科发展的动力机制，促进思想政治教育学科系统的知识贯通、学术创新、社会整合，需要以学科交叉融合的研究视角和理论视野观照、审视思想政治教育发展。

开展思想政治教育跨学科研究，遵循了学科整合发展的客观规律。学科发展的知识形态和组织形式，呈现为由原初的混沌无界到近代的独立分化，再到现代的交叉整合的过程。近代以来，在科学发展、社会分工及知识管理不断加强的过程中，每一门学科都形成了自身独立的问题域和研究范式。随着社会系统复杂性的增强，学科的孤立化以及“自然科学与人文社会科学”的分裂，引致了学科偏见、专业壁垒以及通观研究的式微。孤立的学科已不能满足“知识总体性发展以及社会生活总体性反思的需要”，打破学科壁垒、促进学科整合成为科学发展的趋势。法国当代思想家莫兰指出，“科学的历史不仅是学科建立和增生的历史，它同时也是学科的边界被打破、一个学科的问题侵入另一个学科、概念流通、混合的学科形成（这些学科将以独立而告终）……的历史，……如果科学的正式的历史是学科性的历史，那么它的另一个相连的和不可分的历史就是相互间的——多项聚合的——跨越的学科性的历史。"① 20 世纪 60 年代，西方一些国家在回应"斯诺命题"的过程中开展了自然科学、技术科学、人文社会科学的交叉研究。通过研究对象、科学主体和学科范式的交叉，展开综合性课题的跨学科研究、协同式攻关，形成了一些边缘学科、横断学科、综合学科。20 世纪 70 年代以来，社会科学的学科已不再明显地表现为不同的研究领域、不同的方法，以及稳定而明晰的界限。②

开展思想政治教育跨学科研究，是形成新的学科视角、学科方法、学术成果的重要途径。正如研究者指出的，"当知性是以重新发现和重新思索、重新社会化与重新知性化为前提时，学科互涉就不仅是一种做事方式，还是一种新的认知方法"③，跨学科研究是指"一门学科与邻近学科邻近领域之间的合作，导致彼此有一些真正的相互作用，即在交流中导致某种互利，诸如互相使对方在总体上有所丰富"，通过这种综合研究"使有关学科融为一个总的体系"。④ 科学学创始人贝尔纳指出，"现代科学的最伟大的发现有一些有赖于不同来源的思想的相互作用。只有当吸收了不同中心的思想的工作者聚集一堂的时候，才会产生这样的发现。……这种交流的价值是再大也不过了。"⑤ 英国当代的教育家巴尼特指出，"……学科交叉文化或许有助于减少各学术门类的孤军奋战，使它们更为公开地满足普通民众的意愿，从而让知识担负起更多的民主职责。"⑥ 这些论述都不同程度地表明，推动思想政治教育学科的跨学科研究，有助于促进思想政治教育学科的学术交流，实现思想政治教育学科的协同创新，促进思想政治教育的社会化发展。

开展思想政治教育的跨学科研究，是提升马克思主义理论教育的影响力、吸引力和实效性的重要途径。列宁曾经指出，马克思主义是人类知识

① ［法］埃德加·莫兰：《复杂性理论与教育问题》，陈一壮译，北京大学出版社 2004 年版，第 198 页。

② ［美］沃勒斯坦：《所知世界的终结：21 世纪的社会科学》，冯炳昆译，社会科学文献出版社 2002 年版，第 242—243 页。

③ ［美］克莱恩：《跨越边界——知识 学科 学科互涉》，姜智芹译，南京大学出版社 2005 年版，第 19 页。

④ ［法］米亚拉雷等主编：《世界教育史》（1945 年至今），张人杰等译，上海译文出版社 1991 年版，第 502 页。

⑤ ［英］贝尔纳：《科学的社会功能》，陈体芳译，广西师范大学出版社 2003 年版。

⑥ ［英］巴尼特：《高等教育理念》，蓝劲松译，北京大学出版社 2012 年版，第 234、239 页。

的典范。马克思主义之所以具有强大的吸引力、生命力，因为“它是从人类知识的总和中产生出来的……”①。由于马克思主义“给人们提供了完整的世界观”，“认为只有通过纯粹马克思主义的教育这条直路教育群众”是一种“最大的而且是最坏的错误”。② 也正如德国社会学家埃利亚斯指出的，道德教育是“一个需要多学科共同研究的领域，仅仅通过一门学科来探讨这一领域既是有限的，也是危险的。”③ 只有对人们的思想行为问题进行跨学科研究，才能聚焦思想政治教育的“真问题”、“大问题”，才能发挥思想政治教育在引领社会思潮、达成价值共识、实现社会控制中的重要作用，才能提高马克思主义理论教育的影响力、吸引力和实效性。

推进思想政治教育的跨学科研究，既要牢固学科意识，坚守思想政治教育的政治性，克服思想政治教育内容“边界不清，相互侵蚀”的现象，又要超越学科藩篱，加强思想政治教育学科与哲学人文社会科学的互动，促进思想政治教育与相关教育形态、教育技术、实践载体以及社会管理的整合和互动，实现思想政治教育的自主创新、综合创新。思想政治教育学科发展过程中，由于学科建设的时间短，学科的组织建制不够完善以及研究者视野和能力的限制等原因，思想政治教育与一级学科之间尚存在着结构不对称、协同研究不充分的现象和问题。尽管思想政治教育学科建设遵循了马克思主义理论学科的整体性建构原则，但总体上与坚持以马克思主义理论教育为核心的要求还有较大的距离。实现思想政治教育活动中国家意志和社会需求、学科建设与人才培养的紧密结合，增强马克思主义理论教育的影响力、吸引力，必须坚持问题导向，跨越学科边界，打破学科壁垒，建立“交流型、方法型、项目型和平台型”④ 的学科交叉模式，在开放发展中实现思想政治教育学科的超越与创新。

（四）加强理论争鸣

理论争鸣是关于不同思想观念的论辩、讨论。理论争鸣既是深化理论

---

① 《列宁专题文集：论无产阶级政党》，人民出版社 2009 年版，第 280 页。

② 《列宁选集》（第 4 卷），人民出版社 1995 年版，第 648—649 页。

③ Elias, J. *Moral Education: Secular and Religious* [M]. Robert E. Krieger Publishing Co. Inc., 1989.

④ 吴丹青：《学科交叉模式及发展条件》，《科研管理》2005 年第 9 期。

研究，促进理论传播的重要途径，也是一种思想理论不断发展、创新和深化的重要表征。人类社会的发展总是伴生着思想领域的理论争鸣。大变革、大讨论、大思想、大时代的交相迭出，是时代进步和社会发展的重要条件和直接体现。加强思想政治教育研究的理论争鸣，就是要针对思想政治教育理论研究和实践工作中存在的实际问题，有组织、有纪律地开展学术讨论，促进思想政治教育理论的深化发展，促进思想政治教育的观点创新、话语创新，切实发挥思想政治教育理论在思想政治教育实践活动中的先导先行作用。

加强思想政治教育研究中的理论争鸣，是深化思想政治教育理论研究，提高思想政治教育艺术的实践要求。各种思想观念的对话与碰撞，不同学术流派、学术主张的对峙与辩难，是人类的思想史、学术史和文化史演进发展的常态。思想政治教育者是各种社会思想观念的导引者，是从事党的思想政治宣传工作，传播党的理论、方针、政策的责任人，是直面各种社会思潮、社会现象、社会问题，坚持科学的、正确的舆论导向的"把关人"和"意见领袖"。思想政治教育者只有不断地提高对话意识和理论水平，坚持在思想观念的交流、交融、交锋中不断完善自己的理论，发展自己的理论，自觉地梳理、审查、反思和探究并结合思想政治教育的理论和实践形貌，才能针对受教育者及其社会发展的实际需要，自觉地运用思想政治教育原理与方法，创造性地开展思想政治教育活动。另外，思想政治教育过程中，教育者总是有着自身特定的价值立场、利益取向、学术素养和政治素质，教育者代表一定阶级、集团所提出的思想政治道德素质要求总是居于教育与政治、个体与社会、现实与理想、理论与实践、真理与价值等不同的矛盾体系当中。这些矛盾体系的客观存在决定了思想观念的传播和思想政治道德素质的要求不可能整齐划一。为了增进受教育者对思想观念的认知和接受，思想政治教育者可以适当地开展理论争鸣，进一步阐释、传播、创新党的思想理论和政策主张，由此赢得受教育者的理解和赞成，提高思想政治教育的艺术和水平。

加强思想政治教育研究中的理论争鸣，是推进党的理论创新，运用先进的理论武装群众的前提条件。理论争鸣是理论创新的催化剂。摆脱陈旧的说教，创立新的理论，提出新的原理和范畴，必须深入讨论、评价和辨别理论是非，了解、预测和把握人们的理论需要、理论诉求。正如列宁指出的，马克思主义“在其生命的途程中每走一步都得经过战斗”①，与各种非马克思主义的思想观点进行斗争，实现意识形态话语体系的创造性转化，这是马克思主义发展的重要历史经验。思想政治教育者只有深入受教育者的社会实践生活，坚持实践认识论和人民群众满意的标准，全面地了解党的理论、政策和主张的认知状况与社会发展要求之间的实际矛盾，对党的理论、政策和主张进行全面的研究和梳理，并在此基础上有组织、有纪律地开展学术争鸣，才能进行科学的舆论引导和理论宣传，将党的理论、政策和主张最终转化为人民群众的思想指南。如，针对“中国特色社会主义到底姓社还是姓资”、“我国现阶段有无阶级斗争，有无阶级剥削”、“社会主义核心价值观能否培育起来”等诸多的现实问题，显然需要通过理论争鸣来加以回应和解答。当然，必须强调，思想政治教育研究中的理论争鸣不是文字围剿、语言游戏，更不是一种政治主张、政治立场上的较量，而是基于思想政治教育目标和价值实现所必不可少的一种学术争鸣和理论考量。

加强思想政治教育研究的理论争鸣，是跟踪学术前沿，掌握马克思主义理论与思想政治教育学科的话语权，筑牢思想政治教育理论研究者和社会工作者深厚的学术功底，形成民主、活泼、健康、有序的学术环境，促进思想政治教育学科繁荣和发展的现实需要。思想政治教育是一门意识形态特质鲜明的学科，思想政治教育研究不可能与政治无涉、“价值中立”，而必须坚持政治性与科学性、真理性与价值性的高度统一。但这种统一并不能忽视理论争鸣在思想政治教育理论研究中的重要作用。因为思想政治教育是一门社会科学，是一门培养人才的特殊学科，思想政治教育专业建设必须遵循科学发展和学科建设的规律，自觉地吸纳一切科学知识的养分和学科建设的经验。思想政治教育研究中的理论争鸣有利于超越争鸣者在地位、权势以及其他相关背景等因素的限制，促进不同层次、不同领域的专家、学者和普通研究人员之间不同学术层面的探讨、辩驳和商榷。

正如研究者指出的，增强马克思主义的学术创造力，巩固马克思主义在意识形态领域的指导地位，必须“突破在原有的话语体系中‘自娱自乐’的状况”，在与其他哲学社会科学的对话与互动中创造当代中国马克

---

① 《列宁全集》（第17卷），人民出版社1988年版，第11页。

思主义的学术概念和学术语言，重构马克思主义话语体系。[①] 近年来，一些哲学社会科学工作者开始关注思想政治教育领域的相关研究，主动参与“全国思想政治教育高层论坛”等学术会议，并自觉地运用哲学、传播学、社会学、新闻学、政治学、心理学、文化学等不同领域的研究成果分析思想政治教育现象，回应当前思想政治教育过程中遇到的理论和实践问题。思想政治教育学术研究的公共平台逐渐丰富起来，各种学术交流也逐步实现了规范化、机制化。关于思想政治教育本质、思想政治教育环境、思想政治教育主体间性、思想政治教育生活化等相关的学科理论争鸣进一步丰富了思想政治教育学科的理论涵容。但是，与思想政治教育转型发展、创新发展的时代要求相比，思想政治教育研究的理论争鸣还远没有满足思想政治宣传的社会需要，其理论争鸣的频率和效度还需要进一步提高。回瞻人类思想史上理论争鸣的历史步伐，坚持理论创新的社会法则，总结马克思主义发展进程中理论争鸣的经验与教训，促进思想政治教育学科的跨界思维，仍然是思想政治教育学科超越发展的重要任务。

四　推进学科发展的公共转型

思想政治教育是一定的阶级、社会集团为了促进社会成员政治社会化发展的特殊活动。思想政治教育作为一个国家政治运行系统中的社会组织建制，思想政治教育的实践运行受到国家权力机构的制度支撑，具有社会工程的系统特性。当前，强化党和各级政府的思想政治教育责任，推进思想政治教育的制度创新，优化思想政治教育的资源配置，加强思想政治教育队伍建设，“因地制宜，因人制宜，因事制宜，因时制宜”地开展思想政治教育，都必须推进思想政治教育学科的公共转型。

（一）增强协同创新能力

增强思想政治教育学科的协同创新能力，既是思想政治教育促进政治统治和社会管理的本质要求，也是思想政治教育协调物质利益、改善人际关系、凝聚社会共识、促进社会团结的根本要求。思想政治教育是连接个

① 陈锡喜：《马克思主义：意识形态与话语体系》，华东师范大学出版社 2011 年版，第 264 页。

体与社会的桥梁和纽带，任何社会信念系统、意识形态的建构、改造都直接影响着社会的生产关系和人际交往。狭义上，思想政治教育有着特定的学科体系、课程体系，形成了师生共同创造的教学生活空间，使得思想政治教育的课堂内外成为师生们在教学、体验、思考、交流中清扫知识疆界，通过知识传播、学习体验和沟通交流接受思想改造，提升思想行为能力的实践基地。广义上，思想政治教育是一项复杂而系统的社会工程。多维的社会空间和丰富的社会生活才是思想政治教育的大课堂、大舞台。党的方针政策、社会活动、国内外重大的社会历史事件、公民日常的社会生活才是思想政治教育最为丰富的教科书。思想政治教育学科的公共转型，就是要求思想政治教育活动不能滞留于狭隘的课堂空间，不能囿限于纯粹的思想灌输，而是要自觉地吸纳和整合一切社会资源，实现思想政治教育要素的充分协同。它需要超越课堂，走向课外生活；需要超越教材，走向教学体系；需要超越师生关系，实现双向交流；需要超越学校教育，走向千家万户、各行各业。

增强思想政治教育学科的协同创新能力，是拓展思想政治教育学科的发展空间，解决思想政治教育公共维度萎缩问题的重要途径。凝结人们的价值共识，促进社会发展的协同，加强社会管理创新与社会治理体系建设，是新时期我国思想政治教育学科超越发展的重要任务。随着市场经济体系完善、民主制度建设、媒介网络以及公共组织的发展，我国社会的公共性得以不同程度地成长。公共设施、公共空间、公共传播、公共活动和公共生活的丰富发展已成为我国公民社会发育的重要体现。① 与此不相适应的是，当下的思想政治教育在实践运行中还存在着公共性明显不足的问题。尤其是，党和各级政府部门统筹管理的思想政治教育与各级各类教育机构统筹管理的思想政治教育存在着一定程度的疏离。马克思主义理论与思想政治教育专业的人才培养模式还有待于进一步创新，等等。面对思想政治教育环境的变化，解决思想政治教育公共性不足的问题，需要进一步制定、完善、执行思想政治教育制度和政策，完善思想政治教育的社会组织体制，建构思想政治教育学术共同体，为思想政治教育研究的协同创新、思想政治教育实践的管理创新赋权增能。

---

① 李友梅等：《当代中国社会建设的公共性困境及其超越》，《中国社会科学》2012 年第 4 期。

增强思想政治教育活动的协同创新能力，是促进思想政治教育的社会化发展，形成受教育者超越发展的社会支持系统的重要保障。社会生活中，人的政治社会化水平的提高是通过不同的社会化机构网络实现的，它既有家庭、同辈群体等初级群体，也包括学校、政党、社团、工会等不同的次级群体。德国思想家雅斯贝尔斯指出，“所有的政治只要它不是一时的统治手段，而是对基础的巩固和延续的话，那么它必然是全民的教育。”① 美国政治学家阿尔蒙德认为，“政治社会化实际上是由任何发出直接和间接的政治信息的机构来推进的，因而必须对许多结构之间（如家庭、同辈团体、学校、电视、利益集团、工厂、政党和政府机构）的交互作用予以重视。”② 思想政治教育过程中，受教育者的超越发展具体地表现为社会化水平的提升、社会参与能力的增强、社会空间的拓展。只有增强思想政治教育学科的协同创新能力，才能促进思想政治教育的社会化发展，形成和完善受教育者超越发展的社会支持系统。

（二）完善社会实践路径系统

实践路径指实现目标行动过程所依托的条件以及主体自觉实施目标行为的方法与步骤。思想政治教育是将社会认识转化为个体认识的重要途径。思想政治教育过程中，实践路径的拓展形成了层次复杂、形式多样的路径系统，发挥着对思想政治教育信息的补充、印证、强化、重复和冲突功能，使受教育者能够在了解国情、全面发展和锻炼能力中认同思想政治教育。

完善社会实践路径系统，既是推进思想政治教育公共转型的客观要求，也是优化思想政治教育环境，促进受教育者超越发展的内在需要。思想政治教育环境是以思想政治教育活动为中心的对象性存在，是直接影响和制约受教育者超越发展的社会存在。由于环境制约着受教育者对思想政治教育路径的选择，影响着思想政治教育的实际效果，环境构成了受教育者对思想政治教育信息进行确证、体验和观照的参照体系。正如研究者指出的，教育是形成政治态度的最重要因素，是发展公民文化的重要成分。

① ［德］雅斯贝尔斯：《什么是教育》，邹进译，生活·读书·新知三联书店 1991 年版，第 61 页。

② ［美］阿尔蒙德、小鲍威尔：《比较政治学——体系、过程、政策》，曹沛霖等译，东方出版社 2007 年版，第 88 页。

但教育不可能完成建设公民文化的重任，“教育可能产生与政治参与有关的知识和技能，但它不能传授基本的社会态度，……无法用特定的政治态度去填塞政治程序。”① 现代社会条件下，随着思想政治教育环境的愈益广阔、复杂，只有推进思想政治教育的公共转型，强化政府、学校、家庭以及其他一切传递思想政治教育信息的社会机构之间的交互作用，才能完善思想政治教育的教学、管理和服务路径，保有思想政治教育活动的“渗透性与隐蔽性、层次性与连续性、社会性与实践性”。

完善社会实践路径系统，有利于优化思想政治教育机制，解决思想政治教育学科公共性不足的现实问题。思想政治教育机制是思想政治教育各要素的构成方式、作用方式以及思想政治教育活动的整体运行方式和有效调节方式的总和。随着我国经济社会的深化发展、转型发展，传统的“单位化”、“一维化”的思想政治教育模式已经不能够适应受教育者社会化生存和发展的现实要求。由于“不同地区、不同部门、不同领域的干部和群众，所处的环境、承担的任务、面临的问题不同”，各行各业开展思想政治教育活动的特点和要求也当然地存在着差异。针对思想政治教育还过多地依赖理论教育、学校教育，不同程度地存在着理论教育与实践教育相失衡、学校教育与家庭教育、社会教育相离散的现象，必须自觉地提高思想政治教育社会实践活动的吸引力、说服力、统摄力。具体而言，完善思想政治教育的社会实践路径系统，就是要通过完善社会实践路径系统牢固阵地意识，使思想政治教育活动能够“走出误区、突破禁区、开辟新区、克服盲区”，克服“思想政治导向与环境陶冶过程相分离，与业务相脱节”的“孤岛效应”②，通过“阵地化、日常化、规范化、持续化”的思想政治教育实践教学推进自身的公共转型。

① 毛寿龙：《政治社会学》，中国社会科学出版社 2001 年版，第 123 页。

② 李辉：《现代思想政治教育环境研究》，广东人民出版社 2005 年版，第 7 页。

结语　超越性思维与思想政治教育再认识

所谓超越性思维，就是打破原有的思维定式，在更高更大的思维框架中思考以获得新认识、建构新理论形态的思维方式。① 从受教育者超越发展的视角分析思想政治教育，增强了思想政治教育的学理逻辑。受教育者超越发展的动态观照展现了思想政治教育发生、发展的内在逻辑，清晰地说明了思想政治教育的超越功能和学科的超越发展。在这一意义上，形成思想政治教育的超越性思维，是生发思想政治教育的学科想象力，廓清学科基本理论认识的分歧，促进学科理论的再系统化，深化学科研究的现实需要。

一　思想政治教育学科发展不存在所谓的范式转型

范式转型指科学发展到一定阶段无法利用现有范式解释世界，而产生老范式让位于新范式的过程。近年来，思想政治教育研究中出现了社会范式向人学范式转型的观点。这种范式之争在拓展学科理论视野的同时，也产生了理论上的分歧与争鸣。事实上，这种所谓的范式转型尽管体现了思想政治教育理论重构的学术自觉，但轻言学科的范式转型不仅表征着学科的不成熟，也不符合思想政治教育学科发展的实际。

思想政治教育学科的超越发展与学科范式的转型具有相互一致的逻辑，都是指学科的组织和实践系统在发展中出现了量和质的变化。但是，

① 雷弯山：《超越性思维：数字化时代的思维方式》，《中共福建省委党校学报》2004 年第 1 期。

科学史研究中的范式转型并不合乎思想政治教育学科发展的实际情形。范式概念的提出者，库恩指出，科学发展的历史是一个常规科学与范式革命相互交替的过程，“原有基础理论和信念的动摇，科学家队伍的分裂重组，在重大基础理论问题上的争论和分道扬镳，构成了由量变到质变的范式革命。”① 由此可见，思想政治教育学科的发展并不能简单地移植库恩提出的范式概念。思想政治教育尽管是一门古老而又年轻的学科，但在科学史的意义上绝不存在着所谓研究范式的转型。从关注社会到关注受教育者个人的研究转型，不过只是思想政治教育的研究视域、学术视野及其实践关注的拓展和转移。这一变化，正如研究者指出的，思想政治教育研究范式的转换“并不是推动思想政治教育范式的革命与重建，而是促进思想政治教育研究范式的改进和创新。”②

思想政治教育过程中，受教育者的超越发展构成了思想政治教育存在的阿基米得支点，形成了思想政治教育研究的“人学”视角。但这种人学视角的研究仍然必须坚持社会本位的思想政治教育立场。它没有也不能够背离思想政治教育的“社会范式”，不能蜕变为“个人构成社会”的人本主义主张。这种所谓的“人学范式”的研究只有坚持历史唯物主义的人学指导，才能实现思想政治教育理论的创造性转换和发展。正如马克思指出的，“社会结构和国家总是从一定个人的生活过程中产生的。但是，这里所说的个人不是他们自己或别人想象中的那种个人，而是现实中的个人，……这些个人……是在一定的物质的、不受他们任意支配的界限、前提和条件下活动着的”③，个人与社会具有实质上的统一性，人与社会的本体性关联是思想政治教育实践活动存在的根源。忽视思想政治教育的政治性、社会性，将思想政治教育理解为个体的精神引领、思想教化，不合乎“以人为本”的实践本质，反而遮蔽了思想政治教育中的人。因此，以受教育者的超越发展为思想政治教育的本体，坚持一切以“现实的人”为出发点，强调思想政治教育始终要关注个体生命本质力量的积聚、生成和展开。这不是对思想政治教育的社会性、政治性的否定，而是强调通过研究视角的转换，拓展学科的理论视野和实践向度，从人的超越发展把握

① ［美］库恩：《科学革命的结构》，金吾伦等译，北京大学出版社2003年版，第101页。

② 吴广庆：《范式转换与思想政治教育新发展》，《求实》2013年第2期。

③ 《马克思恩格斯选集》（第1卷），人民出版社1995年版，第71页。

思想政治教育发展的趋势和要求。

二 思想政治教育始终兼具意识形态与人文认知的双重功能

思想政治教育超越的研究紧扣“是什么、为什么、怎么样、怎么办”的思维逻辑，在追问中把握了思想政治教育活动的本源性和超越性，确立了思想政治教育的价值本体论依据。人有自我超越的趋向。自我超越是人文精神不断生成的思想基础，自我超越有着丰富的个性特征与时代规定性，形成了思想政治教育过程中思想教育与政治教育的内在关联。思想政治教育过程中，正是受教育者超越发展的不断实现确证着思想政治教育的本体价值，建立了思想政治教育的本体价值与社会价值的内在关联。在这一意义上，思想政治教育的终极本质和存在状态是“建设人自身”，培育受教育者超越自我的精神人格和实践品格是思想政治教育最为切近的发展坐标，一切关于思想政治教育的“真理、事理、人理、情理”的研究都应当从这里开始。

思想政治教育是以促进受教育者的超越发展为现实依据，以学科建设、人才培养与社会事业为实践层级的特殊教育活动。狭义的思想政治教育是指教育者与受教育者赋予主体间性的思想教化和精神交往实践活动。广义的思想政治教育是指通过特定的社会组织、社会群体、社会制度和社会工作开展思想教育，实现价值主导和社会控制，并由此促进人与社会超越发展的特殊教育活动。从现实形态看，思想政治教育作为一种社会需要被纳入阶级关系运行的轨道，是“一个国家或一定社会集团主导基本价值观念的运作载体和实现形式”①，人的社会化尤其是政治社会化是思想政治教育发生、发展的直接依据。而在终极意义上，思想政治教育作为人们参与社会生活，进行社会管理的需要，是以精神传导、思想交流为存在方式的主体间性交往活动。思想政治教育的直接目的在于通过有计划、有目的、有组织地灌输特定的思想、观念、意识，形成受教育者超越发展所必要的认知图式和精神动力，并由此实现人与社会的超越发展。因此，建设意识形态，丰富人文认知，始终是思想政治教育兼具的双重功能。思想

① 张澍军：《试论思想政治教育学科前沿的若干重大问题》，《马克思主义研究》2011 年第 1 期。

政治教育学科的发展必须围绕教育、政治和思想的不同圈层完善其理论框架和实践体系，平衡思想政治教育活动中政治与教育、理论与实践、真理与价值之间的关系，防止出现对教育、政治与思想之间矛盾规定性的任意割裂和破坏。

三　思想政治教育主客体之争是学科想象力不足的典型表现

时下，关于思想政治教育的主客体之争是思想政治教育基本理论认识上缺乏共识的一个典型。思想政治教育的主客体在研究过程中一再地被枝节化地加以解构，形成了“单一主客体论”、“双主客体论”、“多主客体论”等不同观点。这种基本理论认识上的争鸣一定程度上反映了学科理论的不成熟。它是学科发展中缺乏理论思维，导致理论架构想象力不足的现实表现。

有研究者将思想政治教育主体划分为实质主体、实践主体、阶段性主体以及显性主体与隐性主体，认为，国家、政党以及各类群体性组织是思想政治教育的实质主体、隐性主体，教育者是思想政治教育的实践主体、显性主体，受教育者是思想政治教育的阶段性主体。① 而从人的超越性存在的视角而言，“主体是人”，人是社会的主体，社会总是人发展到一定阶段的产物。在思想政治教育系统中，主体只能指主导思想政治教育活动过程的实践主体，即思想政治教育者。思想政治教育过程中，实质主体、实践主体、阶段性主体以及显性主体与隐性主体的分野，实际上反映了思想政治教育者提升自身主体性的原因、方式与趋势，揭示了思想政治教育者超越性存在的过程和环节。上述关于思想政治教育主体的划分在澄清主体认识迷思的同时，反而可能因主体的多元而导致无主体化的理论和实践困惑。

在思想政治教育客体的认识上，同样也存在着理论架构想象力不足的问题。大多数研究者认为，思想政治教育客体包括受教者客体、施教者客体、施教者与受教者同为客体等不同类型。还有研究认为，思想政治教育客体指思想观念构成的精神客体，即受教育者的思想品德状况；也有研究认为，思想政治教育客体是教育目标、教育内容、教育环境、教育方法等

---

①　李合亮：《解析与建构：当代中国思想政治教育的哲学反思》，人民出版社2010年版。

思想政治教育过程的全部要素。这些分歧作为思想政治教育客体认识深化的要求和表现，表明了思想政治教育客体作为系统要素在结构和功能上的复杂性。实际上，作为系统的要素具有结构和功能的特性，它以自组织的方式与其他要素相互关联，具有次生系统的开放性、突变性。思想政治教育过程中，客体也只能指人即受教育者。任何精神或外物的对象性存在要么归结为客体的层级结构要素，要么隶属于思想政治教育系统的其他要素。只有以一种超越性思维方式，才能充分说明思想政治教育客体的复杂结构，澄清和洞明思想政治教育客体的认识分歧。

四 思想政治教育作为政治之学、人本之学和未来之学的统一

现代社会，人的发展是创造性发展与合理的享受性发展的统一。创造能力的提升、休闲生活的拓展以及精神生活的充分发展，构成了现代人超越发展的社会价值取向。随着经济全球化、信息网络化、知识经济化的不断发展，一个国家或地区的发展获得了跳跃转型的后发优势。一个相对落后的国家和地区不仅可以在思想文化上充当第一小提琴手，而且可以在竞争互动和融汇创新中实现自身的跨越式发展。与此同时，经济市场化、政治民主化、社会分层化对一个国家的政党、政府在利益管理中保持相对的超越性又提出了更多更高的要求。在一个国家和地区跨越式发展的社会进程中，平衡自我心灵深处的物质与精神、现实与理想的张力，正确地认识社会矛盾、社会冲突、社会危机，把握社会现实与社会理想、社会制度与社会信仰之间的矛盾，需要重视超越性人格和社会超越精神的塑造，坚持思想政治教育作为政治之学、人本之学和未来之学的统一。

思想政治教育超越论研究的要旨在于，如何通过思想政治教育引导受教育者“不断实现对自身的超越并不断促进人们实现超越”，如何谋划思想政治教育的学科发展，使其成为“真正把握未来，拥有未来，并形成未来社会的一个主要因素。”① 思想政治教育作为政治之学、人本之学和未来之学的统一，昭示着自身“生命线”和“中心环节”的社会价值和工具理性，也清晰地再现出思想政治教育的个体价值和人本理念。“明者

① 张耀灿：《现代思想政治教育学》，郑永廷等译，人民出版社2006年版，第91页。

因时而变，知者随事而制”。在辨识思想政治教育学科发展中诸种问题的同时，人们又应当在回顾与前瞻中承认，新时期我国的思想政治教育通过克服理论建构和组织形态等方面的不足，已经实现了对“政治—经济—人”的整体性关注和系统性思考。它不仅在社会主义核心价值观培育、社会管理创新与社会治理体系建设的过程中发挥出更大的价值和作用，也必将高扬着“尊重人、服务人、发展人、解放人”的价值理念，以一种超越发展的实践姿态畅行在党和国家各项事业的生命线的轨道上。

参考文献

（一）

1.《马克思恩格斯文集》（第 1 卷、第 8 卷、第 10 卷），人民出版社 2009 年版。
2.《马克思恩格斯选集》（1—4 卷），人民出版社 1995 年版。
3.《列宁专题文集·论马克思主义》，人民出版社 2009 年版。
4.《列宁选集》（第 2 卷、第 3 卷），人民出版社 1995 年版。
5.《毛泽东文集》（第 6 卷、第 8 卷），人民出版社 1999 年版。
6.《毛泽东选集》（第 1 卷、第 2 卷），人民出版社 1991 年版。
7.《邓小平文选》（第 3 卷），人民出版社 1994 年版。
8.《江泽民文选》（第 3 卷），人民出版社 2006 年版。
9.《马克思恩格斯全集》（第 23 卷、第 40 卷），人民出版社 1995 年版。
10. 中共中央宣传部编：《毛泽东邓小平江泽民论思想政治工作》，学习出版社 2000 年版。

（二）

1. 骆郁廷主编：《思想政治教育原理与方法》，高等教育出版社 2010 年版。
2. 许启贤主编：《中国共产党思想政治教育史》，中国人民大学出版社 1999 年版。
3. 吴潜涛、刘建军：《新时期思想政治教育史论》，安徽人民出版社 2004 年版。
4. 冯刚、沈壮海主编：《中华人民共和国学校德育编年史》，中国人民大学出版社 2010 年版。
5. 石云霞：《新中国成立以来高校思想理论教育史研究》，人民教育出版社 2005 年版。
6. 王树荫：《中国共产党思想政治教育史》，中国人民大学出版社 2011 年版。
7. 王玄武、骆郁廷：《思想教育·政治教育·道德教育比较研究》，武汉大学出版社 2002 年版。
8. 骆郁廷：《精神动力论》，武汉大学出版社 2003 年版。
9. 沈壮海：《思想政治教育有效性研究》，武汉大学出版社 2008 年版。
10. 沈壮海：《思想政治教育的文化视野》，人民出版社 2005 年版。
11. 佘双好：《现代德育课程论》，中国社会科学出版社 2003 年版。
12. 杨威：《思想政治教育发生论》，中国社会科学出版社 2009 年版。
13. 张耀灿、郑永廷等：《现代思想政治教育学》，人民出版社 2006 年版。
14. 张耀灿等：《思想政治教育学前沿》，人民出版社 2006 年版。
15. 陈万柏、张耀灿：《思想政治教育学原理》，高等教育出版社 2007 年版。
16. 徐志远：《现代思想政治教育学范畴研究》，人民出版社 2009 年版。
17. 刘书林、陈立思：《青年思想政治教育学原理》，中国青年出版社 1999 年版。
18. 仓道来主编：《思想政治教育学》，北京大学出版社 2004 年版。
19. 陈秉公：《思想政治教育学基础理论研究》，吉林大学出版社 2007 年版。
20. 万光侠等：《思想政治教育的人学基础》，人民出版社 2006 年版。
21. 冯刚：《高校思想政治教育创新发展研究》，中国人民大学出版社 2009 年版。
22. 唐志龙：《思想政治工作思维方式导论》，上海汉语大词典出版社 2000 年版。
23. 项久雨：《思想政治教育价值论》，中国社会科学出版社 2003 年版。
24. 张澍军：《德育哲学导论》，中国社会科学出版社 2008 年版。
25. 李合亮：《思想政治教育探本：关于其缘起及本质的研究》，人民出版社 2009 年版。

26. 李合亮：《解析与建构：当代中国思想政治教育的哲学反思》，人民出版社 2010 年版。
27. 李辽宁：《当代中国思想政治教育意识形态功能研究》，武汉大学出版社 2006 年版。
28. 卢岚：《断裂处的光缆——现代思想政治教育社会生态论》，湖北人民出版社 2010 年版。
29. 平章起、梁禹祥：《思想政治教育基本理论问题研究》，南开大学出版社 2010 年版。
30. 邵献平：《思想政治教育中介论》，中国社会科学出版社 2007 年版。
31. 熊建生：《思想政治教育内容结构论》，中国社会科学出版社 2012 年版。
32. 万美容：《思想政治教育方法发展研究》，中国社会科学出版社 2007 年版。
33. 王敏：《思想政治教育接受论》，湖北人民出版社 2002 年版。
34. 张世欣：《思想政治教育规律论》，浙江大学出版社 2008 年版。
35. 王学俭：《现代思想政治教育前沿问题研究》，人民出版社 2008 年版。
36. 袁本新等：《人本德育论——大学生思想政治教育的人文关怀与人才资源开发研究》，人民出版社 2007 年版。
37. 刘卓红等：《开放德育论：大学生思想政治教育继承借鉴与批判创新研究》，人民出版社 2008 年版。

（三）

1. 杨学功：《超越哲学同质性神话：马克思哲学革命的当代解读》，北京大学出版社 2010 年版。
2. 张一兵：《马克思哲学的历史原像》，人民出版社 2009 年版。
3. 高清海：《人就是“人”》，辽宁人民出版社 2001 年版。
4. 孙正聿：《超越意识》，吉林教育出版社 2001 年版。
5. 孙正聿.《哲学十五讲》，北京大学出版社 2005 年版。
6. 袁贵仁：《马克思的人学思想》，北京师范大学出版社 1996 年版。
7. 张曙光：《生存哲学——走向本真的存在》，云南人民出版社 2001 年版。

8. 贺来：《现实生活——乌托邦精神的真实根基》，吉林教育出版社 1998 年版。
9. 段德智：《主体生存论——对“主体死亡论”之超越》，人民出版社 2009 年版。
10. 韩民青：《当代哲学人类学》（第 1 卷），广西人民出版社 1998 年版。
11. 赵敦华：《人学理论与历史·西方人学观念史卷》，北京大学出版社 2004 年版。
12. 李中华：《人学理论与历史·中国人学思想史卷》，北京大学出版社 2004 年版。
13. 北京大学哲学系编译：《西方哲学原著选读》，商务印书馆 1983 年版。
14. 张文喜：《马克思论“大写的人”》，社会科学文献出版社 2004 年版。
15. 薛德震：《人的哲学论纲》，人民出版社 2005 年版。
16. 武天林：《实践生成论人学》，中国社会科学出版社 2005 年版。
17. 欧阳康：《人文社会科学哲学》，武汉大学出版社 2001 年版。

（四）

1. 联合国教科文组织 21 世纪教育委员会：《教育——财富蕴藏其中》，教育科学出版社 1996 年版。
2. 张焕庭：《西方资产阶级教育论著选》，人民教育出版社 1979 年版。
3. 蔡元培：《中国伦理学史》，商务印书馆 1999 年版。
4. 沈善洪、王凤贤：《中国伦理思想史》，人民出版社 2005 年版。
5. 王坤庆：《精神与教育》，上海教育出版社 2002 年版。
6. 鲁洁、王逢贤：《德育新论》，江苏教育出版社 2000 年版。
7. 鲁洁：《超越与创新》，人民教育出版社 2001 年版。
8. 鲁洁：《道德教育的当代论域》，人民出版社 2005 年版。
9. 刘卓红、钟明华：《开放德育论》，人民出版社 2008 年版。
10. 薛晓阳：《希望德育论》，人民教育出版社 2003 年版。
11. 金生弘：《规训与教化》，教育科学出版社 2004 年版。
12. 钟璞：《信念教育论》，西南交通大学出版社 2008 年版。
13. 冯建军：《生命与教育》，教育科学出版社 2004 年版。
14. 刘慧：《生命德育论》，人民教育出版社 2005 年版。

15. 佟玉华等：《社会转型期政治发展与民主政治建设》，中国社会科学出版社 2009 年版。
16. 檀传宝：《信仰教育与道德教育》，教育科学出版社 1999 年版。
17. 刘新科等：《中外教育名著选读》，中国人民大学出版社 2008 年版。
18. 燕继荣：《政治学十五讲》，北京大学出版社 2004 年版。
19. 黄希庭：《心理学十五讲》，北京大学出版社 2005 年版。
20. 衣俊卿：《文化哲学十五讲》，北京大学出版社 2004 年版。
21. 陈建文：《人格与社会适应》，安徽教育出版社 2009 年版。
22. 孙立平：《博弈：断裂社会中的利益冲突与和谐》，社会科学出版社 2006 年版。
23. 郑永年：《全球化与中国国家转型》，浙江人民出版社 2009 年版。
24. 刘文富：《网络政治——网络社会与国家治理》，商务印书馆 2002 年版。
25. 厉以宁：《超越市场与超越政府——论道德力量在经济中的作用》，经济科学出版社 2010 年版。
26. 毛寿龙：《政治社会学》，中国社会科学出版社 2001 年版。
27. 高德胜：《生活德育论》，人民出版社 2006 年版。
28. 王守纪：《论教育的超越性》，东北师范大学级博士论文，2010 年。

（五）

1. ［美］英格尔斯：《人的现代化：心理、思想、态度、行为》，殷陆君译，四川人民出版社 1985 年版。
2. ［美］梯利：《西方哲学史》，葛力译，商务印书馆 1995 年版。
3. ［美］杜威：《民主主义与教育》，王承绪译，人民教育出版社 1990 年版。
4. ［美］柯尔伯格：《道德教育的哲学》，魏贤超等译，浙江教育出版社 1990 年版。
5. ［美］杜威：《道德教育原理》，王承绪等译，浙江教育出版社 2003 年版。
6. ［法］涂尔干：《道德教育》，陈光金等译，上海人民出版社 2006 年版。
7. ［美］米尔斯：《社会学的想象力》，陈强、张永强译，生活·读书·

新知三联书店 2005 年版。
8. ［美］马尔库塞：《单向度的人：发达社会工业意识形态研究》，刘继译，上海译文出版社 1989 年版。
9. ［德］博尔诺夫：《教育人类学》，李其龙等译，华东师范大学出版社 1999 年版。
10. ［美］马斯洛：《动机与人格》，许金声等译，华夏出版社 1987 年版。
11. ［法］萨特：《自我的超越性：一种现象学描述初探》，杜小真译，商务印书馆 2009 年版。
12. ［法］莫兰：《人本政治导言》，陈一壮译，商务印书馆 2010 年版。
13. ［德］卡西尔：《人论》，甘阳译，上海译文出版社 2004 年版。
14. ［德］赫舍尔：《人是谁》，隗仁莲等译，贵州人民出版社 2009 年版。
15. ［德］舍勒：《人在宇宙中的地位》，李伯杰译，贵州人民出版 1998 年版。
16. ［德］黑格尔：《精神现象学》，段远鸿编译，中国华侨出版公司 2012 年版。
17. ［德］哈贝马斯：《交往行为理论：行为合理性与社会合理化（第 1 卷）》，曹卫东译，上海人民出版社 2004 年版。
18. ［德］韦伯：《社会科学方法论》，李秋零等译，中国人民大学出版社 1999 年版。
19. ［德］雅斯贝尔斯：《什么是教育》，邹进译，生活·读书·新知三联书店 1991 年版。
20. ［德］兰德曼：《哲学人类学》，阎嘉译，贵州人民出版社 2006 年版。
21. ［美］诺丁斯：《学会关心：教育的另一种模式》，于天龙译，教育科学出版社 2003 年版。
22. ［德］韦伯：《学术与政治》，钱永祥等译，广西师范大学出版社 2009 年版。
23. 联合国教科文组织国际教育发展委员会编：《学会生存：教育世界的今天和明天》，华东师范大学比较教育研究所译，上海译文出版社 1982 年版。
24. ［美］亨廷顿：《变化社会中的政治秩序》，王冠华等译，上海人民出版社 2008 年版。
25. ［美］阿尔蒙德等：《比较政治学——体系、过程、政策》，曹沛霖等译，东方出版社 2007 年版。
26. ［英］圣吉：《第五项修炼：学习型组织的艺术与实践》，张成林译，中信出版社 2009 年版。
27. ［英］吉登斯：《现代性与自我认同：现代晚期的自我与社会》，赵旭东、方文译，生活·读书·新知三联书店 1998 年版。
28. ［美］奥勒姆：《政治社会学导论——对政治实体的社会剖析》，董云虎等译，浙江人民出版社 1989 年版。

（六）
1. 郑家栋：《超越与内在超越》，《中国社会科学》2001 年第 4 期。
2. 张曙光：《马克思主义哲学研究应有的现实性与超越性——一种基于人的存在及其历史境遇的思考和批评》，《中国社会科学》2006 年第 4 期。
3. 霍桂恒：《论实践的主体超越性——社会个体生成论的实践哲学观概要》，《哲学研究》2005 年第 1 期。
4. 侯惠勤：《试论马克思主义理论的内在紧张》，《中国社会科学》2007 年第 3 期。
5. 骆郁廷、杨威：《论思想政治教育的实践根源》，《武汉大学学报》2008 年第 5 期。
6. 骆郁廷、杨威：《论思想政治教育的认识根源》，《江汉论坛》2009 年第 10 期。
7. 任剑涛：《内在超越与外在超越：宗教信仰、道德信念与秩序问题》，《中国社会科学》2012 年第 7 期。
8. 高清海、张慧彬：《从哲学思维方式的演进看人的不断自我超越本质》，《哲学动态》1994 年第 9 期。
9. 袁阳：《“毒瘤”与“蛹体”——中西传统超越意识比较》，《学术月刊》1989 年第 9 期。
10. 朱寿兴：《人的生命存在的现实性、超越性与境界问题——兼与陈望衡先生商榷》，《内蒙古大学学报》2004 年第 6 期。
11. 李虹：《自我超越生命意义对压力和健康关系的调节作用》，《心理学报》2006 年第 3 期。
12. 许文贤：《背离的人——当代社会人的发展误区剖视》，《求实》2010

年第 10 期。
13. 郑永廷：《论思想政治教育的本质及其发展》，《教学与研究》2001 年第 3 期。
14. 张艳新、赖雪梅：《现代思想政治教育本质新论》，《探索》2005 年第 4 期。
15. 胡河宁：《人的自我超越与社会的价值引导》，《现代哲学》1999 年第 2 期。
16. 刘保民：《社会个体实现自我超越过程的理性思考》，《理论导刊》2004 年第 6 期。
17. 杨奎：《对象性超越与自我超越：主体社会实践的价值归宿》，《中国人民大学学报》2008 年第 1 期。
18. 李图仁：《论思想政治教育的现实性和超越性》，《广西社会科学》2002 年第 3 期。
19. 庞景君：《论人之自我超越的维度与理想人格的重建》，《求是学刊》1996 年第 3 期。
20. 刘芳：《论人学与思想政治教育结合研究的历史必然性》，《理论学刊》2010 年第 4 期。
21. 陈秉公：《论思想政治教育学科基本理论的再系统化》，《思想理论教育导刊》2006 年第 8 期。
22. 段忠桥、张宏：《论主体性思想政治教育的超越》，《思想教育研究》2008 年第 6 期。
23. 杨增岽：《试论思想政治教育学科的路向问题》，《思想理论教育》2008 年第 4 期。
24. 韦冬雪：《思想政治教育过程规律体系探微》，《学术论坛》2008 年第 8 期。
25. 马宁：《社会生存视域下思想政治教育的抉择》，《湖南社会科学》2010 年第 4 期。
26. 檀传宝：《超越论教育哲学及其建构》，《教育学报》2010 年第 2 期。
27. 张乐天：《自我超越之必要、艰难与教育的努力——对鲁洁教授学术思想的一种体认》，《南京师范大学学报》2010 年第 2 期。
28. 杨昌勇：《也论教育之适应与超越——对鲁洁教授“超越论”的商榷》，《教育研究》1997 年第 3 期。

29. 黄永宜：《思想政治教育过程基本规律的再探讨》，《思想理论教育导刊》2010 年第 4 期。
30. 张增孝、郭政：《思想政治教育人学取向研究初探》，《南京政治学院学报》2003 年第 1 期。
31. 曹清燕：《引领人之生存：现代思想政治教育的人文关怀》，《探索》2010 年第 6 期。
32. 张敏：《论精神危机下思想政治教育的现代转型——兼论马克思关于人的自由全面发展学说》，《湖北社会科学》2010 年第 1 期。
33. 段文灵：《试论马克思主义人学理论与思想政治教育的逻辑关系》，《学习与探索》2007 年第 6 期。
34. 冯凡彦：《人心价值秩序：思想政治教育的本体之维》，《思想教育研究》2008 年第 9 期。
35. 冯夏根：《现实与超越：新时期开放德育的内在张力》，《探索》2007 年第 6 期。
36. 王义全等：《略论新时期高校思想政治教育功能的三大关系》，《民族教育研究》2004 年第 3 期。
37. 金明华：《思想政治教育的超越性与人的全面发展》，《黑龙江高教研究》2006 年第 2 期。
38. 姚明、黎万和：《论思想政治教育学科的“异化”与“超越”》，《河南师范大学学报》2010 年第 5 期。
39. 张耀灿、曹清燕：《思想政治教育研究的人学取向探析》，《思想理论教育导刊》2006 年第 12 期。
40. 宋德勇、路日亮：《试论人的超越性的四重维度》，《学术论坛》2010 年第 3 期。

后记　自言自语

所谓自言自语，不过是样书阅读后的几点省思。

书稿写成几年了，一直束之高阁，不愿公开出版。究其原因，说到底还是写得不够到位，没有达到预期的目标。面对书稿中一些只能算是意见层面的表述，总觉得心有遗憾，希望能够在后续的研究中予以丰富和完善。然而，或因力有不逮，或因时间不济，总是事与愿违。迟至今日，书稿中许多有待扩充、丰富和完善的地方还是没有完成预定的任务。尽管如此，当书稿公开出版的时候，还是要固执地坚持敝帚自珍，努力地说上几句“过后知”的话。一面是说给内心的自己，一面又确实是为了真诚地待见那些乐意分享的同行。

思想政治教育超越概念界定过程中的困惑与收获。达成思想政治教育超越的概念共识，克服思想政治教育超越概念的漂移，是一件好难的事情。这一困惑成为书稿写作中一件很有意义的事情。开展思想政治教育超越的研究，需要运用哲学思维去建构思想政治教育学原理，运用超越性的思维方式去理解和把握思想政治教育，以超越性存在的专业自觉去探究学科的建设与发展问题。在这一点上，书中对思想政治教育超越的概念界定显得过于简单化。在从受教育者的超越发展厘清思想政治教育的存在之基的同时，强调思想政治教育作为专业、学科与社会实践活动的超越性明显不够。美国的政治学者加里·戈茨认为，概念包括“必要的充分条件结构”、“家族相似性结构”两种原型。“一个好的概念会描绘出在其所指称对象之行为中非常重要的特性。定义的核心属性，是指那些与假设、解释以及因果机制具有相关性的内容。”① 书稿中多重的研究视角形成了思想政治教育超越的概念结构。思想政治教育超越的研究应当突破教育学的分析框架，不能仅仅从受教育者的超越发展出发，而是要进入哲学、政治学、社会学、历史学的知识原野中去深入地分析和把握受教育者的超越发展、社会的超越发展、思想政治教育实践活动的超越发展、思想政治教育学科的超越发展之间的逻辑关联。唯有如此，思想政治教育超越的恢宏要旨才可能得以揭示。实际上，关于概念结构的这一认识对于理解思想政治教育的概念分歧和本质纷争也同样有着重要的启迪和借鉴意义。

从人与社会的超越发展厘清思想政治教育的存在之基的合理性。“思想政治教育从根本上说是做人的工作”。立德树人是思想政治教育的中心任务。这是思想政治教育超越研究的合理性和价值性所在。思想政治教育学原理研究早就提出了适应超越律。思想政治教育活动要从受教育者的思想实际出发，引导受教育者打破现实的限制与超越现有的状况，不断提升自己的思想政治道德水平，实现适应社会与超越发展的辩证统一。在目的论与价值论层面上，思想政治教育超越是指受教育者在趋向社会要求的思想政治道德规范过程中实现的超越性发展。开展思想政治教育，就是要从知、情、信、意、行等各个层面为受教育者的自我超越提供思想政治道德素质方面的条件。思想政治教育过程中，外在的社会要求与受教育者的实际需要之间的矛盾形成了对立统一的关系。政治理想、人生境界、价值追求构成了思想政治教育超越的外在的、直观的、丰富的社会表象。个人与社会、现实与理想、自发与自觉构成了思想政治教育超越的基本范畴。人的全面发展理论、主观能动性理论、社会跨越理论、实践生成论、矛盾转化以及质量互变规律，提供了分析和把握受教育者的超越发展的理论基础。需要强调的是，人与社会的超越发展的统一，是思想政治教育超越的社会根源，也是思想政治教育学科建设与发展的实践基础。

伦理道德教育与思想政治教育之间的天然联系及其质的差异。人类的历史长河中，在有限与无限之间寻求人的生存的价值与意义，探索超越生存之有限性的可能与途径从来也不会停止。用超越的语词透析东西方文化中各种各样的超越模式，便会发现伦理道德教育与思想政治教育之间的天

---

① ［美］加里·戈茨：《概念界定：关于测量、个案和理论的讨论》，尹继武译，重庆大学出版社2014年版，第3页。

然联系。传统伦理道德教化中的超越思想形成了伦理道德教育与思想政治教育所共同拥有的文化基因，从不同程度上确证了思想政治教育促进人的超越发展的理论内涵与实践意蕴。东西方传统文化中形成的超越性精神，是开展现代思想政治教育、塑造受教育者的超越性理想人格的丰富资源。面对人们对当代思想政治教育“文化缺血”的质疑，“推动中华优秀传统文化创造性转化、创新性发展，继承革命文化，发展社会主义先进文化，不忘本来、吸收外来、面向未来”①，不正是要掘井及泉、建设思想政治教育的文化路径吗?！此外，从超越的思想文化源流中不难看出伦理道德教育与思想政治教育之间的差异。现代社会，随着政治活动和政治教育的重要性日益凸显。思想政治教育要紧扣人的政治社会化发展的主题，实现伦理道德教育向思想政治教育的跃迁。思想政治教育就是要解决“为谁培养人、培养什么样的人”的问题。这是个头号的教育问题和根本的政治问题，也是思想政治教育不同于伦理道德教育的根本所在。

人的超越发展是心理生活与社会生活的统一。心理生活是人的生活的核心内容，是人的生活的实际走向和精神主宰。在个体心理发展的意义上，受教育者的超越发展作为认知超越、情感超越和意志超越的统一，展现为受教育者自我发展的心路历程。瑞士心理学家荣格在阐释心理的超越功能时指出，人性中具有一种与分裂性力量相抗衡的“凝聚性”力量，形成了人格固有的整合趋势，“只要心理的超越功能尚未停止发挥其作用，重返精神家园的道路并未完全被堵塞”②。个体只有意识到自己的生存状态，确立起生活目标并实施个人的意志努力，才会成为未来生活的主导者。开展思想政治教育，需要把握受教育者超越发展过程中出现的心理压力和思想冲突，通过思想疏导、情感教育、社会支持等方法和手段，培养受教育者乐观、自信的心理品质，克服自我超越过程中必然产生的各种焦虑。此外，受教育者的超越发展不是个体心灵的匠心独运，而是面对社会及其未来发展要求的现实超越。社会生活中，有效的接触、沟通和接受是人的政治社会化发展的前提条件，受教育者的超越发展离不开社会适应、社会认同、社会参与。其中，由文化认同、价值认同、政治认同所构

① 习近平：《决胜全面建成小康社会 夺取新时代中国特色社会主义伟大胜利》，人民出版社 2017 年版，第 23 页。

② ［瑞士］荣格：《荣格文集》，冯川译，改革出版社 1997 年版，第 514 页。

成的社会认同结构，对于实现人的超越发展尤为关键。加强理想信念教育，构建精神家园，激发精神动力，培养批判性思维能力，构建社会支持系统，都要从受教育者的丰富的心理生活与社会生活出发。

思想政治教育学科建设的超越发展意蕴。运用超越性的思维方式审视思想政治教育的学术体系、学科体系、课程体系、话语体系，坚持“抓重点、补短板、强弱项”，这是加强思想政治教育学科建设的根本要求。优化目标体系、明晰学科发展方向、深化学科理论研究、推进学科公共转型，无不具有学科超越发展的理论和实践意蕴。书中提出的“政治化、人文化、生活化”的目标体系、“社会化、科学化、制度化”的发展取向，加强元理论、思想行为预测与跨学科研究以及拓展思想政治教育的社会空间与实践路径，也都具有一定的现实意义。开展思想政治教育学科建设，需要坚持“不忘本来、吸收外来、面向未来”的文化发展逻辑，贯彻“因事而化、因时而进、因势而新”① 的实践工作方针。这一要求突出了思想政治教育学科建设中辩证否定与超越发展的关系。在承认思想政治教育的特殊贡献的同时，对当下的思想政治教育学科建设中存在的路径依赖、实践教学尚不能满足理论教学的需要以及队伍建设、人才培养和理论发育中存在的科学精神不足的问题，必须以不破不立的姿态加以变革和重构。对此，书中提出的阐扬马克思主义的超越思想与超越性特征、加强思想政治教育学科的理论争鸣、锻造学科发展的制度化支撑等观点体现了理论超越的发展特性，不同程度上深化了对思想政治教育学科建设与发展的认识。

思想政治教育者要坚持实践性思维与超越性发展取向。雅斯贝尔斯说过，“真正的教育总是要靠那些不断自我超越以不断超越的教育家才能实现”②。这句话，教育工作者当铭记在心。“文变染乎世情，兴废系乎时序”③，新时代为思想者提供了新的信息和补养。新时代的思想政治教育工作者要不断地充实自我、超越自我，不断地增强自身培养时代新人的责任能力。哲学社会科学是一个累积性的财富。正如习近平指出的，“如果不能及时研究、提出、运用新思想、新理念、新办法，理论就会苍白无

① 《习近平谈治国理政》第二卷，外文出版社 2017 年版，第 378 页。

② ［德］雅斯贝尔斯：《什么是教育》，邹进译，生活·读书·新知三联书店 1991 年版，第 24 页。

③ 刘勰：《文心雕龙》，王志彬译注，中华书局 2012 年版，第 494 页。

力，哲学社会科学就会‘肌无力’”①。思想政治教育者必须坚持“职业化、专业化、专家化”的发展取向，从党和国家各项方针、政策的代言人转变为公共领域建构的责任人，转变为社会文化的建设者、传播者、引领者。书稿的写作让我明白，学术研究既是一场鲁莽的冒险，也是一场充满未知的超越之旅！《文心雕龙》有云：君子处事，树德建言。文果载心，余心有寄。上述自言自语，算是对书稿的一种无法聚焦的解读。努力地记下来，为了自我安慰，也为了分享者分享。

感谢恩师骆郁廷教授在写作过程中给予的指导！更感谢老师一直以来给予的关心和帮助！“不善为斫，血指汗颜”。书稿的水平始终没有达到老师的要求。心怀忐忑！情有愧疚！忝列门墙！不辱师门，继续努力！这里关乎荣耀、责任和期待！

感谢武汉大学马克思主义学院思想政治教育专业导师组所有老师的教诲！感谢中国社会科学出版社田文老师给予的信任！感谢中南民族大学徐柏才教授给予的鼓励。感谢同门张斌、魏强、田久霞给予的帮助。本书有幸与读者诸君见面，全靠了他们的鼎力支持。书出了，自己高兴，他们也高兴！

2018 年 2 月 8 日于武汉南湖

① 《习近平谈治国理政》第二卷，外文出版社 2017 年版，第 342 页。